KATJA KESSLER

DAS MUSS LIEBE SEIN

KATJA KESSLER

DAS ~~KANN~~ MUSS LIEBE SEIN

54 1/2 PFLEGETIPPS
FÜR DIE GLÜCKLICHE EHE

LÜBBE

Dieser Titel ist auch als E-Book erschienen

FSC
www.fsc.org
MIX
Papier aus verantwortungsvollen Quellen
FSC® C014496

Originalausgabe

Dieses Werk wurde vermittelt durch die
Literarische Agentur Schlück, 30827 Garbsen.

Textredaktion: Sylvia Gredig, Köln
Illustrationen: Peter »Bulo« Böhling
Umschlaggestaltung: Tanja Østlyngen
Einband-/Umschlagmotiv: © shutterstock/blue67design
Satz: Helmut Schaffer, Hofheim a. Ts.
Gesetzt aus der Adobe Text Pro
Druck und Einband: GGP Media GmbH, Pößneck

Printed in Germany
ISBN 978-3-431-03946-7
5 4 3 2

Sie finden uns im Internet unter: www.luebbe.de
Bitte beachten Sie auch: www.lesejury.de

Ein verlagsneues Buch kostet in Deutschland und Österreich jeweils überall dasselbe. Damit die kulturelle Vielfalt erhalten und für die Leser bezahlbar bleibt, gibt es die *gesetzliche Buchpreisbindung.* Ob im Internet, in der Großbuchhandlung, beim lokalen Buchhändler, im Dorf oder in der Großstadt – überall bekommen Sie Ihre verlagsneuen Bücher zum selben Preis.

INHALT

TAUSCHE BRAUTKLEID GEGEN PISTOLE

Könntest du dieses Buch
noch schnell
fertigschreiben?
Damit ich es dir schenken
kann, bevor wir uns
scheiden lassen?

Mein Mann

VORSPIEL

Glücklich verheiratet zu sein stellt man sich wahnsinnig kompliziert vor. Wie mit einer Rakete zum Mond fliegen oder die Relativitätstheorie II entwickeln oder das Alte Testament lesen, ohne einzuschlafen. Und soll ich Ihnen was sagen? Ja, genau so ist das. Wenn nicht noch komplizierter! Und gleichzeitig ist es so furchtbar schön und irgendwie auch furchtbar einfach, verheiratet zu sein. Wenn du liebst, liebst du. Dann brauchst du kein WLAN, kein USB-Kabel, kein Bluetooth, um mit dem anderen verbunden und eins zu sein. Du weißt, wie er fühlt. Ehe ist keine komplizierte Maschine, die du aus einem Karton holst, mit Bedienungsanleitungsheftchen in Deutsch, Holländisch und Chinesisch. Jeder kann Ehe – ohne Kurs, Diplom, TÜV-Check. Ehe geht Tag und Nacht. Steckdose? Akkuladen? Retro. Kein Kugellager, das du schmieren müsstest, wenn du mit deiner Ehe im Gelände warst.

Gibt es was Schöneres, als wenn das Herz schmilzt, die Brust brennt, Atmen schwerfällt, weil man so viel Liebe fühlt für den anderen? Gibt es ein größeres Wunder, als unter 7,4 Milliarden Menschen den einen zu finden, mit dem man bis ans Ende des Lebens einschlafen und morgens Zähne putzen möchte? Gibt es etwas Tolleres, als diese Liebe zu rahmen? Mit einer Ehe?

Doch leider – und deswegen hat der liebe Gott Mücken für den Sommer erfunden, Wehen beim Babykriegen und den Leberfleck in Cindy Crawfords Gesicht – nur schön geht auch nicht. Ein paar Tupfer Schmerz, ein paar Störfaktoren muss es schon geben beim Bund fürs Leben. Sonst würde man sich zu sehr an das Schöne gewöhnen.

Ein Störfaktor in der Ehe und der größte Schmerz überhaupt heißt: Mann.

Ich bin ehrlich: Verheiratet sein könnte wirklich toll sein, wenn da nicht mein Mann wäre. Der bringt echt alles durcheinander.

Grundsätzlich fände ich es nicht schlecht, wenn man als Frau einfach mit sich selbst verheiratet sein könnte. Das würde die Sache deutlich entkomplifizieren: Man wäre immer seiner eigenen Meinung und müsste sich mit niemandem abstimmen außer den sieben Personen, die in einem wohnen. Herrlich. So aber ist da jemand, den du liebst, der eine Banane ist. Und du bist, sagen wir mal, eine Kiwi. Und dann kannst du dir den anderen zwar grün anmalen, aber er bleibt eine Banane.

Auch darüber habe ich im Laufe meiner fünfzehnjährigen Ehe schon viel nachgedacht: Ich finde es großartig und toll und das größte Geschenk überhaupt, dass es Ehemänner gibt. Zum Kuscheln, um sich als Frau geborgen zu fühlen, zum Lachen und gemeinsamen Weinen, fürs Kindermachen und Getränkekisten Schleppen. Trotzdem, wenn Sie mal meine Freundinnen und mich fragen: Manchmal liegen uns die Typen doch ganz schön schwer im Magen. Deswegen hier die Frage an die Industrie und den lieben Gott: Gibt es Ehemänner nicht auch in der *lean version*? Sie wissen schon: Prinzip Tofu-Schnitzel? Sieht aus wie Ehemann, schmeckt wie Ehemann, aber gesund und bekömmlich?

Etwa achtzehn Millionen Ehepaare gibt es in Deutschland. Jedes Jahr kommen 380 000 hinzu, 190 000 streichen die Segel. Ich bin also nur eine kleine, kleine Gemüseeinlage in einer sehr, sehr großen Suppe. Aber die Fragen, die ich mich frage, sind vielleicht auch die, die Sie sich fragen:

Wer heute in Deutschland vor den Traualtar tritt, wird mit 35-prozentiger Wahrscheinlichkeit in den nächsten 25 Jahren geschieden. Nun stellen Sie sich bitte mal vor, Sie gehen zu *Douglas*, dort gibt es eine Zaubercreme gegen Falten. Die Verkäuferin warnt allerdings: »Diese Creme macht mit 35-prozentiger Wahrscheinlichkeit, dass Ihnen in den nächsten 25 Jahren die Nase abfällt.«

Würden Sie diese Creme kaufen?

Ganz bestimmt nicht! Lieber Falten.

Werden Sie mit dem gleichen Risiko einem Mann das Jawort geben, den Sie lieben?

Ganz bestimmt!

Richtig so. Gratulation. Denn hier sind 54 ½ wissenschaftlich fundierte Tipps und Tricks, was Sie tun können, um Ihre Ehe möglichst lange schön und in Form zu halten.

Was ist wichtig im Rausch der Gefühle?

Was auf der Langstrecke?

Und was, wenn es mal heißt: Tausche Brautkleid gegen Pistole?

Wenn Sie sich wie ein Mantra sagen: Manchmal ist Ehe wie Tandemfahren, wo der, der hinter dir sitzt, die Füße hochnimmt und sich eine gute Zeit macht, während der andere vorn strampelt. Manchmal ist Ehe wie *Ben Hur* gucken, wo der Gladiator in Filmminute 87 eine Armbanduhr trägt und du denkst: Hab ich jetzt was nicht mitgekriegt? Manchmal ist Ehe ein börsennotiertes Unternehmen mit niedrigem Aktienkurs. Und manchmal ist Ehe, was meine Freundin Pia sagt: Säuglingspflege, wo sich das Baby seit 50 Jahren durch seine Drei-Monats-Kolik pupst.

Und dann wieder: Wir können so unglaublich viel lernen von unseren Ehemännern! Wie man sich selber ganz doll lieb hat (ich mein das jetzt gar nicht doof). Wie man(n) bei sich ist. Wo auch sonst? Aber dass es da auch im besten Fall ein Wesen gibt, das uns viel mehr mag als wir uns selbst. Obwohl wir ja diese dünnen Haare haben und die dicken Beine und zu wenig Busen und zu viel Bauch.

Und wenn Sie noch mit sich ringen sollten, ob Sie den Schritt wagen und heiraten sollten: Begreifen Sie dieses kleine Büchlein als Ermunterung. Es ist wirklich ein großartiges Abenteuer, einen Ehemann artgerecht zu halten und zu pflegen! Und mit ein bisschen Geduld: Die lernen echt viel.

Sacha Guitry, ein französischer Schauspieler, der im Übrigen fünfmal verheiratet war, sagt: Das Geheimnis einer glücklichen Ehe liegt darin, dass man sich gegenseitig verzeiht, einander geheiratet zu haben.

Ich sage: Bevor du heiratest, halte beide Augen offen. Danach drücke mindestens eines zu.

Und jetzt viel Spaß auf den nächsten 340 Seiten!

Ihre Katja Kessler

P.S. Kleiner Lesetipp: Naschen Sie dieses Buch wie eine Pralinenschachtel! Probieren Sie sich durch, mal hier, mal da. Lassen Sie sich ruhig verzuckern. Und wenn Sie auf eine Mokkabohne oder ein Pfefferkorn beißen? Nun ja, nicht jede Wahrheit ist süß! ☺

IM RAUSCH DER GEFÜHLE

GESTATTEN: TYPISCHER EHEMANN

ODER: KURZER LEITFADEN, WAS SIE VOR DER HOCHZEIT NOCH SCHNELL WISSEN MÜSSEN ÜBER SEINE ARTGERECHTE HALTUNG, FELLPFLEGE, LIEBLINGSEINSTREU USW.

Bei Amazon gibt es ein Büchlein, das heißt: *Mein kleiner Freund, der Wellensittich.* Es verspricht praktische Tipps für das Zähmen der kleinen Piepmätze. So was Ratgebermäßiges braucht es natürlich auch zur Hand, wenn Sie sich statt eines Wellensittichs für einen Ehemann entschieden haben, die Anschaffung unmittelbar bevorsteht und Sie jetzt noch mal eine schnelle mentale Konditionierung wünschen, bevor Ihnen der Standesbeamte in Form der Eheurkunde die Halterpapiere überreicht.

Hier die wichtigsten Infos in Kürze:

- Der deutsche Durchschnitts-Ehemann trinkt jeden Tag zwei Bier und hat jeden dritten Tag Sex – meist mit der eigenen Frau. Hat irgendein Experte herausgefunden.
- Dein Mann ist, wenn du ihn fragst, immer 1,78 Meter groß, wenn nicht sogar 1,83 Meter. Niemals 1,65 Meter. Auch nicht, wenn er aussieht, als hätte man ihm beim Spargelstechen aus Versehen mit aus der Erde gezogen. Vergiss das nicht. Alles andere würde ihn kränken.
- Einen Mann musst du auch niemals fragen, wie alt er ist. Du erkennst sein Alter stets an der Hose.
  - Bis zwölf sitzt sie unterhalb der Taille,
  - rutscht dann mit einsetzender Pubertät weiter nach unten,
  - um mit 16 ihr All-time-low unterhalb der Hüften zu finden,

- arbeitet sich dann wieder nach oben, schafft bis spätestens 36 die Taille,
- wandert dann weiter und weiter, um mit knapp 57 für immer die Achseln zu erreichen (hat die Umfrage eines britischen Kaufhauses unter tausend Männern ergeben).

• Sein Fell trägt der Mann wie folgt: Wenig bis nix auf dem Kopf, da quasi ab der Geburt in der Mauser. Siehe Prinz William von England. Dafür vogelspinnenartige Behaarung auf Beinen, Armen, Fingerknöcheln, Schultern, Rücken, Zehen, Spann, in Bauchnabel, Nasenlöchern, Gehörgängen. Doch Wissenschaftler der Uni Sheffield sagen: Das Grauen hat einen Grund; die Natur erfand Männerbehaarung, um uns Frauen zu helfen, den gesündesten Papi für unsere Kinder zu finden. Ganz ohne Blutabnehmen und Röntgengerät.

Denn: In Fell hält sich Männermoschus besonders gut; die einzelnen Haare agieren wie die Duftsticks in Raumparfüm-Fläschchen, verdunsten nach und nach Sex-Lockstoffe, sogenannte Pheromone. Pheromone sind Hormone, die durch die Luft schweben, heimlich die Nase der Frau entern und dort eine Art DNA-Werbebroschüre des Mannes überreichen. Einige Wissenschaftler sprechen sogar von einem »Anschlag auf den freien Willen«. Kann also gut sein, dass dir plötzlich eine innere Stimme souffliert: *Wow, was für ein Hammer-Typ!,* obwohl Haare am Steiß bislang nicht so dein Fall waren.

Und stark behaarte Männer haben einen weiteren Vorteil: Sie haben weniger Probleme mit Bettwanzen. Im Laborversuch konnte nachgewiesen werden: Auf behaarter Haut benötigten die kleinen Blutsauger deutlich länger, um eine schicke Stelle zum Picknicken zu finden. Auch spüren behaarte Versuchspersonen das Krabbeln viel eher.

- Ein artgerecht gehaltener Ehemann kann bis zu 80 Jahre alt werden. Eine große Verantwortung. Neben der klassischen Gehege-Einstreu (Bett, Couch, Fernseher, Kühlschrank und eine gut gefüllte Schublade mit Medikamenten gegen Männerschnupfen) braucht er für sein Gedeihen: Sex. In einer Studie an Paaren, die 20 Jahre und länger verheiratet waren, zeigt sich: Fleischfresser bleiben Fleischfresser. Den meisten Langzeit-Ehemännern reicht ihre Sex-Ration nicht, während die meisten Langzeit-Ehefrauen durchaus zufrieden sind. Langzeit-Ehefrauen sind eher unzufrieden über das, was sie *außerhalb* des Schlafzimmers vermissen: Zärtlichkeit. Mit der Konsequenz: Während der Mann unzufrieden ist mit dem Schlafzimmer, ist die Frau unzufrieden mit dem ganzen Mann. Die Frau denkt: Erst Zärtlichkeit, dann Sex. Der Mann denkt: Sex ist Zärtlichkeit. Diesen Teufelskreis musst du durchbrechen. Schmuse mit deinem Ehemann, sooft er will. Denke daran, er ist ein *Mann*. Genau deswegen hast du ihn dir zugelegt. Sonst hätte es auch ein Leguan getan oder ein Chinchilla.
- Jeder Ehemann ist anders: Es gibt clevere Exemplare, die schnell kapieren, wann Frauchen sauer ist. Und dusselige Modelle, die etwas länger brauchen. Dennoch, sage dir immer: Es liegt in der Natur deines Mannes, dich glücklich zu machen. Wissenschaftler der State University of New York at Albany und der Universität Liverpool haben nämlich herausgefunden: Was die tibetische Goji-Beere in der Küche, das ist das Sperma in der Liebe: Eine wahre Wunderpille, die hap-

py und fit macht. Verantwortlich: das reichlich enthaltene Glückshormon Endorphin, die Antistresshormone Serotonin, Prolaktin, Estrogen sowie die Aufputschmittel Vasopressin, Dopamin und Noradrenalin. Frauen, die ohne Kondom mit ihrem Partner schlafen, sind deutlich seltener depressiv. (Fehlen jetzt nur noch Plätzchenrezepte in der *Brigitte*, die all dem Rechnung tragen.)

- Und wenn's trotz artgerechter Haltung mal hakeln sollte mit deinem Zweibeiner, habe drei Mantren:

Mantra 1: *Was ein normal veranlagter Ehemann ist, der redet nicht, und der hört nicht zu.* Denn: Vier von fünf Männern werden mindestens einmal im Leben heiraten, sagt die Statistik. Diese hohe Zahl ist nur so erklärbar, dass sich diese Männer vorher niemals mit anderen Männern ausgetauscht haben darüber, was für harte Zeiten da kommen werden. Und wenn ja, hatten sie Tomaten auf den Ohren.

Mantra 2: *Nicht immer ist das, was dann kommt, besser.* Eine Studie unter 2300 Kindern in Indien ergab: drei von 100, die barfuß gehen, kriegen Plattfüße. Mit Schuhen an? Sogar 13 von 100. Deswegen: Lass ihn doch beim Suppeessen mit dem Löffel gegen die Zähne klappern. Weiß DU, wie das aussieht, wenn er hübsch isst?

Mantra 3: *Wir Frauen ticken auch nicht ganz gescheit!* Eine amerikanische Studie fand heraus: Durchschnittlich acht von 63 Jahren unseres Lebens verbringen wir mit Einkaufen. Und 76 Tage mit Wühlen in der Handtasche.

2

WIRD HEUTZUTAGE ZU SCHNELL GEHEIRATET?

ODER: DER PULL-EFFEKT

Also: Auf dem Weg zur glücklichsten Ehefrau aller Zeiten gibt es für dich zwei zentrale Fragen zu klären.

1. *Ist es der richtige Mann?*
2. *Ist es der richtige Zeitpunkt?*

Ad 1. Dein Herz ist wie eine Mineralwasserflasche, die geschüttelt wurde? Sprudelt über vor Glück? Du räumst gern seine Schuhe weg, seine benutzten, feuchten Handtücher und seine leeren Klopapierrollen? Prima! Er ist der Richtige!

Ad 2. Jetzt wird's schon etwas schwieriger. Wen könntest du um Rat fragen? Ihn? Sicher nicht! Der hat keine Ahnung. So ein Mann sieht nicht, dass er zuschlagen müsste, selbst wenn du dich mit roten Hinweispfeilen dekorierst: *Heute im Angebot! Nur solange der Vorrat reicht!*

Nein, das musst du schon für dich allein klären.

Deswegen: Wäre es nicht toll, es gäbe so etwas wie ein Bratenthermometer für deine Beziehung? Kurz reinpieksen und ablesen, ob sie schon gar ist? (Oder noch braucht? Man will ja nichts überstürzen.)

Ja, gibt es! Im übertragenen Sinne. Und zwar, indem du schaust, ob folgende Kriterien auf euch zutreffen.

Also:

- Die »normale« Frau wartet heutzutage mit dem Jawort, bis sie durchschnittlich 31 Jahre alt ist. Der »normale« Mann hat dann meist auch schon seinen 34. Geburtstag gefeiert. (Was gleich die Frage beantwortet, ob heutzutage zu schnell geheiratet wird. Klares Nein. Anfang der Neunziger war die durchschnittliche Braut erst 26, ihr Bräutigam 28,5).
- Wer nicht zusammenwohnt, wartet mit der Heirat durchschnittlich 3,5 Jahre. Wer zusammenwohnt, 5,2 Jahre. Gerechnet vom Tag des Kennenlernens an. (Ihn zu bekochen und zu betüddeln macht's demnach nicht schneller, im Gegenteil!)
- 35 Prozent aller Paare, die es erfolgreich zum Altar schaffen, haben vorher folgenden Partnerschafts-Parcours absolviert: *Verliebt, gemeinsame Wohnung, Verlobung.* Bei zwölf Prozent ist's genau andersrum. *Erst* verlobt, *dann* die gemeinsame Bude.

- Du hast keinen Verlobungsring am Finger? Macht nix! 40 Prozent aller Paare durchläuft einen verschlankten Partnerschafts-Parcours: *Zusammengezogen, Verlobungs-Dingeling ausgelassen, direkt weiter zum Ja-Wort.*
- Du bist schwanger? Dann kannst du Zusammenwohnen und Verloben auch überspringen. (Jedenfalls machen das 24 Prozent aller Frauen in deiner Situation so.)
- Ihr seid verlobt, wohnt aber nicht zusammen? Tja, so unerschrocken Ja sagen dann doch nur zehn Prozent aller Frauen.

Die beiden Wiesbadener Bevölkerungsforscher Dr. Norbert Schneider und Dr. Heiko Rüger haben sich dann doch noch mal die Männer selbst unter die Lupe gelegt und herausgefunden, dass es zwei typische deutsche Ja-Sager gibt, die zusammen fast die Hälfte aller Ehemänner ausmachen:

- Erstes Muster (Häufigkeit 20 Prozent): Nach einigen kurzen Affären heiratet er die Frau, mit der er die erste längere Partnerschaft aufgebaut hat.
- Zweites Muster (Häufigkeit 25 Prozent): Er heiratet, nachdem eine Langzeitbeziehung in die Brüche gegangen ist. Dazwischen kann es ein paar kürzere Beziehungen ohne größere Bedeutung gegeben haben.
- Selbiges gilt interessanterweise auch für uns Frauen. Wenn man bedenkt, wie viel Mühe und Zeit wir auf das Suchen, Anprobieren und wieder Weghängen von Klamotten verwenden, gehen wir in Sachen Ehemann ziemlich schnell zur Kasse:
- 35 Prozent aller deutschen Frauen machen ihren ersten festen Freund dingfest, 30 Prozent warten mit dem Ja-Wort immerhin bis zum zweiten festen Partner.

- Je jünger eine Frau ist beim Kennenlernen, desto länger dauert es bis zur Heirat. Gleiches gilt, wenn sie einen tollen Job hat, ein gutes Einkommen oder nicht an Gott glaubt. Die Wissenschaft spricht hier vom fehlenden »Pull-Effekt«. Die Ehe ist dann einfach nicht attraktiv.

Zum Schluss noch drei Espresso-Gedanken:

- Es gibt doch diesen sehr schönen Satz: »Leben ist das, was passiert, während du eifrig andre Pläne machst.« (Könnte von mir sein, ist aber von John Lennon.) Nicht alles im Leben folgt Regeln. Vertrau deinem Bauch! Wenn du denkst, du willst jetzt in das Abenteuer Ehe springen, dann spring.
- Ein weitere schöner Satz ist: »Wenn's dem Esel zu wohl wird, geht er aufs Eis« (auch nicht von mir. Und auch nicht von John Lennon). Sicher ist gar nichts. Wer zu lange taktiert und castet und einen auf Recall macht, muss aufpassen, dass er nicht selbst aus der Show fliegt.
- Wenn Sie mich persönlich fragen: Der beste Zeitpunkt zum Heiraten ist definitiv gestern! Und: Jeder Mann braucht ein bisschen Gefühlsmanagement! Meiner zum Beispiel. Hätte man ihn zehn Monate vor unserer Hochzeit einen kleinen Einschulungstest machen lassen, also ein paar Bildchen auf dem Tisch verbunden mit der Frage: »Herr Diekmann! Was passt den hier nicht in die Reihe?«, dann hätte er die Fotos mit Stinktier, Ziege, Kuh, Katja, Gans studiert und wäre möglicherweise nicht auf die Antwort gekommen.

Jetzt sind wir 15 Jahre verheiratet. Glückliche Eltern von vier Kindern, zwei Ziegen und vierhunderttausend Bienen. Und an unseren Wänden hängt so viel hässliche Kunst, die man einem Mann nur dann verzeiht, wenn es wirklich die große Liebe ist.

READY FOR THE PFARRER?

1. Sind da noch Geheimnisse zwischen dir und ihm? Hast du ihm zum Beispiel schon gesagt, dass du gar nicht 1,70 groß bist, wie es in deinem Pass steht?
2. Liebst du ihn so sehr, dass du ihm eine Niere spenden würdest?
3. Wenn du das Gefühl in deiner Brust beschreiben würdest: Ist es ein klares, unbedingtes »Ja, ich will!«, wie man es als Frau eigentlich nur hat, wenn man in der Boutique vor dem Pulli seines Lebens steht oder im TV Katzenbabys vermittelt werden?
4. Würdest du für ihn in eine andere Stadt ziehen?
5. Könntest du dir vorstellen, dich ihm zuliebe mit einer gut gebauten Karotte zu amüsieren oder Latexunterwäsche zu tragen?
6. Fändest du es denkbar, ihn zu ernähren, wenn er arbeitslos ist?
7. Wenn er sagen würde ›Kein Baby!‹, wärst du bereit, deine eigenen Babywünsche zu begraben?
8. Wenn du ihn spontan als etwas Elektronisches zeichnen müsstest, was wäre es: I-Pad oder Sicherungskasten?
9. Wie alt bist du?
10. Trägt er deine Unterhosen?
11. Wie lange lebt ihr schon zusammen?

UND HIER DIE AUFLÖSUNG

Zu 1.) Du hast ihm nicht deine wahre Körpergröße gebeichtet? Prima! Denn: Jeder lügt, nur keiner gibt's zu. Eine Umfrage unter 2175 verheirateten Briten ergab: 20 Prozent hüten ein großes Geheimnis. Fünf Prozent glauben sogar, käme dieses Geheimnis ans Licht, wäre es das definitive Aus für die Beziehung. Geheimnisse, wo Frauen den Schnabel halten sollten, sind: Kontakt zum Expartner, ein Seitensprung, eine frühere Beziehung mit Costa Cordalis und dass der Geldautomat ständig die EC-Karte frisst, weil der Dispokredit so was von überzogen ist – du hast doch geplaudert?

– 5 Punkte

Zu 2.) Ihm gehört nicht nur dein Herz, er dürfte auch deine Niere haben? Hat zum Beispiel SPD-Politiker Frank-Walter Steinmeier für seine geliebte Frau Elke gemacht und Birgit Lauda für ihren Mann Niki. Aber: Eine Niere als lebendes Zeichen der Zuneigung ist die totale Ausnahme. In den USA, wo pro Jahr 100 000 Menschen auf eine Niere warten, stammen lediglich 700 der transplantierten 17 000 vom jeweiligen Ehepartner. – Du würdest es trotzdem machen?

+ 1000 Punkte

Zu 3.) Das Jawort wäre die Krönung eurer Liebe? Gratulation! 64 Prozent aller Deutschen sind nämlich wie du davon überzeugt, dass die Heirat der ultimative Beweis dafür ist, dass man den anderen wirklich liebt und will. Zwei Drittel glauben sogar, dass es diese eine wahnsinnige Liebe gibt, die ein ganzes Leben hält. Du denkst auch so?

+ 10 Punkte

Zu 4.) Für ihn in eine andere Stadt ziehen? Wenn er der Richtige ist, würden drei von fünf Frauen ihre Koffer packen und mitgehen. Du auch?

+ 5 Punkte

Zu 5.) Ihm zuliebe die Latex-Domina geben? Tja. Nur acht Prozent aller Frauen sind bereit, sich auf Sexpraktiken einzulassen, die sie selbst nicht so prickelnd finden. Merke: Abstruse Sexfantasien in Männerhirnen sind wie Rotweinflecken in der Couch. Kriegt die Hausfrau nicht mehr raus. Siehst du auch so?

+ 10 Punkte

Zu 6.) Du kämst klar damit, wenn er arbeitslos würde? Eine knappe Minderheit von 44 Prozent aller Frauen findet es denkbar, »den Mann zu machen« und für zwei zu arbeiten. – Du auch?

+ 1 Punkt

Zu 7.) Er will keine Familie? Nur neun Prozent aller Frauen würden für ihn auf ein Baby verzichten. – Verzicht ist auch für dich undenkbar?

+ 15 Punkte

Zu 8.) Du siehst ihn als I-Pad? Selbsterklärend, easy in der Handhabung.

+ 5 Punkte

Oder eher als schwer zu kapierende Anordnung mysteriöser Schaltkreise? Und ihm springen gern die Sicherungen raus?

- 5 Punkte

Zu 9.) Wie alt bist du? Wie gesagt: Frauen sind beim Jawort heutzutage durchschnittlich 31, Männer etwa 34. Gut so, denn Falten lohnen! Wissenschaftler haben ausgerechnet: Je älter du bist bei deiner Hochzeit, desto niedriger dein Scheidungsrisiko: Das sinkt pro Lebensjahr um beachtliche sieben Prozent bei uns Frauen. Und bei Männern um immerhin zwei Prozent.

Erklärung I: Wer länger sucht, findet was Besseres.

Erklärung II: Ein Wissenschaftler hat ausgerechnet, dass Frauen über vierzig eher vom Ziegelstein erschlagen werden, als den Mann fürs Leben zu finden. Eine Frau, die spät heiratet, ist demnach nicht glücklicher verheiratet, sie ist nur demütiger, weil sie weiß, nach dem Idioten hier kommt nix mehr.

Du bist unter 30?

- 10 Punkte

Zu 10.) Trägt er deine Slips? Susan Fiske, eine amerikanische Psychologin, hat durch Tests bewiesen: Sieht ein Mann eine Frau im Bikini, reagieren bei ihm dieselben Hirnareale, die auch reagieren, wenn er einen Bohrer, Hammer oder Schraubenschlüssel sieht. In Experimenten wurde nachgewiesen: Die Anwesenheit einer Frau lässt den Adrenalinspiegel eines Mannes um acht Prozent steigen, zeitgleich kommt es zu Lähmungserscheinungen im Hirn, für Matheaufgaben braucht er in Gegenwart einer Frau deutlich länger. David Beckham schlüpft bekanntlich gern in die Höschen seiner Frau Victoria, so ballaballa macht sie ihn. Wie plemplem ist dein Kerl?

Gar nicht? Gar nicht gut!

- 5 Punkte

Zu 11.) Wie lange lebt ihr schon zusammen? Zahlen belegen: Wer vor der Ehe mindestens drei Jahre WG-Erfahrung miteinander gesammelt hat, wird nach der Hochzeit weniger schnell geschieden. Grund: Am Anfang ist alles Sex. Wenn du verliebst bist, schaust du wegen der ganzen Glückshormone in deinem Blut wie durch eine beschlagene Glasscheibe. Erst mit der Zeit schaltet dein Hirn sein Standgebläse ein und du siehst klarer. Was du für Gelassenheit gehalten hast, entpuppt sich möglicherweise als Bräsigkeit. Und vielleicht ist der Typ ja auch gar nicht so nobel-schweigsam, wie du dachtest. Vielleicht hat er nur einfach nichts zu sagen.

- 10 Punkte

1036 Punkte:	sofort heiraten
0 bis 1036 Punkte:	Eile mit Weile
Unter 0:	blättere noch mal im Ehemann-Prospekt

Queen & Kings of Kurzzeitehe:

Britney Spears:	55 Stunden
Dennis Hopper:	eine Woche
Eddie Murphy:	zwei Wochen
Dieter Bohlen & Verona Feldbusch:	vier Wochen
Drew Barrymore:	erste Ehe 39 Tage, zweite Ehe sechs Monate
Eminem:	zweite Ehe mit Ehefrau Nr. 1 drei Monate
Nicolas Cage:	107 Tage
Renée Zellweger:	vier Monate
Marilyn Monroe:	neun Monate
Jennifer Lopez:	erste Ehe 11 Monate, zweite Ehe neun Monate

3

MIT RING BIN ICH SICHER!

ODER: HALTEN TRAUSCHEIN-BEZIEHUNGEN LÄNGER?

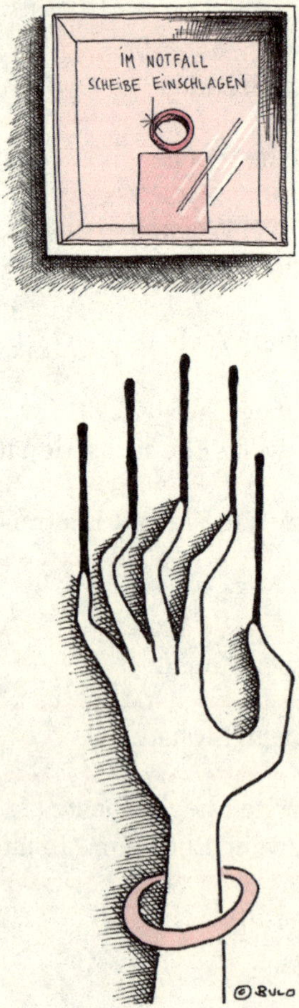

In *The Big Bang Theory* gibt es eine Szene, da sagt der Typ morgens nach dem Aufstehen zu der Frau, mit der er gerade aus den Laken gekrabbelt ist: »Oh Gott, wir schlafen in einem Bett, ohne Sex zu haben! Weißt du, was das ist? Wir haben eine BEZIEHUNG!« Darüber guckt er ganz entsetzt. Männer! Haben's bekanntlich nicht so mit Bindung. Und schon gar nicht mit Heiraten. Das Thema scheuen sie wie der Kater das Wasser.

Da sind wir Frauen viel sortierter und klüger – schon meine Siebenjährige hat voll den Plan. Wenn sie Barbie spielt, dann hat Ken nur einen Job – er muss »hochzeiten«. Und weil er nur einer ist und da zehn Barbies warten, ist er ganz schön beschäftigt. Und was anhaben darf er auch nicht.

Jetzt frage ich mich aber mal ganz wissenschaftlich: Was bringt einem eigentlich ein Ehering? Sollte man heiraten? Zum Beispiel, um sich nicht zu trennen? Tut's nicht auch die wilde Ehe? (Am liebsten sind mir natürlich Antworten, bei denen am Ende rauskommt, dass wir Frauen recht haben, egal wie die Frage war.)

Zunächst mal ein paar Zahlen:

- *In dieser Sekunde rennen 35,2 Millionen Deutsche, beringt wie die Hühner, durch die Gegend.*
- *Hierbei berücksichtigt: Sämtliche Ehemänner, die gerade fremdgehen und aus Pietätsgründen den Ring jetzt nur in der Hosenentasche tragen. (Die spielen keine Rolle, denken Sie? Da denken Sie falsch. 80 Prozent aller Puffgänger sind verheiratet.)*
- *Zwei von drei Menschen unter 40 halten Heirat für eine prima Sache. Für das restliche Drittel ist Ehe die Vinylschallplatte unter den Lebensentwürfen – ein Auslaufmodell.*
- *Drei von fünf Deutschen glauben, dass man für eine dauerhafte Liebe zum Standesamt muss.*

Die US-Wissenschaftler Kelly Musick und Larry Bumpass haben über sechs Jahre hinweg die Zufriedenheit von 2700 Singles untersucht. Während dieses Versuchszeitraums heiratete ein Drittel oder machte auf »Ehe light« – also starteten eine wilde Ehe. Erste Erkenntnis: Ob mit oder ohne Trauschein, Paare sind durch die Bank glücklicher und gesünder als Singles, wobei das Gefälle in der Honeymoon-Phase besonders ausgeprägt ist. Zweiter Aha-Effekt: Im direkten Vergleich sind wilde Ehen glücklicher und Trauschein-Ehen gesünder. Die wilde Ehe punktet mit freier Persönlichkeitsentfaltung, die Trauschein-Ehe mit gemeinsamer Krankenversicherung.

Nun muss ich mal aus meiner persönlichen Erfahrung sagen: Die wilden Ehen, die ich so kenne, sind meist null wild, sondern sehr oft sehr spießig. Und ob sich's mit Ring am Finger wirklich deutlich gesünder lebt, kann ich auch nicht so bestätigen. Bei meinen Eltern war das zum Beispiel so, dass mein Vater rank und schlank in die Ehe startete, und dann kamen meine Mutter und ihre Mehlsoßen.

Was ich daher sofort glaube, ist die Studie des Heidelberger Soziologieprofessors Dr. Thomas Klein vom Max-Weber-Institut, der zweitausend Personen untersucht und festgestellt hat: Wer in einer glücklichen Partnerschaft lebt, wird mopsig. Ursache: Der Partner ist unter Dach und Fach, man muss sich nicht mehr anstrengen. Was auch erklärt, warum in Beziehungen, in denen es kriselt, das Futtern wieder aufhört.

Die Männerpsyche kommt mit einer wilden Ehe deutlich besser klar als die weibliche Psyche – zeigt eine Studie der Uni London über neun Jahre an 4.400 Menschen. Dabei ging es um Aspekte wie Ängstlichkeit und Stress. Frauen fühlen sich am wohlsten, wenn sie »ordentlich« verheiratet sind.

In meinem Lieblingsbuch mit dem etwas sperrigen Titel *The Oxford Handbook of Sexual Conflicts in Humans* bin ich über folgende erschütternde Wahrheit gestolpert: Werden verheiratete

Frauen um eine Selbsteinschätzung gebeten, sehen sie sich bei weitem nicht so positiv wie der eigene Mann. Sollen Frauen, die daten, eine Selbsteinschätzung abgeben, deckt sich ihre eigene Beurteilung mit der ihres Dating-Partners. Ist das nicht furchtbar? Mit Ring am Finger geht dein Selbstbewusstsein flöten! Und das Dumme ist: Dein Mann ist *nicht* schuld. Der findet dich weiterhin prima. Ein Dilemma ist das. Da hat man doch mal gleich spontanes Mitleid mit sich.

Also, um noch mal kurz zusammenzufassen, was wir gerade gelernt haben: Wir Frauen stehen auf Verheiratetsein. Punkt. Bekommt uns auch super. Punkt. Aber irgendwie auch wieder nicht. Fragezeichen.

Laut einer im *Journal of Marriage and the Family* abgedruckten Studie entwickeln Frauen über Eheprobleme sogar zweimal so schnell Depressionen wie ihre Gatten. Und in Ehen, in denen es kriselt, muss sich laut Statistik mindestens ein Partner wegen Depressionen behandeln lassen. Oh Gott! Also, wenn man das alles so liest, möchte man echt rufen: Mädels, Finger weg vom Ja-Wort!

Also, warum bitte heiraten? Klingt ja alles nicht so, als ob ein Ehering ein Rettungsring wäre. Und wenn, dann einer aus Blei.

Ein relativ neues Fachgebiet, das schlaue positive Antworten liefern kann, hört auf den putzigen Namen: *quantitative Familiensoziologie.* Sie fußt in Austausch- und mikroökonomischen Theorien sowie Meta-Analysen. Alles klar? Um Bausteine zu definieren, die eine Beziehung stabil machen oder zum Einsturz bringen, befragten die Forscher 2500 verheiratete und 2500 geschiedene Paare.

Die Ergebnisse will ich hier mal zusammenfassen:

Beziehungs-Mantra I: In der Krise lassen sich Paare nicht nur von ihren Emotionen leiten, sondern auch vom Kalkül: Sind die *Kosten* einer Beziehung höher als ihr *Nutzen*, kommt's zur Trennung.

Beziehungs-Mantra II: Was der Kuh ihr Elektrozaun, das ist den Verheirateten ihr Ehering – eine echte Barriere. Scheidungen sind teuer, juristisch kompliziert und langwierig. Dazu der ganze emotionale Stress. Das überlegt man sich echt zweimal.

Beziehungs-Mantra III: Der *Hochzeitsfest-Effekt*. Wer mit viel Tamtam vor Zeugen gesagt hat: »Ich will dich lieben und ehren bis ans Ende meines Lebens«, dem ist die Trennung peinlicher als jemandem, der auf Bali nur mal eben ums Holzfeuer getanzt ist.

Also, Fazit? Auf zum Altar, Mädels! Mit Ehering ist man gleich viel verheirateter! Und was die drohenden Depressionen angeht? Also – *ich* kann nur sagen, ich finde es ganz, ganz wunderbar, verheiratet zu sein. Meinen Ehering habe ich auch erst dreimal verloren. Und mit meinem Mann habe ich mich darüber verständigt, dass er immer Schuld hat. Es gibt eine wissenschaftliche Formel, die lautet: *Du kannst nicht glücklicher sein als deine Frau.* Und außerdem: 70 Prozent aller Eltern sind verheiratet. Wir sind also Mainstream.

UND SCHWESTERN! NOCH EIN EHRLICHES WORT IN SACHEN TRAURING-KAUF!

Uns wird ja immer empfohlen, bei der Trauringwahl konservativ zu sein. Damit das Modell in fünfzig Jahren noch zum Rollator passt. (Wobei das so natürlich niemand sagt.) Aber warum eigentlich? Warum jetzt mit halbem Herzen kaufen, was uns in Zukunft besonders gut gefallen soll, wo wir weder die Zukunft kennen noch den Geschmack, den wir dann haben? Das ist ja wie die Eiche-Rustikal-Schrankwand-Entscheidung unserer Eltern.

Also: Verrückt sein! Spießig kommt früh genug! Und wenn dich etwas daran erinnert, wie du früher mal warst, kann's auch nicht schaden! Außerdem, alte Regel: Nie mehr als drei Prozent des Hochzeitsbudgets für den Ring ausgeben!

4

EHE IST SEX MIT VOLLKASKO

ODER: MAN HEIRATET, WEIL MAN KINDER WILL

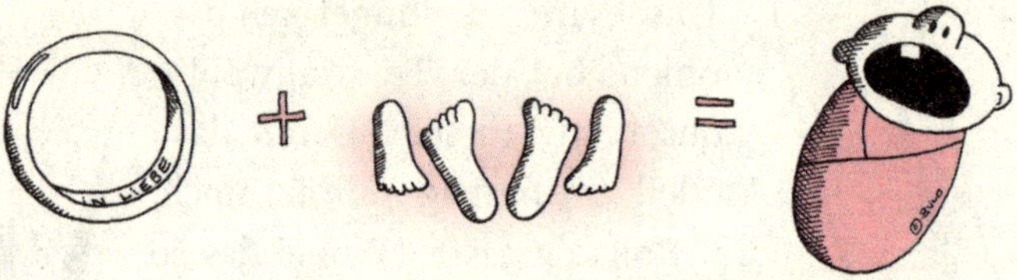

Welchen Film haben Sie vor Augen, wenn Sie das hier lesen?

- *Kerzenwachs*
- *Mäusekot*
- *Saure Milch*
- *Wurzeln*
- *Gras*
- *Steine*
- *Zitronen*
- *Honig*
- *Blätter*
- *Lumpen*

Kein Projekttag im Waldorf-Kindergarten. Nein. Anti-Männer-Stöpsel. Nach Art von Zigarren gerollt, getränkt, mit mystischen

»Keep Out!«-Formeln bemalt, verkorkten Frauen im Mittelalter damit ihr Tiefparterre, um Spermien den Weg zum Arbeitsplatz zu versperren. Der Erfolg? So lala. 18 Schwangerschaften pro Frau waren keine Seltenheit, sodass Geistliche befahlen, die Hose zuzulassen und den Rock unten, so lange man nicht verheiratet war. 1744 ging's langsam bergauf mit der Verhütung: Da feierte London sein erstes Lümmeltüten-Start-up. Recycelbare Spermien-Fangsäckchen aus Tierdärmen oder Fischblasen, feilgeboten von zwei geschäftstüchtigen Ladies in einem Laden mit angeschlossener Reinigung. Nach Gebrauch hieß es: *Waschen, trocknen, pudern.* Löcher wurden mit Knochenleim ausgebessert. Da quietscht der Willi. Aber war eh nur was für den betuchten Gentleman. Weiterhin galt also: no Sex, bis man unter der Haube war. Nochmal 150 Jahre später dann der Quantensprung: das erste Gummikondom. Natürlich, klar: deutsches Patent. Wir können halt nicht nur Traktoren und Currywurst. Heute darf der moderne Mann entspannt wählen zwischen den Geschmacksnuancen Blaubeere, Schoko, Whiskey, Knoblauch und Kaffee. Wobei man sich fragt, wem zuerst schlecht wird: den Spermien oder der Frau.

Überhaupt muss man ja mal sagen: Männer, ihr habt echt Schwein gehabt! 1827 schlug nämlich der renommierte Dresdner Arzt Karl August Weinhold vor, jedem Jungen über vierzehn den Schniedel vorne zusammen zu tackern. Dazu wollte er einen Ring durch die Vorhaut pieksen, die Enden verlöten und mit einem Siegel versehen, das erst in der Hochzeitsnacht geknackt werden durfte: »Diese Art *unauflöslicher Infibulation* hat mir schon bei mehreren Individuen, welche sich durch Selbstbefleckung in eine fast unheilbare Nervenschwäche versetzt hatten, die trefflichsten Dienste geleistet.« Schrieb Weinhold begeistert ans Königlich-Preußische Staatsministerium.

Warum ich das erzähle? Ganz klar: Vom Regenwurm zum Rüssel, zum Elefanten! Wenn man nochmal so vor Augen geführt bekommt, wie stressig Schmusen früher war, wie viel Gedöns um Verhütung gemacht werden musste und Sex nur innerhalb einer Ehe einigermaßen angstfrei stattfinden konnte, müssten wir modernen Frauen eigentlich jeden Tag mit Prosecco anstoßen. Pardon. Ich meinte natürlich: mit makrobiotischen Smoothies. Und wenn wir verhüten, dann sitzt uns auch nicht der amerikanische Arzt Charles Henry Felix Routh im Nacken. Der warnte vor hundert Jahren in einem Buch: Wer Kondome oder andere Barrieremethoden verwendet, kriegt Krebs, starkes Herzklopfen und zerstört seine geistige Gesundheit. Wohlgemerkt: Studierter Mediziner! 1873 erklärte Amerika per Comstock Act das Verschicken von Verhütungsmitteln gar für illegal. Erst seit 1918 darf man per *Crane Decision* wieder offiziell Geburtenkontrolle praktizieren. Allerdings nur für »therapeutische Zwecke«. Was auch immer man sich darunter vorzustellen hat. Absurd oder?

Was sagen die Zahlen?

- *35 Prozent aller Babys kommen heutzutage in Deutschland auf die Welt, ohne dass Mama einen Ring am Finger trägt. Anfang der Siebziger waren es gerade mal 7,2 Prozent.*
- *Derzeit gibt es etwa 7,8 Millionen Ehepaare mit Kindern. Und 9,7 Millionen Ehepaare ohne Nachwuchs. Heiraten und Kinderkriegen sind also zwei ziemlich entkoppelte Parallel-Universen. Oder, wie es Bill Murray im Film Was ist mit Bob? formuliert: „Die Rosen sind rot, die Veilchen blau, ich bin schizophren und das bin ich auch".*
- *Sobald die Family größer wird, werden uneheliche Kinder seltener. Haben noch 50 Prozent aller Erstgeborenen einen Papa, der nicht Mamas Ehemann ist, sind es bei den Zweitgeborenen nur noch 25 Prozent.*

Was lernen wir?

- *Heute hat man Sex und kriegt Babys – und heiratet. Oder heiratet trotzdem nicht. Oder hat Sex, will kein Kind, heiratet aber dennoch. Alles Freestyle. Wie beim Loomband-Knüpfen. Bastele dir deine eigene bunte kreative schillernde Reihenfolge. Steh dazu. Ein eheliches Kind ist kein Statussymbol. Das ist Herzentscheidung.*
- *Stichwort! Sich das Jawort zu geben, um Kinder zu kriegen, ist so ungefähr der größte Quatsch, den man machen kann. Kann nämlich bedeuten, den lieben Gott ein kleines bisschen am Bart zu ziehen. Hat er nicht so gern. Du musst wissen: Bei sechs Millionen Frauen und Männern, ob verheiratet oder nicht, pennt leider der Klapperstorch und bringt, so sehr sie sich das auch wünschen, kein Baby. Schicksal. Wer also nur in zweiter Linie Ja sagt zur Liebe und in erster Linie Ja zum Genmaterial des anderen, der findet sich möglicherweise mittelfristig in einer Ehe wieder, von der er nicht so recht weiß, was er da eigentlich soll.*
- *Heiraten, um Babys Zukunft abzusichern? Nun. Was das Erben angeht, macht das Gesetz keinen Unterschied zwischen Papis ehelichen und unehelichen Produktionen. Toll. Sofern es was zu erben gibt. Selbst auf Waisenrente besteht Anspruch. Aber reden wir nicht weiter vom blöden Sterben! Lassen Sie uns lieber über etwas Schönes sprechen – die Namensgebung zum Beispiel. Baby kann wie Daddy heißen, egal ob Mama und Papa verheiratet sind. Es gibt auch eine feste juristische Nabelschur: Das Umgangsrecht schützt deinen Mann davor, dass du mit eurem Zwerg nach Timbuktu abzwitscherst, weil du dich kürzlich in deinen Yoga-Lehrer verguckt hast. Umzüge nur mit Papis Genehmigung. Es grüßt ganz freundlich Paragraph 1684 des bürgerlichen Gesetzbuchs.*

UND DAS SIND DIE WAHREN HEIRATSGRÜNDE

- 52 Prozent wollen dem Partner ihre Liebe beweisen.
- 27 Prozent wollen der Welt zeigen: Ja, wir gehören zusammen!
- Fast genauso viele tun's aus steuerlichen Gründen.
- Knapp 20 Prozent möchten tatsächlich eine Familie gründen.
- 18 Prozent bauen fürs Alter vor. Motto: Dann bin ich nicht allein!
- 13 Prozent heiraten, um gesellschaftlich besser dazustehen; ebenso viele, weil sie glauben, dass es die Liebe »pimpt«, oder um auszuloten, ob's der Partner wirklich ernst meint.
- 9 Prozent bewegen religiöse Gründe.
- 8 Prozent hoffen, mit Ring am Finger Beziehungskrisen besser meistern zu können.

Nach einer Studie von ElitePartner

5

EINMAL EHE, BITTE!

ODER: WELCHES MODELL DARF'S SEIN?

Sie sind sicher, dass Sie heiraten wollen?

Prima.

Sie wissen auch schon wen?

Noch besser.

Er will auch?

Nö?

Oder weiß er noch nicht?

Egal. Ignorieren. Er muss eh lernen, dass man, um glücklich verheiratet zu sein, seine Individualbedürfnisse hintanzustellen hat.

Doch bevor Sie jetzt im nächsten Schritt Kleid, Kirche und Kutsche klarmachen und anfangen, Einladungen an ihre engsten 200 Freunde rauszuschicken, geben Sie sich noch ein Minütchen. Haben Sie auch *wirklich* das richtige Ehemodell?

Die moderne Frau von heute kann nämlich aus einer großen bunten Angebotspalette wählen. Für jeden Geschmack was dabei. Im Prinzip wie ein McDonald's-Menü. Du entscheidest dich für den Burger (also den Mann), und guckst, in welchem Arrangement mit welchen Dreingaben er dir am besten schmeckt. Unsicher?

Dann nehme ich Sie jetzt mal an die Hand, und wir machen zusammen einen kleinen Schaufensterbummel.

HOF
MONOGAMIE
POLY-AMORIE
POLYGAMIE

BLAT
URFI
WILDE EHE
PATCH WORK-EHE
HOMO-GAMIE
©BULO

Monogamie

Einehe. Prima Sache, muss ich sagen. Dein Mann wird mit hübsch blinkendem Trauring am Finger geliefert und liebt nur dich. Zumindest nimmt er sich das ganz doll vor. An seinem Ring kannst du ihn selbst in einer Masse mit anderen Männern immer sicher wiedererkennen. (Wie die See-Elefantenmama ihr Kalb peilsendergenau am »Oink! Oink!« heraushört, wo ja auch jedes Kalb genau gleich aussieht.) Die Einehe gilt als Einsteiger-Modell unter den Ehen. Hier läufst du dich warm, bevor du andere Modelle ausprobierst. Statistisch hat sie die Haltbarkeit eines Rauhaardackels. Also etwa vierzehn Jahre. Aktuell in Deutschland zugelassen sind 17,6 Millionen Stück. Zur Grundausstattung gehört die Kupplung. Du kannst also nach Eisenbahn-Art beliebig viele weitere Ehen dranhängen. Soziologen nennen das *serielle Monogamie.* Ich nenne es: Lebenslang glückliche Ehen, in denen ab und an der Partner wechselt. Die Weltrekordhalterin im Oft-Verheiratetsein ist eine Amerikanerin mit 23 Jas.

Wilde Ehe

Statistisch betrachtet ist jede achte Ehe in Deutschland wild. Vom Namen her natürlich eine kleine Produkttäuschung, denn weder Ehe noch wild. Achtung! Mann kommt ohne Trauring. Das ist wie Hund ohne Halsband. Kein Modell für Streuner. Viele denken ja, wilde Ehe sei ein Schnackseln-für-den-Weltfrieden-Siebzigerjahre-Hippie-Kommunen-Ding. Völlig falsch! Schon vor 200 Jahren war jede zehnte Hamburger Ehe wild. Der Senat wollte die Armen der Stadt von ihrer Vermehrung abhalten, deswegen verkomplizierte er das Heiraten. Mal ist die wilde Ehe eine Art Ehe-Vorglühen, jeder zehnte Mann braucht nämlich drei bis fünf Jahre, bevor er sich zum Heiraten durchringen kann, dann dauert's durchschnittlich sechs bis zwölf Monate bis zum Jawort. Zeit, die von der cleveren wilden Ehefrau genutzt wird, um mit ihrem bis dato noch wilden Ehemann ein konsequentes Toilettentraining zu starten, also: Tür zu, Fenster auf und zwischendurch, wenn's ernst wird, laut husten oder singen. Nicht selten ist die wilde Ehe auch ein Aprés-Modell. Nämlich wenn der Typ schon eine gescheiterte Ehe auf dem Buckel hat und erst mal die Schnauze voll von neuen lustigen Ehe-Experimenten. In 40 Prozent aller wilden Ehen ist daher zumindest einer von euch beiden noch verheiratet. Willst du's dir als Frau ein bisschen gemütlich und kuschelig machen, kann ich dir die wilde Ehe auf Dauer nicht empfehlen. Die finanzielle Absicherung ist total mau. In drei von fünf Fällen muss die Frau mit an die Front und arbeiten gehen, meist sogar Vollzeit, selbst wenn Kids da sind. In letzterem Falle wechselt sie dann gern in einen Halbzeitjob, sagt die Statistik. Was es aber ja bekanntlich auch nicht besser macht. Meist arbeitest du dann doch dreiviertel für halb so viel Kohle, um anschließend Vollzeit Mutter zu sein. Im Idealfall. Denn wir wollen jetzt mal gar nicht von dem Fall sprechen, dass dein Partner plötzlich dauerhaft in den Himmel umzieht, zu seiner Geliebten, oder ins Krankenhaus.Dann stehst du nämlich, was Witwenrente oder Abfindung angeht, völlig nackt da. Ohne Ring keine Rechte.

Polygamie

Auch Vielweiberei genannt. Oder Ehe mit unbegrenzter Teilnehmerzahl. Allerdings musst du dafür vorher erstmal auswandern. Zum Beispiel nach Ozeanien. Bei uns ist Polygamie verboten. In Filmen aus den Dreißigerjahren tragen Polygamisten Baströckchen, rufen »Ugah! Ugah!« und basteln sich Halsketten aus ganzen Kokosnüssen. In Filmaufnahmen neueren Datums zeigen sie sich mittlerweile aber auch gern mal mit Cola-Dose in der Hand und schicken eine WhatsApp an eine ihrer 34 Ehefrauen. Sie wohnen nicht nur in Ozeanien, sondern haben ihre Höhlen auch in Indien, auf der arabischen Halbinsel und in Afrika. Der Staatschef von Südafrika ist zum Beispiel Polygamist. Vor ein paar

Jahren fuhren in Nigeria die 86 Ehefrauen von Muhammadu Bello Masaba in drei Bussen vorm Justizministerium vor, um für seine Freilassung zu demonstrieren. Der 84-jährige Senior war verknackt worden wegen seiner Weigerung, sich von 82 seiner Süßen scheiden zu lassen (in Nigeria sind nämlich nur vier Frauen erlaubt). Es rührt sich aber auch Widerstand: In Kenia kam es 2014 zu einer Abstimmung, ob Männer sich in Zukunft so viele Frauen anschaffen dürften, wie sie lustig sind. Alle 332 Männer im Parlament stimmten geschlossen mit Ja. Worauf alle 75 weiblichen Abgeordneten empört das Plenum verließen. Allerdings nicht wegen des Gesetzes selbst. Sondern weil der Erstehefrau kein Mitspracherecht eingeräumt wurde bei der Auswahl der Co-Frauen.

Homogamie

Im sperrigen Amtsdeutsch: *Verpartnerung.* Das Modell der Wahl, falls du beschließen solltest, lesbisch zu werden oder dein Mann sein Geschlecht wechselt. Von Rechts wegen dürfen verpartnerte Paare weder »Hochzeit« zu ihrer Feierlichkeit sagen noch »mein Mann« oder »meine Frau«. 70 000 gleichgeschlechtliche Ehen gibt's. Freunde von mir waren auf einer Hochzeit mit lauter Juristen eingeladen. Am Buffet gab's folgende Szene:

Frau: »Und mit wem bist du so hier?«

Freund: »Mit meinem Partner.«

Frau: »Ach, bist du auch Anwalt?«

Freund: »Nein, homosexuell.«

Obgleich seit 15 Jahren eine rechtlich anerkannte Partnerschaft, sind viele im Umgang mit verheirateten Schwulen und Lesben total ungeübt. Verpartnerte Paare werden gern mit zoologischer Neugier gefragt, wer weiß und wer schwarz bei der Zeremonie getragen hat. Wer in Zukunft das Auto fährt und wessen Name an erster und welcher an zweiter Stelle auf dem Briefumschlag steht, wenn's Post gibt. Wahrscheinlich würden viele derjenigen, die so neugierig fragen, ein Gehege begrüßen mit Hinweistafel am Zaun: *Nachtaktive Population, frisst Fisch.*

Homo-Ehen gelten als äußerst stabil und bieten eine Reihe von interessanten Optionen:

Würde ich Angela Merkel heiraten, dürfte ich auch Merkel heißen und bekäme eine Witwenrente. Für den Fall, dass Diktator Kim Jong-un beim Staatsbesuch in Pjöngjang etwas unglücklich mit der Kettensäge an ihr hängen bliebe. Damit ist aber nicht Ehegatten-Splitting gemeint. Ach, wo wir gerade bei dem Thema sind: Verpartnerte Paare dürfen wie normale Ehepaare die für sie günstigste Steuerklassen-Kombi wählen.

Hätten Angela und ich einen Kinderwunsch, dürften wir den kleinen Bruce-Elvis aus Bottrop als Pflegekind bei uns aufnehmen. Wir dürften ihn aber nicht adoptieren. Das unterscheidet uns von einem »normalen« Ehepaar. Im Gegenteil: Wir müssten ihn sofort wieder rausrücken, wenn Bruce-Elvis' Mutter, die jeden Tag vier Flaschen Apfelkorn trinkt, nach zehn Jahren, die sie ihren Sohn nicht gesehen hat, findet, dass sie ihren Sohn ja irgendwie doch recht lange nicht mehr gesehen hat.

Sollten Angela und ich uns am Ende doch wieder scheiden lassen, weil sie für meinen Geschmack ein bisschen arg viel auf Reisen ist, gibt's dafür leider keinen Cent Versorgungsausgleich. Das wäre insofern misslich, wenn ich ihretwegen meine vielversprechende Karriere als Fotomodell für Kniestrümpfe im Stile einer Barbara Becker aufgegeben und stattdessen jeden Tag mit unseren Pekinesen zum Hundefriseur gegangen wäre. Dann würde ich jetzt ganz schön dumm aus der Wäsche gucken.

Patchwork-Ehe

Oder die Frage: Sag ich dem widerspenstigen Blag, das nicht meins ist, dass es sich die Zähne putzen soll? Jede zehnte Ehe in Deutschland ist eine Patchwork-Kiste. Patchwork entsteht, wenn dein Mann vorher einer anderen Frau gesagt hat: »Du bist meine ewige Liebe!« Bevor ihm aufgeht: Stopp. Rolle rückwärts. Seine ewige Liebe bist ja du. Laut Statistik heiratet der durchschnittliche deutsche Mann 1,2 Mal. Mit ein bisschen Glück – oder Pech – bist du also seine 0,2. Und das für immer.

Patchwork ist tricky. Und manchmal der Versuch, zehn Liter in einen Fünf-Liter-Eimer zu füllen, das musst du wissen. Das geht schon mal damit los, dass der Patchwork-Papi unter Umständen eine halbe Fußballmannschaft mit in die zweite Ehe bringt. Wie zum Beispiel mein Vater. Zwanzig Jahre Erst-Ehe, vier Kids – wenn er dann Auto fuhr, war das Patchwork vom Feinsten: Dann saß sein alter Sohn vorne und seine neue Frau hinten.

Und ich denke natürlich auch manchmal darüber nach, wie das gewesen wäre, wenn mir der liebe Gott meinen Schatz mit Behang geliefert hätte. Da hast du dann mit etwas Glück ein kleines Baby, das saugt an deiner Brust. Und nebenan, eine Tür weiter, ein großes Baby, das saugt an der E-Shisha. Oder lässt sich gerade entjungfern. Oder überfällt eine Bank. Es gibt viele Optionen, wie moderne Patchwork-Teenager ihre Freizeit ausgestalten. Jedenfalls hätte mich das ganz schön gefordert.

Kleiner Bonbon: Vor allem *gebildete* Männer heiraten nach einer Scheidung ein weiteres Mal. Das spricht also für einen Gebraucht-Papi.

Patchwork-Ehen sind übrigens, das will ich noch schnell hier anmerken, nicht scheidungsanfälliger als »normale« Ehen. Geschiedene Frauen sind sogar geradezu versessen drauf, ein weiteres Mal zu heiraten. Drei von fünf sagen bereits innerhalb der nächsten zwei bis fünf Jahre erneut Ja und heiraten. Und statistisch betrachtet führt das auch immer zur Produktion neuer Babys.

Die Urfi-Ehe

Dolles Ding! Der Labradudel unter den Ehe-Rassen, entstanden durch Kreuzung von wilder und konventioneller Ehe. Vor allem in Ägypten der Renner. Wenn du einen auf Urfi machst, beschließt du: *Jetzt sind wir ein Ehepaar.* Du setzt einen einfachen handschriftlichen Vertrag auf, organisierst zwei Zeugen, und zur Sicherheit sagst du auch noch der lieben Verwandtschaft Bescheid. Ägyptische Schätzungen gehen von 400 000 »Ehe light«-Heiraten pro Jahr aus. Gegenüber 506 000 konventionellen Heiraten. Jeder fünfte Student ist Urfi. Urfi ist die Chance, gesichtswahrend spießigen Glaubenszwängen zu entkommen und mit jemanden, den man aufrichtig liebt, zusammenzuleben. Und Urfi ist die große Gefahr, am Ende als verlassene »durchgenudelte« Frau dazusitzen mit einem unehelichen Kind. Auch stinkreiche, erzkonservative, verheiratete Araber aus den Golfstaaten sagen sich gern *›sind wir nicht alle ein bisschen Urfi?‹* und nutzen diese Ehe-Art zur Legitimation von Prostitution während ihrer Sommerferien in Kairo.

Polyamorie

Herzlich willkommen in der Welt von *Monos* und *Polys.* Nein, nicht die Patchwork-Geschwister von Tinky-Winky, Dipsy, Laalaa und Po. Polyamorie ist eine Beziehungsform, bei der eine Frau ganz viele Männer gleichzeitig liebt und mit ihnen schläft. Polys stehen dabei der Polygamie näher, Monos der Monogamie. Polyamorie ist natürlich ein bisschen pfui, deswegen suchen Polyamoristinnen ihre Partner auch nicht via Schwarzem Brett in der Drogerie oder beim Bäcker. (Da hängen ja im Übrigen auch schon die Kennlerngesuche von Frauen, die mit ihren Katzen verheiratet sind.) Polyamoristen-Treff ist das Internet. Hier gibt's Poly-Tanzkurse, Poly-Stammtische und Tantra-Seminare mit Poly-Bezug. Möglicherweise auch Spaghetti mit Poly-Soße, man weiß es nicht. Die Polyamoristin ist im Gegensatz zur Nymphomanin eine stramm organisierte Preußin mit Buchhalterqualitäten. Sie unterscheidet streng zwischen *primary, secon-*

dary und *tertiary partners*, Erst-, Zweit- und Dritt-Männern, an die sie sich dann bindet.

Also, um das mal an einem Beispiel festzumachen: Mein Mann ist meine klare Nr. 1., der rollige René die Nr. 2. Wenn beide keine Zeit haben und Brad Pitt nichts vorhat, der die Nr. 3. Und so weiter. Müsste man sich vorher vielleicht mal auf einem Flipchart skizzieren.

LAT

Living apart together. Eine Ehe, zwei Leben. Psychisch zusammen, physisch getrennt. Der Bentley unter den Ehen, da man zwei Wohnungen finanzieren muss. Künstler und Kreative machen gern auf LAT. Simone de Beauvoir und Jean-Paul Sartre zum Beispiel; Woody Allen und Mia Farrow; Matthias Schweighöfer und Ani-wie-hieß-sie-gleich-mit-ganzem-Namen? Auch Fernbeziehungen sind sozusagen LAT. Daher kennen sich laut Statistik 52 Prozent aller Deutschen bestens mit ihr aus

Neulich traf ich auf ein Paar, das war LTA, nicht LAT. *Living together apart.* Getrennt und so cool, dass sie weiter zusammenlebten.

Puh. Ich fass kurz zusammen: Du hast jetzt eine Übersicht über alles, was so auf dem Ehemarkt an Klassikern und Innovationen unterwegs ist. Toll wäre natürlich ein Ehe-Tester-Kit. Ein bisschen Probe-Ehe in die Ellenbeuge und schauen, ob's Ausschlag macht. Gibt's aber noch nicht. Ich persönlich empfehle Ehe-Modell eins, die Monogamie. Aus Artenschutzgründen, nur 137 von 845 Kulturen weltweit betreiben astreine Einehen. Und weil ich sagen muss: Fahre ich auch. Liegt sicher auf der Straße, macht glücklich und gibt mir das Gefühl, ich komme heil ans Ziel.

6

DER DIRECTOR'S CUT DER SCHÖPFUNGSGESCHICHTE

ODER: ADAMS EX

Wissen Sie, wenn ich Spielberg wäre, ich würde ja mal ganz dringend die Bibel verfilmen. Mord und Totschlag und Hurerei und Betrug – das wird ein super Drehbuch. Danach lockt dich kein Horrorfilm mehr.

Besonders gespannt bin ich, muss ich sagen, auf den Abspann, also wenn das Bonusmaterial kommt, Szenen, die rausgeflogen sind. Kennt man ja aus *Ladykracher,* wenn Anke Engelke die Szene verkackt hat, weil sie lachen musste, wo eigentlich Ernstbleiben angesagt war, oder mit dem Gabelstapler den Kameramann umgefahren hat. Das wird dann hintendran gesendet und macht mir persönlich immer besonders gute Laune. Von mir aus könnten sie den Rest auch weglassen und nur Bonusmaterial produzieren. Und ich mag auch diese Sequenzen gucken, die vom Regisseur wieder rausgeschnitten werden, weil sie die Haupthandlung nicht wesentlich voranbringen, aber künstlerisch total wertvoll sind. Director's Cut genannt.

Sie glauben gar nicht, was das Alte Testament, insbesondere die jüdische Version, der Talmud, für einen schnurpsigen Director's Cut abgeben würde. Da haut's einen schier aus den Puschen.

In der ersten Szene, die ja bekanntlich im Paradies spielt, wird nämlich von einer bedrohlichen rothaarigen Ex berichtet, die durchs Paradies tigert und der blonden, biederen Eva heimlich

Stress macht: Lilith. Mit ihr ist Adam verheiratet, bevor er seinen Ringfinger Eva schenkt und mit ihr Kain, den alten Tunichtgut, zeugt. Lilith ist aus demselben Staub wie Adam, nicht wie Eva das Produkt einer Rippen-Spende. Sie sieht sich mit ihrem Gatten auf Augenhöhe. Weswegen die Beziehung scheitert: Man kann sich nämlich nicht einig werden, wer beim Sex oben liegt. Oder wie es Professor Howard Schartz in seinem preisgekrönten Buch »Tree of Souls« schreibt: *»Adam wanted her to lie beneath him, but Lilith insisted that he lied below.«* Lilith ist voll abgenervt, spricht: »Schem Hammeforasch«, eine Zauberformel, und fliegt davon. Weil es ihm aber dann und wann nach einem Schäferstündchen mit der temperamentvollen Ex gelüstet, luschert Adam immer wieder über die Paradiesmauern.

Na, zu viel versprochen? Das will man doch gucken, oder? In den Hauptrollen Veronika Ferres, Andrea Sawatzki und Heino Ferch.

Nun werden Sie sicherlich fragen: Warum kenne ich diesen Bibel-Spin-off bislang noch gar nicht? Das liegt am spießigen heiligen Hieronymus, der 400 Jahre nach Christus aus der Flut der auf dem Markt befindlichen Bibelversionen eine Art Kardinal-Bibel zusammenschreibselte. Angeblich ist ihm bei Adams unchristlichem Treiben das Messer in der Hose aufgegangen, und er soll beschlossen haben, Lilith aus dem Plot herauszuschneiden und die gesamte Paradies-Story einzudampfen. Und so heißt es seither in Genesis 1: »Und Gott erschuf ein Menschenpaar.« Und ein bisschen weiter unten in Genesis 2: »Und Gott erschuf Adam und Eva.«

Ich habe Ihnen diese Geschichte natürlich mit Absicht erzählt. Weil sie Mut macht. Lilith ist der Beweis: Exen sind keine moderne Zivilisationsgeißel wie, ich sag jetzt mal, Radarkontrollen, Koma-Saufen und Genital-Herpes. (Von dem man ja weiß, dass er erst in den letzten 20 Jahren durch Oralsex stark angestiegen ist und komplett vermeidbar wäre, wenn du deinen

Kerl vor dem Geschlechtsverkehr bei 60 Grad einmal kurz in der Waschmaschine durchwaschen würdest.) Exfrauen beziehungsweise Exfreundinnen sind, wie soll ich sagen?, eine Jahrtausend alte, von Gott gewollte Prüfung, um uns zu besseren Paaren zu machen. Eine Art Waschanlage für die Liebe.

- Laut Statistik haben sich in den letzten 25 Jahren 4,3 Millionen Paare in Deutschland scheiden lassen.
- Das macht 8,6 Millionen Schattenwesen, die durch fremde Lebensentwürfe tigern wie Hui Buh, das Nachtgespenst:

  ... weil sie Unterhalt fordern, der ihnen nicht zusteht, oder nicht zahlen, obwohl sie müssten.

  ... weil sie gern mal die Kinder aufhetzen mit so Sätzen wie: »Die Mama/der Papa hat mir sehr weh getan« und zum Frühstück Fanta erlauben.

  ... weil sie ständig ihre alte Inkompetenz in dein neues Leben verklappen und nichts auf die Reihe kriegen, aber natürlich finden, dass alles, was du tust, vollkommen falsch ist.

  ... weil sie die Scheidung spirituell gemacht hat und auch der Familienhund ab sofort mit Bachblüten behandelt wird.

  ... weil sie sich nie an Absprachen halten.

  ... weil du täglich daran erinnert bist, dass du dieser Schweinebacke/Pissnelke mal gesagt hast: »Ich liebe dich.«

  ... weil dich das alles wahnsinnig aufregt. Und dir klar wird: Die wenigen Optionen, dem Ganzen zu entkommen, beinhalten: Auftragskiller engagieren oder Alzheimer kriegen.

Das nur als kleine Problem-Auswahl.

An dem Tag, als meine Eltern nach nur vier Monaten stürmischer Liebe standesamtlich heirateten, klingelte es an der Wohnungstür in der Kieler Goethestraße und der Postbote brachte ein Päckchen, das meine Mutter öffnete, während gerade alle mit Eierlikör anstießen. Darin: Schuhe und die Hose meines Vaters. Die schickte mit besten Grüßen die Vorgängerin. Und wünschte damit, nehme ich mal an, ein langes glückliches Leben.

Fassen wir zusammen. Expartner gehören zum Leben wie Schnupfen zur Nase. Wie Kartoffelpü zum Reh. Für Ehefrauen gilt: Natürlich hat dein Mr. Right schon andere geküsst. Aber ein ungeküsster Prinz wäre ja auch strange. Wenn Justin Timberlakes Ehefrau Jessica Biel morgens aufwacht, dann immer mit dem Wissen: Meine Vorgängerin heißt Britney-ohne-Höschen-&-Haare-Spears. Denise, die Neue von Kermit, dem Frosch, darf sich ihr Leben lang fragen: Was für 'ne Sau war diese Piggy?

So hat jeder sein Pächcken zu tragen.

In der Medizin gilt: Erreger erkannt, Gefahr gebannt. Auf der Petrischale lassen sich, frei nach Paarberaterin Lisa Fischbach, sechs Prototypen isolieren:

Nessie von Loch Ness

Glucker-di-gluck taucht sie immer mal wieder auf: Hier ihr gerahmtes Foto. Da ein Anruf. Dort im Regal ein Lehm-Etwas, das sie ihm aus Peru mitgebracht hat und das entfernte Ähnlichkeit aufweist mit versteinertem Gulasch. Nicht Nessie ist das Problem, sondern dein Typ, der die Delete-Taste nicht findet. Vorsicht: Bestimmt sind auf seinem Handy auch gespeicherte WhatsApp-Nachrichten von ihr.

Die Trauernde

Sie ist das Opfer, das verlassen wurde. Daran lässt sie keine Zweifel. Ihre Augen sagen: Wie konnte er mir das bloß antun? Ihre Trumpfkarte ist sein schlechtes Gewissen. Wenn sie »hopp« sagt, springt er. Es gibt wenig dagegen auszurichten. Bleibt zu hoffen, dass sie schnell einen Neuen findet, der ihr akropressurmäßig die Zehen knetet, wenn sie es wieder mit dem Großhirn hat.

Die Drama-Queen

Sie ist voller Hass. Auf ihn, weil er weg ist. Und auf dich, weil du die Neue bist. Ihre Augen fragen: Wie kann er bloß mit *dir* zusammen sein? Ihre Waffen sind Sticheleien, Gerüchte, Intrigen, hysterische Szenen. Du würdest sie gern mit Cillit Bang wegschrubben, was ja leider nicht geht, oder sie wegkärchern, was leider auch nicht geht. Du musst mir ihr leben wie mit Hepatitis C. Geht nicht weg, ist aber auch nicht tödlich.

Die Tolerante

Sie weiß alles über ihn. Ihr Lieblingssatz ist: »Ach, kenn ich! Hat er bei mir auch immer gemacht!« Sie lässt dich auch wissen, dass sie total versteht, dass du ein bisschen eifersüchtig auf sie bist. Schließlich ist es ja auch nicht so einfach, ihre Nachfolgerin zu sein. Hier hilft: Ohropax.

Die Nette

Sie macht dich misstrauisch, weil an ihr so gar kein Haken und keine Öse ist. Sie ist einfach nett, sie ist hübsch, sie sagt so unglaubliche Dinge wie: »Hey, schön dich zu sehen!« Wäre sie nicht deine Vorgängerin, könnte sie sogar deine Freundin sein. Das macht dich irgendwie krank. Therapie: Desensibilisierung. Schön oft treffen, dann lässt der Reiz nach.

Claudia Schiffer, die zweite

Sie ist schlank, hat lange Beine, einen perfekten Teint und diese Art Haare, die auch dann liegen, wenn sie vorher 24 Stunden Pudelmütze getragen und ein Power Workout gemacht hat. Also, ums kurz zu machen: Die fieseste aller Exen. Ein fleischgewordener Albtraum, die dich aussehen lässt wie Beth Ditto von Gossip. Dann doch lieber eines der Biester aus 1 bis 5.

Und was lernen wir?
Die wenigsten Exen leben in friedlicher Koexistenz wie bei Boris Becker, wo die eine der anderen Plätzchenrezepte verrät und sie zum Brazil Waxing begleitet, wenn man *Echo der Frau* glauben soll.

Doch sei froh, wenn du mit seiner Vergangenheit konfrontiert bist.

Denn schlimmer als die Ex, die du kennst, ist die Ex, die du nicht kennst!

Da gehst du nämlich abends ins Bett und betest: »Lieber Gott, lass sie dumm und hässlich gewesen sein!«

In Ewigkeit. Amen.

7

VERLOBUNG

ODER: JETZT HAB ICH IHN!

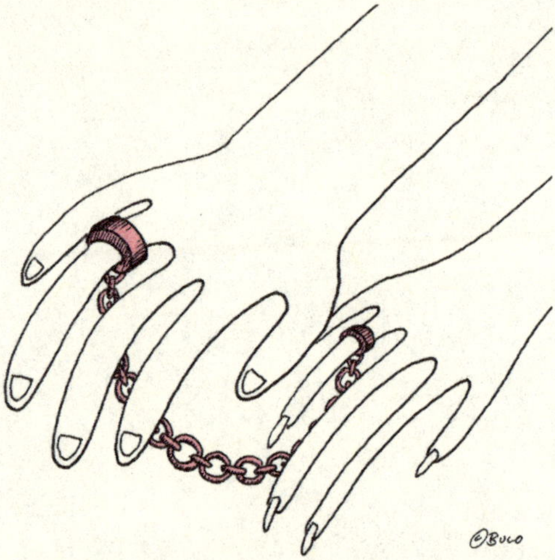

Vor Jahren mal habe ich in einem Fernsehbeitrag Heidi Wichlinski mit Pudel unterm Arm aus einem rassigen Lamborghini steigen sehen und war sehr, sehr beeindruckt. Heidi Wichlinski war damals die Modell-Verlobte von David Coulthard. (Sie wissen schon, das ist dieser Formel-I-Rennfahrer, der aussieht, als käme er aus einer Nussknackerfabrik im Riesengebirge.) Heidi und David, das war für mich wie Ei und Eierbecher – ein Paar wie aus dem Brautpaar-Prospekt: Beide blond, beide sexy – hätten die eine Produktnummer eingeblendet, ich hätte gleich mal bestellt. Dann ging David leider fremd – und sie zum Anwalt.

Das erfuhr ich alles aus der Zeitung. Ich machte mir echt Sorgen. Was würde aus der armen Heidi werden, was aus ihrem Pudel? Doch vier Jahre Verlobung brachten Heidi schließlich eine Summe, mit der sie sich 40 Millionen Tempotaschentuchpackungen hätte kaufen können. Und wenn sie nicht gestorben ist, schnupft sie die jetzt Packung für Packung weg.

Der Vollständigkeit halber will ich noch schnell erzählen: Nächste Verlobte war Simone. Fünf Jahre lang Davids Frau für den Rest seines Lebens. (Dann musste sie sogar den Mini Cooper zurückgeben.) Dritte Langzeit-Verlobte: Karen. Der gab er nach acht Jahren endlich das Jawort. Über den Tag der Hochzeit sagte David mal in einem Interview: »Ich will es nicht de-romantisieren. Aber ich würde es nicht als den besten Tag meines Lebens beschreiben.« Kleiner Charmebolzen. Auch die arme Romy Schneider wurde von Dauerlover Alain Delon nach sechs Jahren Verlobung einfach sitzengelassen. Dabei hatte sie das Hochzeitskleid schon fertig im Schrank hängen. Sackgesicht.

Da lobe ich mir doch die deutschen Männer! Stehen da wie die Eichen. Hier ein bisschen Statistik:

- Von 100 Männern, die heiraten, verloben sich zehn, noch bevor sie mit der Frau ihrer Träume zusammengezogen sind. Wie korrekt!
- 46 von 100 Männern heiraten, selbst wenn sie dir vorher keinen offiziellen Verlobungsantrag gemacht haben.
- Von 100 Männern, die schon mal verheiratet waren, pfeifen sogar 71 Prozent auf den Antrag, bevor es erneut zum Traualtar geht.

Und wie sieht's eigentlich rechtlich aus? Bindet ein Eheversprechen?

Tatsächlich gibt's ein paar Paragraphen, die den Fall der Entlobung juristisch regeln.

§ 1300 des bürgerlichen Gesetzbuches:
Hat eine Jungfrau ihrem Verlobten die Beiwohnung gestattet, so kann sie wegen des körperlichen Schadens ein Kranzgeld verlangen. Dieser Anspruch ist nicht übertragbar und geht nicht auf die Erben über.« (Paragraph leider abgeschafft)

§ 1301:
Platzt die Hochzeit, musst du den Ring wieder rausrücken.
(Paragraph in Kraft)

§ 1298, Absatz 1
Hast du in Erwartung der Ehe weitreichende Entscheidungen getroffen, deine Wohnung oder gar den Job gekündigt, dem Chef, den du glaubtest, nie wieder zu sehen, zum Abschied noch mal gesagt, was für ein Idiot er ist? Hast du dir ein Hochzeitskleid gekauft oder haben deine Eltern Büttenpapier geordert, um Einladungen zu verschicken? Dann kannst du oder können sie Schadensersatz geltend machen. Umgedreht gilt: Hat der Typ für dich seine gut gehende Zoohandlung verkauft, um in Zukunft nur noch für dich da zu sein, kann er dich ebenfalls zur Kasse bitten. Dabei spielt keine Rolle, wer Schuld an der Trennung hat. (in Kraft)

§ 1298, Absatz 2
Hast du – jetzt mal angenommen – Helge Schneider das Jawort gegeben und dafür Rockefeller III. einen Korb, kannst du Helge beim Scheitern eurer Ehe nicht auf Schadensersatz verklagen, weil dir die Ehe mit Rockefeller durch die Lappen gegangen ist.
(in Kraft)

§ 116
Für eine im juristischen Sinne formvollendete Entlobung muss Braut oder Bräutigam eine ›empfangsbedürftige Willenserklärung‹ abgeben. Also: SMS schreiben oder auf den AB sprechen.

Ein Graffito an der Autobahnbrücke »Susanne, du bist blöd, hau ab« reicht nicht. Du kannst mangelndes Interesse an einer Fortführung der Beziehung auch durch sogenanntes ›konkludentes‹ Verhalten signalisieren. Zum Beispiel einfach zwei Jahre lang nicht mehr melden. (in Kraft)

§ 7099, Absatz 24

Hat sich der Typ vom Acker gemacht, nachdem du ihm zehn Jahre Selbstfindung finanziert hast, darfst du ihm auf die Schnauze hauen, wenn du ihn bei Edeka an der Kasse triffst.

(Paragraph noch in Arbeit)

An dieser Stelle würde ich Ihnen ja gern von meiner eigenen Verlobung berichten. (Aber ich habe leider Erinnerungslücken, wo und wie mir mein Mann seinen Antrag gemacht hat. Und wenn ich genau drüber nachdenke, sogar *ob.*) Dafür erzähle ich Ihnen jetzt die Verlobungsstory meiner Bekannten. Hätte ich sie nicht selbst erlebt, müsste ich sie eigentlich erfinden:

Meine Bekannte war sehr verliebt, sehr verlobt, Termin für die Hochzeit stand auch schon. Dann musste sie für ein paar Tage zu einem Job, und als sie wiederkam, war da schon eine andere. Wie das Leben so spielt. Während meine Bekannte zum Juwelier ging, um ihren Verlobungsring gegen etwas mit besserem Karma zu tauschen, zog die bereits schwangere Nebenbuhlerin in das Häuschen, das meine Bekannte für sich und ihren Ex gerade fertig renoviert hatte und für das sogar schon die Schlafzimmervorhänge ausgesucht waren. Zehn Jahre später trifft man sich per Zufall wieder, meine Bekannte und ihr Ex, und zwar im Nachbargarten. Gemeinschaftlich schaut man über die Hecke zum ehemaligen Haus, in dem der Ex jetzt leider auch nicht mehr wohnt, weil sich seine Frau, die Nebenbuhlerin, gerade von ihm scheiden lässt.

Gott ist gerecht.

- 25 Prozent aller Hochzeitspaare geben an, dass zwischen Antrag und Hochzeit neun bis zwölf Monate vergangen sind.
- Zehn Prozent der Männer brauchen drei bis fünf Jahre Zeit, bevor sie sich trauen, ihrer Freundin einen Heiratsantrag zu machen. Das ist auch die Zeit, die ein Neugeborenes braucht, um auf einem Bein hüpfen zu können.
- In 36 Prozent der Fälle ergreift die Frau die Initiative. Wie toll! Es lebe die Emanzipation!
- Was Niederknien und Papis Segen angeht, sind Männer konservativer: 16 beziehungsweise 23 Prozent finden's wichtig, aber nur zehn beziehungsweise 20 Prozent der Frauen.
- 80 Prozent aller Frauen ist es wichtig, dass der Antrag romantisch und gefühlvoll ist und eine Überraschung .
- Der durchschnittliche Verlobungsring kostet 308 Euro.

8

WARUM DIE KUH KAUFEN, WENN ICH DOCH NUR EIN GLAS MILCH WILL?

Oder: Sind Männer Heiratsmuffel?

Ich möchte dieses Kapitel mit einer Gegenfrage beginnen: Brauchen Orang-Utans Haarwuchsmittel?

Natürlich nicht! Na also! Und genauso wenig brauchen Männer die Ehe. Was Männer benötigen, rein biologisch-technisch betrachtet, sind 19:59 Minuten. Das ist die statistisch ermittelte Zeit, die sie im Schnitt in das Joint Venture von Dödel und Mumu investieren. Sie können auch Sex dazu sagen. Damit ist der deutsche Mann knauseriger als der niederländische (22:25 Minuten) und großzügiger als der Indonesier (15:00 Minuten).

Meine Meinung als Frau war ja schon immer: Man sollte sich das Land, in dem man wohnt, nicht nur nach dem Wetter aussuchen.

Nun ist ein Mann natürlich nicht nur ein optischer Verbund aus Bartstoppeln, Adamsapfel und Haare an Stellen, wo die Sonne nie scheint. Er ist auch nicht nur der Speicherplatz von 8.400 000 000 000 Spermien. Das würde ihn doch sehr reduzieren. Ein Mann hat natürlich auch ein Hirn.

Wie das funktioniert, veranschaulichten Wissenschaftler vor 30 Jahren sehr eindrucksvoll in einem Experiment auf dem Campus der Florida State University, das ich aus dem *Oxford Handbook of Sexual Conflicts in Humans* habe:

Demnach ließ man Studenten und Studentinnen von Lockvögeln ansprechen. Die sollten sagen: »Hey, du bist mir aufgefallen, ich finde dich sehr attraktiv!« Und dann eine dieser drei Fragen stellen:

- Frage 1: Hast du Lust, mit mir auszugehen?
- Frage 2: Hast du Lust, mit mir in mein Apartment zu kommen?
- Frage 3: Wollen wir bumsen?

Nun raten Sie mal, wie das Ergebnis aussah.

- *Auf Frage 1 reagierten die Geschlechter wie gut durchwachsener Speck: 50 Prozent der Männer und 50 Prozent der Frauen fanden die Idee eines spontanen Dates attraktiv.*
- *Bei Frage 2 tat sich dann die erste, nun, leichte Kluft auf: 69 Prozent der angesprochenen Männer wollten sofort mit ins Apartment. Für eine gute Idee hielten das aber nur drei Prozent der angesprochenen Studentinnen. Stattdessen machten sie sich Sorgen um die geistige Verfassung desjenigen, der sie angesprochen hatte: »Bist du nicht ganz dicht?!« Oder: »Schleich dich, du Spinner!«*

Bei Frage 3 schließlich war den Wissenschaftlern ein spektakulärer Blick in den Grand Canyon der Geschlechter vergönnt. Nicht eine einzige Frau hatte Lust auf spontanen Sex mit einem Fremden. Dafür erhöhte sich die Zahl der Männer, die mit Ja antworteten, um ein weiteres Prozent auf 70. Damit aber nicht genug. Einige hatten's plötzlich megaeilig: »Warum warten bis heute Abend?« Andere, die Nein geantwortet hatten, machten mildernde Umstände geltend: »Schade, ich bin schon liiert/verabredet.« Versäumten aber nicht, ihre grundsätzliche Aufgeschlossenheit zu bekunden. »Heute kann ich nicht, aber morgen wäre prima.«

Um auszuschließen, dass die Frauen nur aus Sorge um ihre Sicherheit Nein gesagt hatten, stellte man den Versuch unter geschützten Laborbedingungen nach – mit demselben Ergebnis: Frauen finden, man sollte den Mann, der sein Glied in einen einführen will, vorher kennen. Männer halten das für ein verzichtbares Detail. Einmal mehr zeigen sie sich als reziprokes Rätsel. Je fremder die Frau, desto zutraulicher. Je größer die Gefahr, vorher reden zu müssen, desto schneller nehmen sie Vernunft an.

Da frage ich mich doch als verheiratete Frau, was da neben mir im Bett liegt. Geht es Ihnen nicht auch so?

In Chicago führten Wissenschaftler ein weiteres Experiment durch, im Ergebnis so erschreckend, dass wir Frauen es eigentlich gar nicht wissen wollen:

Männlichen und weiblichen Wartenden am O'Hare-Airport wurden unterschiedliche Budgets einer imaginären Währung ausgehändigt, der sogenannte *Paarungs-Dollar.* Die Probanden durften sich damit einen Flirt, einen perfekten One-Night-Stand sowie den idealen Partner zum Heiraten zusammenshoppen. Es galt aus vierundzwanzig Persönlichkeitsmerkmalen auszuwählen.

Es zeigte sich: Solange Frauen mit einem Mann nur reden müssen, reicht ihnen ein mitteldoofes Modell – also nicht ganz beschränkt, aber auch kein Harvard-Professor. Entsprechend überschaubar das Investment an Paarungs-Dollars. Ähnlich verhielten sich die Männer: Ihrer Traum-Flirt-Frau spendierten sie eine als eher durchschnittlich zu bezeichnende Anzahl an Hirnzellen.

Komplett neu mischten sich die Karten, sobald es um Sex ging. Die Frauen machten ihre Portemonnaies weit auf, Männer outeten sich als Sparfüchse. Während Frauen ihren idealen One-Night-Stand-Mann überdurchschnittlich intelligent wollten und dafür ordentlich Paarungs-Dollar berappten, kürzten die Männer den IQ-Etat ihrer perfekten One-Night-Stand-Frau um 69 Prozent. Ein Versuchsteilnehmer äußerte sich sogar zuversichtlich, dass er eigentlich gar keinen Etat benötige: »Es macht mir nichts, ob sie taub, doof, blind oder sonst wie beschränkt ist. Ich wäre trotzdem Feuer und Flamme.« Nun ist das – natürlich! – der totale Macho-Spruch. Deswegen vergessen wir's selbstverständlich auch gleich wieder. Trotzdem noch schnell ein Gedanke von Sexualwissenschaftler Todd Shackelford: »Nicht eine einzige Frau in keiner Studie, durchgeführt von Kollegen oder mir, hat je einen Kommentar gemacht, der annähernd vergleichbar ist.«

Bei der Frage, wie der perfekte Langzeit-Partner aussehen könnte, kamen die Geschlechter wieder zusammen. Frauen designten sich das Hirn des Mannes auch in diesem Falle möglichst groß. Männer sahen im Hinblick auf Heirat ein Aufstocken des Etats »Schädelinhalt« ebenfalls als sinnvolles Investment.

Ich fasse mal kurz zusammen: Das Hirn eines Mannes? Vergiss es! Sein Bio-Erbe? Auch für die Neandertal-Tonne! Bleibt noch, sein Herz zu durchleuchten. Und siehe da – umzingelt von bösen Trieben wie das kleine gallische Dorf bei Asterix –: GEFÜHLE!

Ja, Männer lieben. Das ist biochemisch nachgewiesen. Und merkt man in freier Wildbahn, wenn sie dir von ihrer Lieblingspizza abgeben, ohne dass du vorher fragen musstest.

Tatsächlich scheint Liebe das Elexier zu sein, das aus dem Sauhaufen Mann ein brauchbares Glied in der menschlichen Fortpflanzungskette macht.

So haben Evolutionswissenschaftler herausgefunden, dass schon unser Vorfahr, der Homo Neanderthalensis, statt die Biege zu machen, vierjährige Ehen führte. Man glaubt, dass das Leitmotiv des Männchens Zuneigung dem Weibchen gegenüber war. Eine bahnbrechende Erfindung für die damalige Steinzeit. Und so die nächsten 2,6 Millionen Jahre nicht alles schiefgelaufen ist, darf man auch den Männern heute eine gewisse Zweigleisigkeit unterstellen: aufrechter Gang *und* Gefühle.

Den weltweiten Siegeszug der Liebe erklären Evolutionswissenschaftler mit folgender Theorie: Liebe ist im ersten Schritt ein Trick der Natur, das Männchen zu bewegen, dem Weibchen bei der Aufzucht der gemeinsamen Jungen zur Seite zu springen. Im zweiten Schritt erkennt das Männchen: Hey, ich pflanze mich ja viel erfolgreicher fort, wenn ich mit ein Auge auf meine Blagen habe. Win-win. Und wenn sie nicht gestorben sind, dann schieben sie gemeinschaftlich den Kinderwagen.

Zum Schluss noch mal eine kleine Zusammenstellung von Gründen, die Männer, die nicht wollen, vielleicht doch zum Heiraten bewegen:

- Jungs! Alle eure Kumpels kommen, und es gibt gaaaanz viele Geschenke. Selbst eine Märklin-Eisenbahn ist drin.
- Junggesellenabschied, Polterabend, Hochzeit sind gleich drei Events, bei denen man sich dumpf und komatös dicht gießen kann, ohne dass die Alte schimpft. Das gibt's nie wieder.
- Und! Mann hat Zeugnisverweigerungsrecht. Wenn dich deine Frau irgendwann mal umbringt, weil es ihr doch zu bunt wird mit dir, musst du dazu keine Stellung nehmen.

9

TINDERISMUS

Oder: Liebe Wisch & Weg

Es ist bekanntlich nicht leicht, den Mann fürs Leben zu finden. Selbst dann nicht, wenn er nur ein einziges Kriterium erfüllen muss: perfekt sein.

Neben Perfektion sind noch folgende Eigenschaften wünschenswert:

- *Gitarren-Grundkenntnisse, so dass er abends am Lagerfeuer »She came to me one morning« zupfen kann.*
- *Sollte in der Küche Tomate von Gurke unterscheiden können.*
- *Sinn für Einrichtung (aber nicht zu viel; nicht, dass er mitentscheiden will).*
- *Muss eine Boeing mit 500 Passagieren souverän landen können, wenn der Pilot den Fallschirm genommen hat und der Tower sagt: »Sie sind unsere letzte Rettung!«*

Tinder ist eine Smartphone-App, mit der ich im Internet Traummänner shoppen kann. Sie erscheinen in reicher Auswahl vollautomatisch auf meinem Display, denn das System lernt meinen Geschmack. Wie Stiletto-Sonderangebote, die aufploppen, wenn ich kürzlich Stilettos bestellt habe. Ein Blick auf den feilgebotenen Mann, dann weiß ich: Nett, doch falsche Haarfarbe. Deswegen: *Wisch und weg und n*ächster *Single*. Indem ich mit dem Finger übers Display streiche, landet der Kandidat im Papierkorb. Oder im Körbchen Wiedervorlage, das kann ich per Wischrichtung entscheiden.

In den nun voll automatisch folgenden Schritten zwei bis fünf chatte ich mit den Wiedervorlagekandidaten, treffe einen davon im Biergarten, verliebe mich unsterblich und heirate. Wobei das Programm hier manchmal noch ein bisschen hakelt.

Eigentlich ist Tinder gar keine App, eigentlich ist Tinder eine Denke. Und auch gar keine so neue. Motto: Ich caste mir den perfekten Mann. Und ich caste, bis ich ihn gefunden habe: Nämlich den afrikanischen Snowboarder mit blonden Locken und buddhistischem Background, von dem ich glaube, dass er zu Hause gut zu meiner Tapete passt. Harry Reis, Psychologe an der Uni Rochester, warnt. Zu viele Optionen im Einkaufskörbchen machen wählerisch. Am Ende zählen nur noch Äußerlichkeiten.

Man muss sich wirklich in Acht nehmen, wenn Sie mich fragen. Auch ich schaue oft meinen Mann an und denke: Wenn's den jetzt noch in der Deluxe-Ausführung mit echten Ohren dran gäbe, würde ich sofort tauschen. (Meiner hat nämlich nur Ohren-Attrappen. Deswegen versteht er Bahnhof, wenn ich mit ihm rede.)

Aber so lastet natürlich ein hoher Druck auf jeder Beziehung. Man vergleicht, stellt auf den Prüfstein, muss selbst zittern, ob man aussortiert wird. Psychologen nennen das: *Gefangen in der Optimierungsfalle.* Ich möchte auch das noch mal kurz an meinem Mann und mir festmachen: Sollte mein Klon daherkommen, allerdings Schellack-poliert wie ein Biedermeierschränkchen und kotzfest, was Wagner-Opern angeht, wird's eng für mich.

Kürzlich las ich einen guten Satz über moderne Partnersuche: Wir sind Kinder in einem Spielzimmer, das so überfüllt ist, dass wir eine neue Modelleisenbahn brauchen, weil wir die alte nicht mehr finden.

Was lernen wir?

Psychotherapeut Arnold Retzer sagt: »Sich einen dauerhaften Partner auszusuchen heißt, sich ein paar dauerhafte Probleme auszusuchen.«

Beziehungen sind wie eine Matroschka-Puppe. In ihnen stecken Zweifel. In den Zweifeln die Frage: *Ist das alles richtig so?* Im: *Ist das alles richtig so?* die Erkenntnis: *Da muss ich noch mal in der Tiefe stochern.*

Stopp! Lasst euch heil! Pult nicht alles auseinander! Bitte, $E = mc^2$ ist auch nur ein Haufen von Durchschnitt-Zeichen. Aber zusammen und in Reihe ist es: die Relativitätstheorie. Gib euch eine Chance.

Die Paarwissenschaft beschreibt fünf Stufen der Liebe:

PHASE I: »So in love!«

Im Bauch sind Flugzeuge und Schmetterlinge. Dass bei Frauen eher die Schmetterlinge fliegen und bei Männern eher die Flugzeuge, möchte man zwar meinen, konnte aber leider noch nicht durch Analyse von Erbrochenem geklärt werden. Was mich zu folgendem Anekdötchen bringt: Wir waren gerade in Woche drei, als ich auf allen vieren und mit Fischvergiftung durch die Wohnung meines Zukünftigen kroch und ihm die Auslegware unschön dekorierte. Liebe ist, wenn du trotzdem zusammenbleibst. In ihrer ersten Phase trägt selbst die Nase rosa Brille. Durchschnittliche Dauer: etwa sechs Monate.

PHASE II: Das Verliebtheitsgefühl schwindet.

Jetzt gilt: »Alles prima bis auf ...«. Du bist immer noch schwerst verliebt, dennoch ist dir schon aufgefallen, dass dein Held die Wurststulle mit beiden Händen hält und gern mit offenen Augen pennt wie so ein alter Ostseedorsch. Nicht im Bett. Im Gespräch

DIE 5 STUFEN DER LIEBE
MANN SUPA!
MANN ANDERS!
MANN FALSCH!
FRAU KRISE!
MANN FALSCH?
AUCH SUPA!
©BULO

mit dir. Ab sofort gibt's also in eurem Leben Schmetterlinge, Flugzeuge UND einen kleinen Tritt gegens Schienbein dann und wann. Zum Ende dieser Phase hin beginnt die wahre Liebe: Dann sind nämlich alle Schmetterlinge und Flugzeuge zurück im Hangar. Du beginnst deinen Partner zu lieben für das, was ihn sperrig und scharfkantig macht, nicht nur für die gut geschmierten Teile seines Charakters. Wenn sie denn beginnt, die wahre Liebe. Denn leider verabschieden sich die meisten Paare vorher aus ihrer Beziehung.

PHASE III: Das Anderssein des anderen wird bekämpft.
Die Liebe steckt nun voll in ihrer Pubertät. Dein Freund ist jetzt ein echtes Freundchen. Er kann alle Kniffe und Tricks, um sich das Zusammenleben mit sich selbst möglichst angenehm zu gestalten. Also: Auf Bitte in den Keller stiefeln, um eine Kiste Wasser zu holen. Aber Leergut stehen lassen. Weil, hat ihm ja keiner gesagt, dass das auch mit soll. Warst du zuvor sicher, das ist der Mann fürs Leben, bist du jetzt froh, wenn ihr durch den Tag kommt, ohne dass du den Staubsauger nach ihm wirfst. Macht-, Revier- und Konkurrenzkämpfe bestimmen euren Alltag.

PHASE IV: »Ich und du, das ist nicht wir!«
Hinter dir liegt eine lange schwere Phase voller Zweifel und heftigen Mann-Abstoß-Reaktionen ähnlich einer Organtransplantierten, die ihre neue Leber nicht will. Doch wer durchgehalten hat, wird jetzt belohnt. Es kommen diese »Brille? Fielmann!«-Momente: Deine Augen öffnen sich, du hast einen neuen Blick auf euch. Du denkst: ›Irgendwie hat er ja doch was!‹, und hast das Gefühl: ›Die Liebe ist zurück!‹ Dabei war sie nie weg. Sie hatte sich nur verkleidet – wie beim Fasching, als Schreckgespenst. Du findest eine Balance zwischen Kritik und Respekt. Wenn du jetzt sagst: »Das wollte ich dir schon immer mal sagen!«, kommen sogar nette Sachen. Toller Nebeneffekt: Wo du

jetzt nicht mehr so viel Zeit und Energie aufs Zanken verwenden musst, werden Ressourcen frei. Statt um sein Andersseins geht es jetzt um dein Anderswerden. Du lernst, dich zu entfalten.

PHASE V: »Du bist mein Zuhause.«
Eure Liebe hat ihr Abitur gemacht. Alles fühlt sich schön, intensiv, vertraut an. Wie bei einer Himalaya-Exkursion seid ihr über alle Höhen und durch alle Täler. Jetzt steht ihr gemeinsam auf dem Gipfel und genießt einen spektakulären Blick. Paare, die diese Phase erreichen, benutzen Ausdrücke wie »zusammengeschweißt« oder »ohne Maske auf dem Gesicht.« Sie sehen den Partner als den, der er ist. Er ist nicht irgendeine externe Beamer-Abspielfläche für den eigenen Film im Kopf.

Fazit? Für die Liebe gilt: Keine Zewa-Mentalität! Niemals *wisch und weg* denken. Durchhalten lohnt. Alles bleibt anders, wird aber gut. So hast du die Chance auf eine Premium-Liebe.

10

LIEBE AUF DEN ERSTEN BLICK IST DIE TIEFSTE!

ODER: MONOGAME PRÄRIEWÜHLMÄUSE

Mit meinem Mann, das war Liebe auf den ersten Blick. Wobei ich die Blicke nicht mitzähle, bei denen ich zwar schon geguckt, aber noch nicht geschaut habe.

Von Anfang an kannte ich mich in seinem Kopf aus. Und das ich! Wo ich doch für alles ein Navi brauche. Aber seine komischen, abgeknickten Hirnwindungen waren identisch mit meinen komischen, abgeknickten Hirnwindungen. Gab er seltsames, kryptisches Zeugs von sich (was er übrigens bis heute tut), konnte ich immer grob orten, was er meinte. Ich bin mir sicher:

Wir kennen uns aus einem früheren Leben! Bestimmt war mein Mann aber nicht, wie allgemein üblich bei Wiedergeburten, vorher Ludwig XIV. Er verabscheut Massentourismus, selbst bei Zeitreisen. Bestimmt war er Chef-Krabbenpuler auf Norderney. Und ich seine Krabbenpul-Azubine, die Nachhilfe brauchte, weil sie das alles natürlich nicht richtig machte.

Ich finde, Liebe ist, wenn der andere atmet, und du findest es toll, ihm dabei zuzugucken. Auch gern hundert Jahre lang. Man muss auch gar nicht sprechen. Wie gesagt – mein Mann redet ohnehin Elbisch und muss untertitelt werden. Vor Schatzi traf mich bereits einmal der Blitzschlag der Liebe. Es passierte, als ich aus Versehen den kleinen Finger eines Mannes berührte, mit dem ich im Auto saß. Es war wie ein kleiner Funkenflug. Als wüsste mein Finger etwas, was ich nicht wusste.

- *Laut Umfrage glauben 72 Prozent aller Deutschen an Liebe auf den ersten Blick. 40 Prozent hat sie bereits erlebt.*
- *34 Prozent halten die große Liebe für einmalig. Unter den Befragten war nicht Lothar Matthäus.*

Wie geht Liebe? Auf den ersten, auf den zweiten Blick? Zauber oder Wissenschaft?

Um das herauszufinden, könnte man natürlich zunächst mal einem frisch verliebten Mann mit der Taschenlampe ins Ohr leuchten. Sackgasse. Selbst Männerhirne sind ziemlich kompliziert verdrahtet.

Bessere Methode: Man durchleuchtet den gesamten Schädel mit Magnetstrahlen. Dazu legt sich der Mann, sagen wir mal, er heißt Joschi, rücklings auf eine Lore und fährt in einen Metalltunnel wie der Kumpel in die Grube. Das Verfahren nennt sich Kernspin. Auf dem angeschlossenen Monitor sieht der Forscher nun Bilder von Joschis Hirn, die aussehen, als seien sie mit der Wärmebildkamera gefilmt. Wo Joschi viel Energie verbrät, leuchtet es rot. Kühle, inaktive Wülste scheinen eher grün, gelb.

Von der Hierarchie her ist das menschliche Hirn eine Art Mini-Deutschland. Es gibt die grundehrlichen Bundesländer à la Bayern (heißen in diesem Falle *präzentraler Wulst, postzentraler Wulst* und so weiter), die hart ackern fürs Bruttosozialprodukt (Sehen, Hören, Riechen, Laufen). Durchsetzt von faulen Stadtstaaten à la Berlin. Focus: Party, Fun, Futtern, großes Kino, im Bett bleiben. Grob gesprochen. Die Stadtstaaten sind unser emotionales Machtzentrum. Sie tragen ulkige Namen wie *Seepferdchen, Brustwarzenkörperchen, Mandelkern, himmelblaues Örtchen*, sind Teil des *Limbischen Systems* oder haben so was wie eine Standleitung dorthin.

Weil Joschi ja gerade frisch verliebt ist, leuchtet sein Limbisches System hellrot, Zeichen dafür, dass hier gerade viel frisches Blut durchgepumpt wird. Wäre Joschi Single, wäre sein Limbisches System ein zurückhaltendes Grüngelb.

Zeigt man Joschi Fotos von Hilde (die Frau, die er so Hammer findet), gehen in seinem Limbischen System einmal mehr die Lichter an. Noch mehr leuchtendes Rot. Grund: der Staatstaat *Hypothalamus* braut in Sekundenbruchteilen eine koksartige Droge namens *Dopamin* und spritzt sie Joschi nach Art einer Einspritzpumpe ins Blut. Der wird ein bisschen euphorisch, fast high, kriegt rote Wangen, weil sein Blutdruck steigt. Sein Grips geht kurz vom Netz, weil *Serotonin* geblockt wird, das Sidolin streifenfrei unter den Hormonen, das für Durchblick sorgt. »Liebe macht blind« ist also nicht nur so ein Spruch. Und das Wenige, das Joschi noch mitkriegt, sieht er nun überscharf. Grund: *Noradrenalin* (edle Spende vom *Himmelblauen Örtchen*).

Manche Wissenschaftler halten Verliebtsein sogar für eine zwanghafte Obsession. Bei Menschen mit Waschmacke oder dem Tick, alle Türen dreimal abzuschließen, ist der Serotonin-Spiegel nämlich ähnlich niedrig. Das würde auch erklären, warum Verliebte sich so gaga benehmen. Tom Cruise hopste seinerzeit beim TV-Interview übers Sitzmöbel wie ein Affe und machte sich so zum Gespött. Und Frauen erzählen ja gern, wie sie's erwischt hat und warum. Auch gern noch mal ganz von vorn. Denn nicht jede Freundin hat's gleich nach den ersten tausend Mal verstanden.

Auf diese völlig verrückte Dopamin-Noradrenalin-Phase folgt Gott sei Dank die deutlich ruhigere *Oxytocin*-Phase. Oxytocin ist unser *Kuschelhormon.* Ab sofort leuchtet ein anderer Stadtstaat im Hirnscan rot: die *Hypophyse.* Eine zarte, feine Drüse, die unterm Hirn baumelt wie die kleine Fahrgastgondel am Bauch vom großen Zeppelin. Oxytocin ist das Hormon, das die Frau ausschüttet, wenn das Baby an ihrer Brust saugt. Wissenschaftler sehen in ihm unseren emotionalen Rotklinker, DEN Grundbaustoff für langfristige Bindung und dauerhaftes Vertrauen. Blockt man bei monogamen Prärie-Wühlmäusen die Oxytocin-Rezeptoren, fangen die Männchen an, fremdzugehen. Ob ein Mann treu wird, wenn er seiner Frau regelmäßig die Brust gibt, ist noch nicht untersucht.

So weit der chemische Aspekt von Liebe.

Aber was ist der Auslöser?

Manche Wissenschaftler glauben ja, dass Liebe auf den ersten Blick eine Art Reflex ist. Wie Blinzeln oder Husten oder Stuhlgang. Demnach sind wir quasi auf einen bestimmten Typ geeicht. Passt unser Gegenüber in die Schablone – zack, verlieben wir uns. Das heißt allerdings auch, dass wir uns gar nicht in die Person selbst verlieben, sondern in dieses wunderschöne Gefühl, das sie in einem auslöst. »Verliebt in die Liebe« ist also auch nicht nur so ein Spruch.

Man analysierte zum Beispiel das Verhalten von zehntausend Speed-Dating-Teilnehmern. Ergebnis: Obwohl jeder Teilnehmer drei Minuten lang Zeit hatte, zu entscheiden, ob sein Flirtpartner in den Recall sollte, fielen die Würfel schon nach drei Sekunden. Eigentlich nicht genug Zeit auszuloten, wie viel ein Mann verdient und ob er auch für Igel bremst.

Lassen Sie mich schnell von Petra erzählen, einer in Deutschland lebenden Kanadierin, die sich vor Jahren am Münsteraner Aasee Knall auf Fall in einen Deutschen verguckte. Eine wirklich lustige Liebe auf den ersten Blick: Denn er war ein vierschrötiger Typ und sie eine echte Beauty. Einen Sommer lang passte kein Badehandtuch zwischen die beiden. Und wenn sie nicht gestorben sind ...

... ist Petra immer noch ein Trauerschwan und er ein Plastiktretboot.

Ist Liebe am Ende also nur Chemie und Reflex? Wie bei den Tieren?

Robert Sternberg, renommierter Yale-Professor, entwickelte vor 30 Jahren die *Dreieckstheorie der Liebe*. Eine tolle Theorie, denn sie sagt: Um dauerhaft ein Paar zu werden, reichen nicht Hormone und Reflexe. Da brauchen wir auch unseren Kopf.

Was lernen wir?

- Nicht traurig sein, wenn dir bislang nur Liebe auf den zweiten Blick begegnet ist. Liebe auf den ersten Blick gilt zwar als It-Emotion – will man mal erlebt haben, aber Psychologen sagen: Langsam wachsende Zuneigung ist am Ende die haltbarere! Weil da eben der Kopf mitspielt.
- In Umfragen äußern 63 Prozent aller Befragten, dass es viele Lieben geben kann – große; solche auf den ersten Blick. Jede Liebe, die scheitert, ist also letztlich nur Vorbereitung auf das Schöne, was noch kommt.
- Und! Es gibt sogar Liebe auf den ersten Blick in bestehenden Beziehungen! Paare, die nach einer Trennung wieder zusammenkommen, sehen sich plötzlich mit ganz anderen Augen.

11

WAHRE LIEBE WARTET

Oder: Heiraten Männer eine Frau, die in der ersten Nacht Ja sagt?

Ich denke mal, die Frage geht ganz anders: Will *ich* einen Mann heiraten, der sich sofort abschleppen lässt? Und dann auch noch von *mir*? Wenn's wenigstens Candice Swanepoel wäre oder Kate Upton, dann hätte man doch gleich ein viel besseres Bauchgefühl.

Mein Mann zum Beispiel. Ein leichter Aufriss seinerzeit, ich kann es leider nicht anders sagen. Es reichte zu behaupten, dass ich auch wahnsinnig gern *Die schöne Frau Seidenman* von Andre Schnausipinksi lese. Oder so ähnlich. Das ist nämlich seine erogene Zone: Bücher. (Eine weitere, ich darf das hier so verraten: Anlagestrategien.) Schwupp waren wir bei ihm zuhause. Dort musste ich dann auch noch feststellen: Ich bin nicht seine erste Frau. Er hatte seine Jungfräulichkeit bereits verloren. Anders als, ähm, ich.

Das lässt mich einen eleganten Schlenker machen zu Miley Cyrus, von Beruf Weltstar, Fachbereich Singen. Auf Fotos schleckt sie ja bekanntlich gern an Dingen herum, von denen nicht bekannt ist, ob sie auch Musik machen: Kuchenpenisse und Abrissbirnen zum Beispiel. Sie zieht sich wenig bis gar nichts an, und ihr hängt auch immer die Zunge aus dem Hals. Was man darüber weniger auf dem Radar hat: Geili-Miley wollte mal als Jungfrau in die Ehe. Sie war so eine Art Ehrenvorsitzende des Vereins *True Love Waits*, »Wahre Liebe wartet«, der weltweit etwa drei Millionen Mitglieder hat. Voller Stolz hatte sie einen Vertrag mit keinem Geringeren als dem lieben Gott abgeschlossen und trug als Zeichen ihrer Inbrunst einen sogenannten Reinheitsring am Finger mit ganz vielen Kreuzchen darauf. Ganz viele Kreuzchen, ganz viel keusch, sozusagen. Ich sage nur: In Amerika verkaufen sie dir auch Meloneneis mit ganzen Früchten. Neben Miley Cyrus ebenfalls Mitglied im Jungfrauenverein: Britney Spears und Justin Bieber. Man vermisst ein bisschen Paris Hilton.

Doch die *True-Love-Waits*-Idee funktioniert. Im Schnitt haben weibliche Teenager, die Abstinenz geloben, ihr erstes Mal zwei Jahre später als freilaufende Artgenossinnen. Allerdings fanden Forscher der Columbia-Universität heraus: Abstinenz ist ein sehr dehnbarer Begriff. Mehr als die Hälfte der angeblichen Jungfrauen hatte regelmäßig Oralsex, dreizehn Prozent experimentierte mit anderen Körperöffnungen.

Zurück zur kriegsentscheidenden Frage: Wie lange sollte ich meinen Kerl zappeln lassen, damit er merkt, du bist nicht so eine, sondern so eine?

Hierzu ein paar Zahlen: Von hundert Frauen ...

- *tut's nur eine (!) in der ersten Nacht,*
- *17 in der ersten Woche,*
- *33 im ersten Monat,*
- *zehn im Laufe eines halben Jahres.*

Dean Busby ist Familienwissenschaftler an der Brigham Young Universität in Utah. Er hat über drei Jahre lang 2000 Paaren 300 Fragen zu ihrer Beziehung gestellt. Niederschmetterndes Ergebnis: Wer mit dem ersten Mal bis zur Hochzeitsnacht wartet, findet Ehe und Sex anschließend viel besser und ist deutlich glücklicher als Paare, die schon vorher Sex haben. Ich glaube, ich kann einpacken. Hintergrund: Sex lenkt ab. Man merkt zu spät, dass der Typ Haare auf den Schultern hat und, ich sag jetzt mal, CDU wählt.

Trotzdem frage ich mich, wie das gehen soll mit der ehelichen Keuschheit. Mit zwölf Jahren sind in Deutschland nämlich schon 14 Prozent aller Mädchen ihr Jungfernhäutchen los. Das ganze Leben ist ein Abschiednehmen, frag mal Mandeln und Blinddarm. Mit 15 ist sogar nur noch eines von vier Mädchen *virgo intacta*. (Klingt ein bisschen wie *freilaufender Ozelot* oder *Fliege in Bernstein,* finden Sie nicht?)

Ich habe Busby mal gegoogelt, dabei fiel auf: Er ist *Bruder* Busby und als solcher Mitglied der Kirche Jesu Christi der Heiligen der Letzten Tage, kurz: Mormone. Mormonen und Sex, das ist wie Veganer und Hack.

Das Dating-Portal *Seeking Arrangment* hat von tausend Usern wissen wollen, wie viele Exlover frau haben darf. Dabei ist Folgendes herausgekommen:

- *46 Prozent der Männer akzeptieren bis zu zehn (!) Ex-Lover.*
- *42 Prozent möchten eine Partnerin mit weniger Erfahrung.*
- *Jeder zehnte Mann ist unerschrocken, selbst wenn er 30 Vorgänger hat.*
- *Zwei Prozent leben im Hier und Jetzt und ihnen ist schnuppe, was und wer vorher war.*

Wenn Sie meine bescheidene Meinung dazu wissen wollen: Jede Frau ist Jungfrau bis zum Beweis des Gegenteils. Und ER ist immer der Erste. Die Frage ist nur: Erster in *was*? Da muss frau einfach gedanklich ein bisschen Scrabble spielen und die Buchstaben neu sortieren.

Außerdem: Lover-Zahl, Alter, Zahnfleischtaschentiefe, Konfektionsgröße sowie Schuhpreise sind allesamt Zahlen, die abgerundet gehören. Hingegen darfst du bei IQ und Körbchengröße großzügig aufrunden. Desgleichen, wenn der Mann wissen will: »Hattest du einen Orgasmus?« Dann darfst du ruhig den aus dem letzten Jahr dazuaddieren.

PS: Im Internet bin ich über einen Online-Versandhandel für Ersatzjungfernhäutchen gestoßen. Das Doppelpack zu 30 Dollar.

Ich finde: DAS ist doch mal ein Investment.

12

WER SICH ÜBER EINE DATING-AGENTUR KENNENLERNT, HAT'S NÖTIG

ODER: DER LIEBES-ALGORITHMUS

Jedes TV-Format erfordert andere Accessoires. Zu Fußball, finde ich, gehören Chips und Erdnussflips. Zum *Bachelor*-Schauen Freundinnen. Und Arte-Dokumentationen sieht man sich am besten mit Magendarmgrippe an – lethargisch und willenlos. Aber so, immerhin, lernten Papst Benedict und ich uns näher kennen.

Und dabei erfuhr ich eine Sache, die mich total verdatterte und die ich Ihnen hier unbedingt erzählen möchte, so dass Sie

Ihrerseits nicht erst auf eine eigene Magendarmgrippe warten müssen. Wissen Sie eigentlich, wie sich die Eltern von Papst Benedict vor knapp hundert Jahren kennenlernten?

In der Bibelstunde? Beim Chorsingen?

Nein!

Per Kontaktanzeige! So inserierte Josef Ratzinger am 7. März 1920 im Altöttinger Liebfrauenboten:

Mittlerer Staatsbeamter, ledig, katholisch, 43 Jahre, tadellose Vergangenheit, auf dem Lande, sucht sich mit einem guten katholischen Mädchen, das gut kochen und alle Hausarbeiten kann, auch im Nähen bewandert ist und Einrichtung besitzt, baldigst zu verehelichen. Vermögen erwünscht, jedoch nicht Bedingung. Angebote wenn möglich mit Bild an Exp. 734.

Worauf es bei einer gewissen Maria Rieger, 36, Beruf Köchin, offensichtlich Dingdong machte. Hochzeit nur acht Monate später am 9. November 1920.

Spannend, was? Dabei denkt man doch, Heiratsannoncen sind so ein modernes Zivilisationsding. Wie Solarien, *Du darfst* und Eileiter durchtrennen. Ich erinnere sehr gut, wie alles »Ah!« und »Oh!« und »Schnatter-Schnatter!« machte, als ZDF-Modertorin Petra Gerster vor 30 Jahren zugab, ihren Mann per Annonce kennengelernt zu haben. Für ähnliche Schlagzeilen müsste heutzutage eine Judith Rakers ihre Tagesthemen oben ohne moderieren oder Anne Will zugeben, dass sie seit zehn Jahren heimlich mit Maybrit Illner zusammen ist. Die älteste Heiratsannonce, habe ich recherchiert, ist sogar schon 366 Jahre alt:

»Sir John Dimly, Lord of Manor of Charleton and Henry Castle, wünscht einen Vertrag der Ehe mit einer jungen Frau zu schließen. Gleich, ob sie Jungfrau oder Witwe ist oder schwanger von ihrem vorherigen Ehemann.

Klingt nach verzweifeltem Typ mit fiesem Mundgeruch, oder? Aber, tatsächlich, so hing das 1650 in der Londoner Threadneedle Street.
Die moderne Form der klassischen Annonce ist natürlich das Online-Profil. Da gibt es mittlerweile mehr Anbieter als Otto Waalkes Haare auf dem Kopf hat – etwa 2.500. Ein paar Zahlen:

- In Deustchland sind fünf von zehn ledigen Frauen in Singlebörsen registriert. Bei ledigen Männern sind es vier von zehn.
- Von 7000 durch die Uni Bamberg befragten Paaren haben sich 630 per Internet kennengelernt.
- Eine repräsentative Umfrage unter rund 800 Standesämtern ergab: Jede sechste Ehe in Deutschland ist das Ergebnis von Online-Liebe. Cyber-Love-Mekka: Doberlug-Kirchhain in Brandenburg. Jedes zweite Brautpaar, das hier den Weg zum Standesamt findet, kennt sich aus dem Internet.

Tja, also, erste Wahrheit: Für einen Partner aus dem Internet muss sich heutzutage keiner mehr schräg angucken lassen. Im Gegenteil! Erste Wissenschaftler warnen bereits, dass in zehn Jahren scheele Blicke ernten wird, wer seinen Partner »nur« am Arbeitsplatz abgefischt oder aus dem Bekanntenpool gezogen hat. Frei nach Reinhold Messner: Da lockt in der Höhe der Achttausender – und du gibst dich mit dem 2000-Meter-Basislager zufrieden?

Aber: Wie gut sind potentielle Ehemänner aus dem Internet? Wird da nicht jeder Mann zum Hallodri, der mitnimmt, was sich ihm bietet, und sich das Wissen zunutze macht, das die Frau sucht?

Ich habe recherchiert und bin auf John Cacioppo gestoßen, seines Zeichens berühmter Einsamkeitsforscher. Seine Untersuchungsergebnisse haben mich verblüfft:

- *Hast du deinen Mann online kennengelernt, lässt du dich seltener scheiden.*
- *Du empfindest deine Beziehung tendenziell als glücklicher.*
- *Paare, die sich via Netz kennengelernt haben, sind gebildeter und erfolgreicher.*

Puh.

Die Gründe, die Cacioppa anführt, sind durchaus einleuchtend:

Umfangreicheres Angebot

Im Internet tummelt sich natürlich eine viel größere Männerproduktpalette. Beispiel: Gibt man bei *Amazon* »Wassersprudler« ein: 297 Treffer. Fährst du in den Mediamarkt: 2 Modelle (mit viel Glück).

Erwartungssicherheit

Das ist ein Fachbegriff aus der Verhaltensforschung. Menschen, die im Netz suchen, suchen gezielter und können davon ausgehen, dass auch der andere ernsthaft sucht.

Kein Ringelpiez mit Anfassen

Um aus der Flut meiner Mitbewerber herauszustechen, muss ich Intimes preisgeben. Das schafft sehr schnell Nähe.

Liebes-Algorithmus

Partnerschaft ist die Summe der richtigen Zutaten – und professionelle Partnervermittlung besser als ihr Ruf. Jedes größere Institut arbeitet mit seinem eigenen Algorithmus, den es geheim hält wie das Coca-Cola-Rezept. So mischt der Computer Persönlichkeitsmerkmale wie *›blaue Augen, Motorradfahrer, sportlich‹* und schmeckt sie mit einer Prise *›mag Klassik‹* ab. Fertig ist der perfekte Partner.

Wie hin und weg man durch Online-Liebe sein kann, zeigt sich am Fall von Halina Löffler, der 2012 durch die Medien ging. Die verknallte sich auf Facebook in einen Typen aus Detmold, schrieb: Ich liebe dich wie niemanden zuvor. Machte für ihn Nacktfotos. Und lieh ihm 45 000 Euro. Wohlgemerkt: Das alles, ohne ihn ein EINZIGES MAL in natura gesehen zu haben. Er war ein Betrüger.

Was lernen wir?

Am besten deinen Mann vor der Hochzeit ins Netz stellen und dort neu kennenlernen. So werdet ihr garantiert ein harmonisches Ehepaar.

Die Kölner Volkshochschule bietet einen Nachhilfekurs für das perfekte Formulieren von Online-Kontaktanzeigen. Hätte das mal der Vater von Papst Benedict gewusst ... In seinem ersten Heiratsgesuch stand »niederer Staatsbeamter«. Als sich keine Frau meldete, annoncierte er geschwind ein weiteres Mal – jetzt als »mittlerer Staatsbeamter«. Und daraufhin meldete sich, siehe da, seine Maria.

DER ZWEITE BINDUNGSWEG
4 MYTHEN

Mythos I: »Das machen nur junge Leute!«

FALSCH.

Online-Dating zieht sich durch alle Altersgruppen. Sogar 60+ ist vertreten.

Mythos II: »Machen nur Männer. Und die wollen auch nur das eine.«

FALSCH.

Alles sehr ausgeglichen: 52 Prozent Männer, 48 Prozent Frauen. Manche Agenturen tricksen allerdings mit *Bots* (von englisch »Robot«). Das sind gefakte Profile, in denen zum Beispiel Formel-I-begeisterte Blondinen mit Körbchengröße D und Doktortitel Mann zum Bekochen suchen. Mit Bots wird ein höherer Frauenanteil suggeriert, das fängt Männer. Frauen suchen seltener Sex online, bei Männern steht er immerhin an dritter Stelle.

Mythos III: »Onliner haben irgendeine körperliche oder psychische Macke, die sie im realen Leben unvermittelbar macht.«

FALSCH.

Im Vergleich zu einem Durchschnittsdeutschen sind Online-Dater größer und haben einen niedrigeren Body- Mass-Index, hat eine Studie ergeben. »Draußen« haben sie super Chancen. Das Internet nutzen sie als Erweiterung ihres »Jagdreviers«.

Mythos IV: »Online wird gelogen, dass sich die Balken biegen.«

JEIN.

Die gute Nachricht: 50 Prozent der Männer haben das Gefühl, dass sie noch nie belogen worden sind. – Die schlechte: Zwei Drittel der Frauen finden, dass ihnen schon mal ein Bär aufgebunden wurde.

Fakt ist: Frauen schummeln am allerliebsten beim Gewicht (35 Prozent), photoshoppen ihr Konterfei (30 Prozent). Oder beschließen, dass sie jünger sind (25 Prozent).

Dafür flunkert jeder zweite Mann bei der Angabe, was er eigentlich austauschen will: Sich oder Körperflüssigkeiten. Auch ob's was Langfristiges sein soll, hält er gern im Ungefähren. Dafür sind Männer aufrichtiger, was die Zahl von Kindern aus früheren Beziehungen angeht.

Mythos V: »Männer flunkern mehr als Frauen.«

TJA.

Vielleicht ist es so.

Vielleicht aber flunkern Männer und Frauen auch ähnlich viel, nur stellen sich die Männer tollpatschiger an und werden deswegen eher erwischt

Vielleicht aber sind Männer auch gar nicht tollpatschig. Nur die Frauen sind im Lügen einfach viel gerissener.

13

ALTER KNACKER, JUNGE BIENE

ODER: DOWN DATING

Vorhin telefonierte ich mit meiner Freundin, die mir erzählte, dass sie morgen beim großen Ahrensburger Lümmellauf mitmacht.

Es gibt Worte, da bist du im falschen Film. Das männliche Geschlechtsteil hieß bei uns zu Hause immer Lümmel. Und mein Bruder war – korrekt! – der *Lümmelmann.*

Lümmellauf, so ließ ich mich also aufklären, ist nicht das, was du denkst, das es sein könnte, sondern der sehr artige Rennwettbewerb von ein paar Grundschulmuttis mit ihren Kids.

Bei *horizontaler Heirat* ist es ähnlich. Da denkt mein Kopf auch Sachen, die ich ihm so nicht erlaubt habe, da bin ich bei *horizontales Gewerbe.* Dabei geht's um etwas, das so korrekt und so adrett ist wie die Pony-Frisur von Mireille Mathieu.

Horizontale Heirat beschreibt das Phänomen, dass Männer heutzutage Frauen ehelichen, die weder deutlich dümmer noch deutlich jünger sind als sie selbst. Und das ist ein riesiges Problem. Wirtschaftlich betrachtet.

Ökonomie-Professor Jeremy Greenwood von der Uni Pennsylvania hat in einer Studie hunderttausende Ehen von 1960 bis heute untersucht. Er warnt: Menschen mit Grips, Bildung und Kohle bleiben immer häufiger unter sich. Während der Chefarzt früher traditionell seine Vorzimmerdame heiratete, führt er heute seine Anästhesistin zum Traualtar. Die soziale Durchmischung fehlt.

Früher gab es eine Regel, die hieß: *Mann orientiert sich bei der Heirat nach unten – Frau nach oben.* (Man könnte auch sagen: Der mit den dicken Taschen nimmt die mit den dicken Dingern. Von der Tellerwäscherin zwar nicht ganz bis zur Millionärin, aber immerhin zur Millionärs-Ehefrau.) Und früher gab es auch eine Regel, die besagte: *Je höher der soziale Status des Mannes, desto größer der Altersabstand zur Frau.* Die Fachleute nannten das *Down Dating.*

Doch dieses Down Dating stirbt aus. Das hat Greenwoods Studie ergeben. Nur noch 20 Prozent aller Männer führen irgendeinen doofen jungen Hüpfer zum Traualtar, der Galapagos für eine Schuhmarke hält. Beim Heiraten heißt es nun: Gleich und gleich gesellt sich gern. Das lässt eine Kluft entstehen. Die doofen Gene bleiben unter sich, die intelligenten mischen sich miteinander.

Wie konnte das passieren?

- Emanzipation! Frauen verbringen mehr Zeit damit, ihren Kopf zu füllen, statt ihn nur zu bemalen. Wer klug ist, hat die Chance, aus der Masse herauszustechen. Das bringt bei der Männchensuche klare Wettbewerbsvorteile.
- Erwartungshaltung! Gut ausgebildete Männer erwarten gut ausgebildete Frauen mit eigenem Geld und eigenem Selbstbewusstsein. Nur hübsch auszusehen reicht nicht mehr. (Was in Frauenzeitschriften so noch nicht ganz angekommen ist: Als Hollywoodstar George Clooney die Londoner Starjuristin Amal Alamuddin heiratete, gingen Schockwellen durch die Magazine. Amal sah nicht nur gut aus. Sie war *sogar* klug. Und auch noch *erfolgreich*. Hilfe!)
- Sozialprestige! Schon mal aufgefallen? Früher hielt eine Zahnarztfrau die Zahnbürste in die Kamera und erklärte ehrfürchtig: »Mein Mann empfiehlt!« Heute ist die Zahnarztfrau selbst Zahnärztin. Sie braucht keinen Mann mehr, der sie wichtig macht. Sie ist selbst wichtig. In puncto Heirat macht sie keine Kompromisse.

So weit, so positiv.

Doch diese Entwicklung bringt auch Nachteile:

Hier die Kehrseite der Emanzipation:

- Da eine Heirat unter Niveau soziale Herabstufung bedeutet, macht eine wachsende Zahl top aussehender, hochgebildeter, erfolgreicher, charmanter, witziger, finanziell unabhängiger Superfrauen Jagd auf top aussehende, hochgebildete, erfolgreiche, charmante, witzige, finanziell unabhängige Supermänner. Und an denen baut der liebe Gott besonders lang. Von denen gibt's nur im Spurenelementbereich.

- Laut Studie trauen sich nur acht von 100 Männern, eine Frau zu heiraten, die eine höhere Bildung und einen besseren Job hat als sie. Ist das nicht traurig? Man fragt sich, wie der Kompromiss aussehen könnte. Vielleicht eine Theologieprofessorin, die sich anschließend für einen Halbtagsjob in der Bücherei entscheidet? Oder die reiche Unternehmerin, die aber nur Hauptschulabschluss hat? Was macht den Mann glücklich?
- Auch wir Frauen kommen nicht aus unserem Kopfgefängnis heraus. Wir beschwören zwar gern die inneren Werte, aber in unserem Paarungsverhalten sind wir heimliche Chauvis. Die Assistentin, die den Dax-Vorstand heiratet? Finden wir tolerabel. Die Rechtsanwältin, die sich unsterblich in ihren Elektriker verliebt? Tun wir uns schwer mit. Schon mal drüber nachgedacht?

Ich fasse mal kurz zusammen. Männer wollen zum Heiraten nicht nur Body, sondern auch Brain. Wir Frauen schielen sehr aufs Einkommen und Sozialprestige. Die Frage ›Ist er ein netter Kerl?‹ stellen wir erst an zweiter Stelle. Die großen Verlierer des Emanzipations-Roulettes: sehr kluge, erfolgreiche Frauen und sehr dumme, hässliche, arbeitslose Männer. Allesamt nur sehr schwer vermittelbar.

Die Lösung!

Frauen, legt euren Dünkel ab! Guckt mit dem Herzen!

An dieser Stelle muss ich mal sagen: Mein Klempner ist so was von hübsch. Und auch noch blitzgescheit. Schreiben Sie mir, dann schicke ich Ihnen die Adresse.

PS: Wenn man das alles weiß, guckt man doch gleich mit ganz anderen Augen auf Formel-I-Milliardärs-Greis Bernie Ecclestone, oder? Ich möchte sogar sagen: Er hat das Bundesverdienstkreuz verdient. Und seine Frau auch!

Bernie ist 85 Jahre alt, 1,59 klein und sieht aus wie Chucky, die Mörderpuppe. Seine hübsche, Ehefrau (auch schon die dritte) ist fast ein halbes Jahrhundert jünger als er und einen Viertelmeter größer. Schmiegen sie sich aneinander, sieht es aus, als gäbe sie ihm die Brust.

Also, Sie werden mir zustimmen: Ein Hoch auf den Bernie! Was für ein heroischer Kampf für die Gen-Kluft!

14

GANZ DER PAPA!

ODER: STIMMT ES, DASS WIR UNSERE ELTERN HEIRATEN?

Ich habe mal zusammengetragen, was man so alles darf, wenn man volljährig ist:

- Wohnung anmieten
- Führerschein machen
- in einem Porno mitspielen

- wählen
- eine Niere spenden
- den Geschichtslehrer heiraten
- in den Kongo auswandern
- einen Bausparvertrag abschließen
- Nonne werden
- eine Motoryacht ordern

Doch es gibt durchaus auch Dinge, die solltest du lieber nicht allein entscheiden, egal was dein Pass sagt. Was die Wahl unseres Mannes angeht, zum Beispiel. Da sind wir Frauen nämlich das ewige Kind, warnt Professor Glenn Weisfeld von der Uni Detroit. Ohne es zu wissen, laufen wir lebenslang mit Papi-Schablone im Kopf herum. Je inniger und positiver und glücklicher unser Verhältnis zu unserem Vater war, als wir zwischen zwei und acht Jahre alt waren, desto schabloniger ist unser Blick, desto mehr fliegen wir auf Männer, die ihm optisch ähneln.

Diesen Reflex zeigen auch Adoptivtöchter. Man kann also sicher sein, dass es sich nicht um genetische, sondern optische Prägung handelt. Man geht davon aus, dass das Mädchenhirn frische Schaltkreise anlegt wie ein Elektriker, der neue Kabel verzieht. Besonders sensible Prägejahre, wie gesagt, sind die Kindheitsjahre zwischen zwei und acht – also vom Ablegen der Windeln bis zum großen Einmaleins. Danach ist der Drops gelutscht. Das Raster, das dabei entsteht, ist das Stöckchen, über das dein Partner später springen muss.

Und Männer? Bei denen verhält es sich ähnlich. Haben Forscherinnen aus Iowa herausgefunden, indem sie Tausende von statistischen Daten auswerteten. Allerdings geht's nicht so sehr um Optik, eher um die Bio. 80 Prozent aller Männer, deren Mutter einen Gymnasial- beziehungsweise College-Abschluss hat, bringen eine Schwiegertochter nach Hause, die ebenfalls auf

Gymnasium oder College war. Hat Mutti einen Uni-Abschluss, landet der Sohn in zwei von drei Fällen mit einer Hochschul-Absolventin vorm Traualtar.

Umgedreht trauen sich aber nur 20 Prozent aller Männer mit einer Braut in die Kirche, die das Bildungsniveau von Mama überragt. Motto: *Schlau ja, auch nicht zu schla*u. Dass Schwiegermütter Drachen sind, die die Tendenz haben, in Ehen hineinzufunken, ist ein alter Hut. Aber dass sie auch schon Beziehungen kaputt machen, die's noch gar nicht gibt, das ist neu.

Ist das nicht erschreckend?

Spinnt man diesen Faden nur lang genug weiter, wird irgendwann ein ziemlich großer kratziger Pulli draus!

Denn: Ob ihre Enkel irgendwann mal eine Professorin zur Mutter haben, das hat allein Omi in der Hand. Indem sie nämlich als Schulkind hoffentlich schön fleißig war, und anschließend einen eigenen Beruf ergriffen hat. Jungs, die mit gebildeten, berufstätigen Müttern aufwachsen, heiraten nämlich mit doppelt so hoher Wahrscheinlichkeit eine Frau mit einem Jahreseinkommen von über 50 000 Euro. Und auch nur 30 Prozent dieser Männer können der Aussage ›*Mütter, die zu Hause bei den Kindern bleiben, sind bessere Mütter*‹ etwas Wahres abgewinnen.

Und wie nicht anders zu erwarten: Männer kriegen von alledem nix mit. Auf Nachfrage ist jeder zweite Mann felsenfest davon überzeugt, dass Braut und Mama nicht die geringsten Parallelen aufweisen.

Was lernen wir?

- Warum gibt's eigentlich so wahnsinnig viele Witze über *seine* Schwiegermutter? Das ist unfair! *Unsere* ist viel schlimmer!
- Vorm ersten Treffen: Back seiner Mama einen Kuchen! Bring ihr Blumen mit! Richte ihr bei euch zu Hause einen Altar ein! Sage dir wie ein Mantra: Willst du ihn, brauchst du sie.

- *On the long run*: Mal dir deine Schwiegermutter als Kaktus mit besonders langen Stacheln. Ehemännern fällt es schwer, in Konflikten Position gegen Mama zu beziehen. Nimm's nicht persönlich!
- Jede vierte Ehefrau ist von ihrer Schiegermutter genervt. Jede zehnte Ehe landet vor dem Scheidungsrichter, weil Schwiegermutti ein schlimmer Finger ist. Lass es nicht so weit kommen! Heiraten, um glücklich zu sein, ist der sicherste Weg zur Scheidung. Nimm den Kampf auf.
- Sag dir: Mein Mann ist ein Gesamtkunstwerk. Wäre deine Schwiegermutter nicht die, die sie ist, wäre er ein anderer. Hättest du ihn dann noch geheiratet? Wahrscheinlich nicht.

15

KRIEG DER SPERMIEN

Oder: Warum Männer in Wahrheit das schwächere Geschlecht sind

Während du so unter der Bettdecke liegst und mit deinem Königshasen *Eins, zwei, drei – ich komme!* spielst, passieren regelmäßig die allerschrecklichsten Dinge, ohne dass du davon eine Ahnung hast. Dinge, die so schrecklich sind, dass man sie eigentlich nur bei Licht aus lesen kann. Was es natürlich ein bisschen schwierig mit dem Lesen macht.

Ich meine jetzt nicht das Einbrechen der Börsenkurse in Tokio. Auch nicht den Pickel, der möglicherweise gerade an deinem Kinn wächst. Oder dass bei Stylebop.de gerade die Klamotten verschenkt werden.

Nein.

Ich meine, was da gerade tief in dir drin passiert. Genau genommen wäre das eigentlich ein Fall für den Den Haager Gerichtshof für Menschenrechte. Du massakrierst nämlich gerade deinen Mann nach Strich und Faden.

Aber der Reihe nach.

Gehen wir mal davon aus, ihr habt gerade Körperflüssigkeit ausgetauscht. Dann machen in dieser Sekunde etwa 400 Millionen seiner Spermien einen lustigen Betriebsausflug durch deinen Reproduktionstrakt.

Dazu sind sie mit etwa 17 Kilometern pro Stunde aus ihrem, nun, Shuttle ausgestiegen und schwärmen erlebnishungrig wie

TUI-Touristen in alle Richtungen. Dabei schaffen sie, weil sie so klein und lütt sind, vier Millimeter pro Minute. Wird also theoretisch ein sehr langer Ausflug. Bis zum ersten Erfrischungsstopp, dem Muttermund, sind es manchmal 13 Zentimeter.

Doch schon müssen sich dic süßen kleinen Spermien ihrer elektronenmikroskopisch zarten Haut erwehren. Rings um sie herum, auf den Hängen und in den Tälern einer von säuerlichem Kleister überzogenen, stockdusteren Mondlandschaft (Biologen sagen *Vagina*) wimmelt es nur so vor Angreifern. Schwer bewaffnete Krieger vom Stamme der Makrophagen, Monozyten und neutrophilen Granulozyten machen platt, töten, zerstückeln und lösen in Säure auf, was ihnen vor die Zellmembran kommt. Jack the Ripper? Ein Dreck dagegen. Von 400 Millionen Spermien überleben gerade mal Tausend das Gemetzel. Friede ihrer Asche.

An dieser Stelle eine kleine Gedenksekunde.

Aber: *The show must go on!* Würde Frank Sinatra sagen. Und das wissen auch die Spermien. Wer die weibliche Immunabwehr überlebt hat, drängelt und schubst jetzt vorm Muttermund. Denn hinter ihm lockt die nächste große Sehenswürdigkeit: Die Gebärmutter. Eine von samtiger Schleimhaut ausgekleidete Kathedrale der Fortpflanzung, über die die Spermien schon ganz viel gehört haben. Doch leider gibt's auch hier nicht Tickets für jeden: Mindestens zwei Wochen pro Monat versperrt ein Schleimkorken den Eingang. Da wird's vielen Spermien dann doch langweilig. An den restlichen Tagen läuft man Gefahr, an den Korkenresten kleben zu bleiben. Und so waren's nur noch 500.

Endlich in der Gebärmutter, fangen die Spermien sogleich an, nach einem kleinen hübschen einsamen Ei Ausschau zu halten, dem sie guten Tag sagen und dann schnellstmöglich an die Wäsche können. Männer. Doch viele Spermien verschwimmen sich: Einige landen in Schleimhaut-Höhlen und finden den Ausgang nicht mehr. Andere flitzen die Eileiter hoch und sind plötzlich umgeben von Darmschlingen. Auch da ganz das Herrchen. Bloß nicht nach dem Weg fragen.

Ende der ersten Halbzeit, in der die Männer nicht wirklich als starkes Geschlecht vom Platz gehen.

An dieser Stelle kommt Todd Shackelford ins Spiel, seines Zeichens renommierter Sexualforscher an der Uni Oakland. Im Gegensatz zu dir und mir erforscht er das Thema Beischlaf allerdings nicht im Bett oder auf dem Küchentisch. Er geht ins Labor, wo er Genital-Attrappen baut, durchs Mikroskop schaut, Proben nimmt, mit Kollegen spricht und sehr viel nachdenkt. In seinem Oxford-Handbuch erzählt er vom *Krieg der Spermien*.

Anpfiff zweite Halbzeit:

Unterm Mikroskop erscheinen Spermien ja zunächst mal wie ein durcheinanderwuselnder Idiotenhaufen. Aber das stimmt wohl nicht. Wissenschaftler gehen davon aus, dass sie cleverer sind, als wir alle denken, und im Kampf ums Ei sogar kooperieren. Am besten man stellt sich Sperma als Fußballteam vor – nennen wir es *FC Kurt*. Wissenschaftler gehen davon aus, dass es beim FC Kurt Spielmacher und Knipser gibt, sogenannte *Egg-Getter*-Spermien.

Sollte der FC Kurt mal nicht allein auf dem Spielfeld sein (soll ja passieren), so ist auch für diesen Fall vorgesorgt. Trifft er, nehmen wir mal an, überraschend auf versprengselte Spieler von *Dynamo Detlef*, kommt nämlich die Abwehr des FC-Kurt ins Spiel. Nämlich Spermien der Kategorie *Blocker* sowie *Seek-and-Destroyer*, auch *Kamikaze*-Spermien genannt. Aufgabe: Fremdspermien aufspüren, abdrängen und vernichten, notfalls unter Einsatz des eigenen Lebens.

Was für ein Fortpflanzungskrimi, nicht wahr?

Doch wie gut, dass Männer noch ein echtes Ass im Ärmel, pardon, in der Hose haben. Genau. Ihren Penis. Sehr praktisches Teil, wie sich gleich zeigen wird. Wissenschaftler haben sich

nämlich Gedanken gemacht über die champignonartige Form. Und sind sich fast sicher: Der Natur schwebte ein Pömpel vor. Männer machen sozusagen vor dem Orgasmus klammheimlich einen auf Klempner und gucken, dass per Unterdruck-Sog-Physik alles schön blitzblank ist. Denn: Wer weiß, ob nicht vielleicht schon ein Nebenbuhler seine Visitenkarte hinterlassen hat. Vertrauen ist prima, Kontrolle viel besser. Schon Highlander sagte sich: *Es kann nur einen geben*. Intuitiv und vollautomatisch wird so Konkurrenz aus dem Weg geräumt.

Ich fass mal kurz zusammen: Säureattentate? Massaker? Pömpelnde Penisse? Selbstmörderspermien? Was soll der Quatsch? Ich bin doch treu!

Mal so, mal so, sagt die Wissenschaft. Und verweist auf die Bonobo-Weibchen im Kongo. Bonobos sind Zwergschimpansen, deren genetischer Bauplan zu 95 Prozent mit menschlicher DNA übereinstimmt.Bonobo-Weibchen haben den lieben langen Tag Sex. Zu zweit, zu dritt. Mit auffallend friedlichen Männchen.

Niemals Streit, alle happy – als hätten sich die Affen in die Augen geguckt und gesagt: *Lasst das mal unsere Spermien regeln.*

Das sagen sich Menschenmänner zwar nicht, aber sie handeln unterbewusst danach. Und zwar, indem sie ihr Weibchen *nicht* 24 Stunden am Tag bewachen. Sie können ja immer noch nachträglich das James-Bond-Besteck aus der Hose holen und ihre Killer-Spermien auf den Gegner hetzen.

Okay. Welche Schlüsse ziehen wir daraus?

- Sollte in Zukunft ein Spermium deinen Weg kreuzen, sei ehrfürchtig und ein bisschen demütig! 400 Millionen Spermien entsprechen sechs Millionen Gigabyte an Gen-Daten. Was für ein Wunderwerk. Wolltest du diese Daten extern speichern, bräuchtest du eine Million Computer.
- Koch deinem Mann Kaffee! Wissenschaftler aus Sao Paulo haben herausgefunden: Ab drei Tassen pro Tag werden Spermien fideler.

- Schmuse mit ihm: Besonders langes, intensives Küssen und Liebkosen stimuliert die Spermien-Produktion. Auf 2500 Stück pro Sekunde. (Wenn sich nur seine Gummipuppe um ihn kümmert, bricht dieser Spitzenwert aber sofort um 20 Prozent ein.)
- Mach aber keine Wissenschaft draus. Seine Geschlechtsteile sind auch für Anfängerinnen leicht zu bedienen.
- Hab Verständnis für seinen Stress! Männliche Mistfliegen verfügen über Monsterhoden. Warum? Weil Mistfliegen-Weibchen Schlampen sind. Je weniger sich ein Männchen auf sein Weibchen verlassen kann, desto größer sind seine Klöten. Faustregel der Evolution. Beim Gorillamann, der gechillt im Harem lebt, wiegen sie gerade mal 30 Gramm. So viel wie zwölf Gummibärchen. Beim Menschenmann, der nur ein Drittel auf die Waage bringt, sind die Dinger im Verhältnis dreimal so schwer. So ein Kerl hat's schon nicht leicht, im wahrsten Sinne.
- Wissenschaftler sagen: Das erste Mal in der Geschichte der Menschheit lernt der Mensch Sex nicht durch Machen, sondern durch Zugucken. YouPorn und Co. lassen grüßen. Das lässt uns übermütig glauben, alles zu wissen über die schönste Nebensache der Welt. Dabei übersehen wir: Die wahre Magie von Sex gibt's nicht als Zwei-Minuten-dreißig-Clip im Internet. Das ist ein archaisches Format in deinem Hirn.

16

YIN UND YANG

ODER: ERST MIT MEINEM PARTNER BIN ICH PERFEKT

Was würde ich bloß ohne meinen Schatz machen?

Er (streng): »Wir müssen wirklich um viertel nach sieben los, Katja!«

Ich (mit Augenverdrehen): »Ja, ich weiß, hast du mir ja bereits viermal gesagt.«

Er: »Ja, aber das ist *wirklich* knapp gerechnet.«

Ich: »Ja, hab ich begriffen.«

Er: »Soll ich dich erinnern?«

Ich: »Wie du willst.«

Er: »Aber nicht, dass ich dann der bin, der drängelt.«

Ich: »Nein, du bist nicht der, der drängelt.«

Er: »Ich hab wirklich keine Lust, der zu sein, der drängelt!«

Ich: »Dann würde ich vorschlagen, lass es doch.«

Er: »Guck mal, jetzt machst du mir wieder Druck!«

Meist sitzen wir dann 17 Minuten nach sieben auf der Rückbank vom Taxi. Mein Schatz mit einem *›Siehste!‹* im Gesicht. Und ich mit *›LMAA‹*. So fahren wir schweigend unserer Essenseinladung entgegen. Dort sind wir dann meist zu früh, so dass der Taxifahrer noch mal um den Block fahren muss, damit wir nicht zehn Minuten vor den Gastgebern im Wohnzimmer rumstehen.

Grrr. Wir sind wie Pat und Patachon. Der eine so, der andere so. Aber irgendwie ruckelt sich's dann doch in der Mitte zusammen.

Ein anderes Beispiel. Zum Schreiben fahre ich gern nach Usedom. Beim ersten Mal mit mulmigem Gefühl, gebe ich zu. Papi den Nachwuchs überlassen? Da macht man sich als Mutter ja doch große Sorgen. Nun muss ich zur Ehrenrettung meines Manns sagen: Er bringt sich schon sehr ein. Zum Beispiel beim Anziehen der Kinder. Da fragt er immer hilfsbereit: »Wo sind ihre Schuhe?« Und als Nächstes kommt: »Wo sind ihre Füße?«

Außerdem fragte ich mich vor meiner Abreise: Wie ist das wohl ohne fleischgewordenes Gaspedal an meiner Seite? Werde ich bis mittags im Bett liegen? Werde ich es überhaupt jemals bis 18 Uhr bis Edeka schaffen? Werde ich dann eine ganze Cola-Kiste kaufen und auf einen Schlag austrinken, weil da niemand ist, der warnt, dass das nicht gesund ist? Wenn dir erstmal klar wird, was du deinem Mann so alles an lebenserhaltenden Maßnahmen zu verdanken hast, wird dir echt angst und bange.

Ich will's abkürzen. War natürlich nicht so.

Wir sind nämlich nicht das Prinzip *Gegensätze ziehen sich an*. Gott sei Dank. Wir sind Yin und Yang. Wir sind das Prinzip *beide sind beides*.

Wo er schon ist, kann ich nicht sein. Weil mein Mann immer so pingelig ist, muss ich's locker angehen. Weil ich locker bin, muss er pingelig sein. Am besten, man stellt sich uns als zwei Pünktchen auf einem Kreis vor, die versuchen, maximalen Abstand zueinander zu halten. Die Wissenschaft hat dafür den schicken Ausdruck: *diametrales Ausleben*.

Paare können miteinander glücklich sein, obwohl der eine Dinge macht, die den anderen eigentlich unglücklich machen. Weil's im Kern stimmt.

Also, ich kann da nur zustimmen! Mein Mann macht auch alles genau so, wie er nicht sollte. Einfach perfekt!

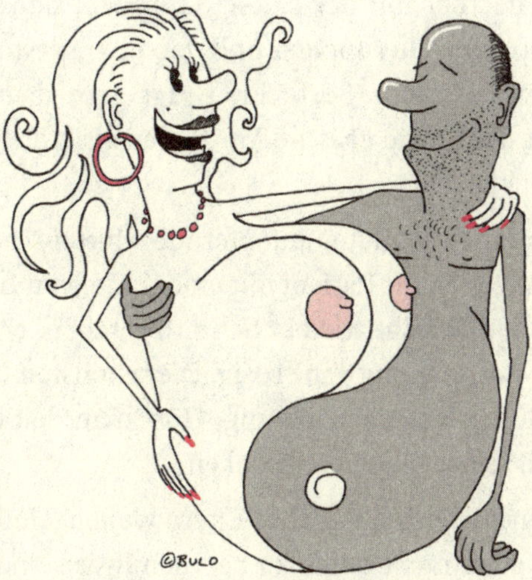

Es gibt eine Reihe von vermeintlichen Gegensatzpaaren, die ich hier kurz auflisten will. Bestimmt ist Ihnen schon das eine oder andere über den Weg gehoppelt und hat genervt:

- Er macht einen auf dicken Max. Sie ist das unsichere Bambi, das Beratung braucht, wenn es sich im Restaurant für eine Salatsorte entscheiden soll. Ihm würde man gern unauffällig den Stecker ziehen, ihr mal kräftig auf die Hufe treten. Funktionsprinzip: Sie genießt es, sich in seiner Nähe schwach zu fühlen. Ihm gibt das das Gefühl, er hat auch das Zeug zum Bundeskanzler.
- Sie ist Bambi, und er ist Klopfer, der Hase. Beide sind so was von beschränkt, dass es weh tut. Aber einer immer noch ein bisschen mehr als der andere. Neben dem Blinden guckt die Einäugige bekanntlich doppelt gut. Auf die Frage: »Wie alt ist jemand mit 16?«, müssen sie direkt einen Augenblick nachdenken. Um dann auszurufen: »Ach, du meinst das als Scherz!« Dann fangen sie an, sich gegenseitig zu erziehen.

- Er ist der Partner mit der kalten Schnauze, sie ist sein Gefühlstransplantat. Je ruppiger und doofer er, desto verständnisinniger sie. Solche Sorte Frau sagt gern dauerbetrübt: »Du weißt doch, wie er ist!« Am Ende ist sie die, die heimlich Beifall klatscht.
- Sie ist die taffe, resolute, aufopfernde Mutter Theresa und rettet die Welt. Er ihr Patient mit einer Latte von Leiden. Sie hat Falten im Gesicht wie ein Schnittbrötchen, er wirkt bei genauerer Betrachtung ganz rosig. Die schönsten Gespräche haben sie über Kassenzuzahlung. Hört man den beiden zu, kriegt man selbst Ziehen im Rücken.
- Er ist so gar nicht das, was ihre Eltern wollen. Und er seinerseits wird auch nicht müde zu betonen, was seine früheren Kumpels denken würden, wenn sie jetzt wüssten, dass … So leben sie glücklich in ihrer Zwei-Zimmer-Wohnung: Zausel & Prinzessin. Und sind sich total ähnlich in ihrem Anderssein. Sie werden auch nicht müde, bis lange in die Nacht bei Detox-Tee und Gauloises darüber zu diskutieren, wie unterschiedlich sie die Welt sehen. Und wenn sie nicht gestorben sind, Papi nicht den Geldhahn zudreht oder der Kindergarten anruft, kann das sogar eine Weile gut gehen.

Was lernen wir?

- Bisschen unterschiedlich ist nicht schlecht. Aber aufpassen, dass es nicht kippt.
- Am besten keinen Mann heiraten, der dir nicht guttut, weil er immer nur anti ist. Wem das zu unkompliziert ist, Plan B: Heiraten und ausprobieren, was ist, wenn du nicht mitspielst. Er anti? Du anti! Er pro? Du pro!
- Das nützt alles nix? Du hast das Gefühl, dass dir die Sache entgleitet? Dann Plan C. Jeder Ehemann ist am Ende die Chance, es beim nächsten besser zu machen.

17

GEGENSÄTZE ZIEHEN SICH AN

ODER: GLEICH UND GLEICH GESELLT SICH GERN

Vor mir liegt ein Foto von Jennifer Lopez. Die ist ja echt makellos. Wenn ihre Kosmetikerin auf Mitessersuche geht, dann bestimmt mit dem Elektronenmikroskop. Sie hat einen Exmann.

Wenn der in einem Horrorfilm das Hackfleisch spielen sollte, müsste er vorher noch nicht mal in die Maske. Ganz lieb gemeint.

Wie passt das eigentlich zusammen?

Ziehen sich Gegensätze an? Oder nur aus?

Ich frage das auch in Hinblick auf ein Ehepaar aus meinem näheren Umfeld, ich nenne jetzt keine Namen, da würde er sie, glaube ich, gern manchmal ermorden. Sie ist echt der unordentlichste Mensch von der Welt, ein wenig sprunghaft, muss sich alle Gefühle durch die Lupe begucken. Er hat in seiner Kulturtasche genau drei Sachen: Zahnbürste, Zahnpasta, Aftershave. Plant gern schon letzten Dienstag für Montag in zwei Wochen. Und mit dem Bepulen von seelischen Befindlichkeiten hat er's auch nicht so. Mehr noch: Würde man ihn vor die Alternative stellen, Bepulen oder Folter, er würde die Folter wählen.

Kann das gut gehen?

Es gibt dazu viele Forschungen, aber gar nicht so viele Meinungen. Erste und auch einzige: Der brünftige Mensch steckt in einem Dilemma.

Karl Grammer, Evolutionsbiologe an der Universität Graz, weiß: Auf der einen Seite suchen wir unseren emotionalen, physischen, geistigen Zwilling, weil das im Falle der Fortpflanzung garantiert, dass mehr von unseren eigenen Genen erhalten bleibt. Auf der anderen Seite will man gesunde Babys. Deshalb ist es wichtig, dass eine Frau ihre Gene mit einem möglichst unterschiedlichen Mann kreuzt. Das sind die beiden biologischen Banden, entlang derer die Paarungs-Bowlingkugel Richtung Zwölf rollt.

Und deshalb eiern wir.

Deshalb geht die Hochschuldozentin dann und wann mit ihrem unterbelichteten Tennislehrer ins Bett, ist aber im Restleben mit einem schnarchlangweiligen Physik-Professor verheiratet, der doppelt so viel IQ wie Haare hat.

Studien belegen: Für eine dauerhafte Partnerschaft suchen

wir uns jemanden, der uns optisch ähnelt (was nicht heißen soll, dass die Hochschuldozentin eine Glatze hat). Das Tolle ist: Um diesen Partner zu finden, müssen wir vorher noch nicht mal in den Spiegel schauen. Der renommierte Soziopsychologe Glenn Weisfeld hat herausgefunden: Wir wissen um uns und wer wir sind. Wir tragen eine angeborene Blaupause im Hirn, eine Art inneres Auge. Und das meldet: ›Hey, dich kenn ich doch!‹, wenn Mr. oder Mrs. Right vor uns steht. (Was auch eine von vielen Erklärungen sein könnte für Liebe auf den ersten Blick.)

Die Wissenschaft unterscheidet drei Formen dieser sogenannten Du-bist-wie-ich-Paare.

- **Das »Echo«-Paar.** Frappierend ähnlich. (Aber nicht wegen identischer Allwetter-Jacken von Eduscho oder Jack Wolfskin). Ihre Gesichter zeigen eine vergleichbare Anordnung von Brauen, Kinn, Augen, Jochbogen, Nase. Fachausdruck: *Face-Matching*. Berühmte Echo-Paare: Victoria und David Beckham, Steffi Graf und Andre Agassi. Echo-Paare ähneln sich auch im Verhalten. Befragt, was sie beim Kennenlernen gefühlt haben, sagen sie gern: *Seelenverwandtschaft*. Wissenschaftliche Erklärungstheorie: Gesichter spiegeln den Charakter. Unsere Mimik ist eine Art Instant-Espresso-Version von allem, was in uns steckt. Wie eine gute Karikatur, die mit ein paar wenigen Strichen auskommt, um den Betrachter denken zu lassen: ›Ach, das ist der und der!‹ Unser Auge liest Falten wie einen Strichcode. Niemand braucht ein Dermatologie-Studium, um Lach- von Griesgramfalten zu unterscheiden. Echo-Paare verlieben sich also letztlich nicht in ihren optischen Zwilling, sondern in jemanden, der identisch fühlt und handelt. Echo-Paare haben ein Glücksticket gelöst Richtung goldene Hochzeit.
- **Das »Harmonie«-Paar.** Hier ähneln sich die Bewegungen. Wie der andere lächelt, seinen Kopf hält, gestikuliert, tut

Und so geht's!
Easy-Harmonie-Check für zu Hause

1. Schritt: Kettensäge raus.

2. Schritt: Typ in zwei identische Hälften teilen.

3. Schritt: Foto anlegen, gucken: harmonisch – ja/nein?

4. Schritt: Nein? Im Garten vergraben.
Ja? Fix wieder zusammennähen, Kuss geben und heiraten.

und macht, löst im anderen das Gefühl aus: *›Hey, ich weiß Bescheid!. Ich kann lesen in dir wie in einem Buch! Du bist ich!‹* Ihr Kennenlernen beschreiben Harmonie-Paare als sanftes, unaufgeregtes Wiederbegegnen. Weniger Rausch und Herzklopfen. Dafür ein Gefühl, als schlüpfte man in einen vorgewärmten Pantoffel. Eine äußerst stabile Beziehung. Und manchmal auch ein klitzeklitzeklitzekleines bisschen langweilig.

- ***»Prima Copula«*-Paare.** Der Begriff ist lateinischen Ursprungs und heißt »erste Bindung«. Auch Prima-Copula-Paare verlieben sich ins Spiegelbild. Allerdings nicht ins eigene, sondern in das einer wichtigen Bezugsperson aus frühen Kindertagen, klassischerweise Papa, Mama, Babysitter. So ähnelt Camilla Parker-Bowles, die große Liebe von Prinz Charles, auf frappierende Weise seinem früheren Kindermädchen. Problem des Prima-Copula-Paares: Die Zuneigung ist ungleich verteilt. Männer, die sich in Mamas Klon verlieben, sind oft getrieben von einem unerwachsenen Gefühlspotpourri aus instinktiver Zutraulichkeit, besitzergreifendem Gehabe und infantiler Eifersucht. Eben der kleine Junge, der will, dass Mami nur mit ihm spielt.

Ich fasse mal zusammen: Fast alle wissenschaftlichen Untersuchungen sprechen dafür, dass Paare, die sich stabil lieben, von Anfang an wenig gegensätzlich sind. Sie haben eine gleiche innere Haltung, kapieren ähnlich schnell, teilen Interessen, Vorlieben, Hobbys und würden, wenn's drauf ankommt, beide die Gummibärchenpartei wählen. Oder auch nicht. Rein äußerlich sind sie ähnlich dick, dünn, groß gewachsen oder von eher zarter Konstitution. Ihr Miteinander ist energiesparend, es »flutscht«. Sie müssen sich nicht anstrengen. Fachbegriff: *Homogamie.*

Du denkst: *Herrje! Mein Partner ist so anders! Bei uns flutscht gar nichts außer ab und an mal was im Schlafzimmer. Darf ich noch Hoffnung haben?*

Ja. Mannheimer und Berliner Wissenschaftler haben eine beeindruckende Homogamie-Studie an 7000 deutschen Paaren durchgeführt. Ergebnis: Es gibt so eine Art Super-Match. Selbst wenn alle Stricken reißen, er die falsche Nase hat, beim Kreuzworträtsel bei *Geschlechtskrankheit mit zehn Buchstaben* »Lattenrost« einträgt und ihr auch ansonsten wenig emotionale, physische und intellektuelle Gemeinsamkeiten habt – Hauptsache ihr harmoniert in diesen drei Disziplinen:

Gewissenhaftigkeit, Verträglichkeit, Offenheit.

Gewissenhaftigkeit ist dabei der Doppel Whopper im Ähnlichkeits-Ranking – besonders mächtig. Unter ihn fallen die deutschen Tugenden Ordnungssinn, Pünktlichkeit, Strukturiertheit und Fleiß.

Und wenn das alles auch überhaupt nicht matcht? Dann freu dich trotzdem. Denn dann sag dir: ›Wunderbar, wenigstens kriegen wir besonders gesunde Kinder!‹

18

DIE HOCHZEIT — DER GLÜCKLICHSTE TAG IM LEBEN EINER FRAU

UND WENN NICHT:
VIELLEICHT WENIGSTENS IHR TEUERSTER …

Es gibt zwei Arten von Hochzeitsfeiern. Die eigene. Und die gelungenen.

An meine standesamtliche Heirat habe ich tatsächlich sehr durchmischte Erinnerungen. Trotz des, sagen wir mal, bescheidenen Rahmens (wir hatten nur ein Dutzend Gäste), gelang es mir, ganz viele Akzente der Superlative zu setzen:

- Ich trug das scheußlichste Kleid der ganzen Welt in Kotzebeige mit Kaninchenfellapplikationen am Hals, wie Fotos beweisen. (Ich habe das Bild nachträglich auf seine Echtheit untersuchen lassen. Aber doch – das bin tatsächlich ICH.)
- Meinen Kopf schmückte eine Hochsteckfrisur, wie man sie nur seiner ärgsten Feindin wünscht: Angeklitscht, als wäre mir das Shampoo ausgegangen, dabei hatte der Friseur gefühlte Stunden mit ihrer Konstruktion verbracht.
- Außerdem, dafür konnte aber keiner was, noch nicht mal mein Mann, regnete es junge Katzen und Hunde, so dass wir bei Ankunft im Restaurant aussahen, als kämen wir nicht vom Standesamt, sondern aus der Waschstraße.

Auf der anderen Seite wiederum war es ein sehr schönes und zärtliches Fest. Ich habe meinen Mann angeschaut und war berührt, wie er zitterte. Die beiden Omis hatten da Seite an Seite in ihren Rollstühlen Aufstellung genommen. Zwei weise, fast 80-jährige Seelen mit wackelnden, weißen Köpfen und gütigen Blicken. Für Else, wie sich rausstellen sollte, ihr vorletzter großer Termin vor dem mit dem lieben Gott. Mein Papa, der einen Monat zuvor gestorben war, guckte bereits aus dem Himmel zu. In meinem Bauch strampelte der Grund, warum wir nur standesamtlich heirateten (will man ja auch nicht: Große Feier, und dann kommt das Baby neben der Torte.) Und meine Mutter konnte endlich mal den Hut aufsetzen, von dem sie wahrscheinlich ihr Leben lang schon geträumt hatte.

Doch, ich mag Hochzeiten. Dazu werde ich auch gleich noch was sagen, aber jetzt erst mal ein paar Zahlen:

- Die allermeisten Feiern (nämlich 80 Prozent) kosten zwischen 4000 und 7000 Euro. Nicht inklusive: Jungesell(inn)en-Abschiede, Polterabend und Hochzeitsreise. Eine Hochzeit »light« (nur Standesamt, kein Brautkleid, Essen im kleinsten Kreis) lässt sich auch für 1000 Euro auf die Beine stellen.
- 70 bis 80 Prozent der Kosten entfallen auf die fünf großen Hochzeits-Bs: Bewirtung, Brautkleid, Bilder, Blumen sowie Beringung.
- 32 Prozent aller Paare wollen am liebsten mit 21 bis 50 Gästen feiern.
- Charles und Diana hatten allein in der Kirche 3500 Gäste. Ihre Hochzeit war mit 74 Millionen Euro die teuerste Hochzeit aller Zeiten. Auf Platz 3 William und Kate mit 23 Millionen Euro.
- So könnte die Rechnung aussehen für alle, die nicht Krösus sind (Fest mittlerer Kategorie, 30 trinkfeste Gäste*)

Dein Brautkleid, Schuhe, Schleier	700 Euro
Sein Anzug	hat er schon
Beauty (Friseur/Make-up)	150 Euro
Ringe	700 Euro
Einladungen, Tischkarten, Menü	300 Euro
Hochzeitsauto/Kutsche	300 Euro
DJ/ Musik	400 Euro
Hochzeitstorte	250 Euro
Speis und Trank:	pro Person: 50 Euro
Fotograf:	500 Euro
Blumenschmuck	500 Euro
Gebühren (Eheurkunde, Stammbuch etc.)	150 Euro

2 Hochzeitstauben 10 Euro
bereits entbeint: 40 Euro)

* Achtung: Alles Sparfüchsinnen-Preise, nichts für München Bogenhausen oder Hamburg-Blankenese!

Nun frage ich mich natürlich, mit Blick auf mein eigenes, recht übersichtliches Hochzeitsarrangement: Hätte ich eigentlich auch gern ein Gold-und-Silber-Diadem für 150 000 Euro im Haar getragen wie Victoria Beckham als Braut? Oder wäre ich gern wie Amal Alamuddin mit George Clooney in einer venezianischen Gondel zu meiner 1,3-Millionen-Hochzeit gefahren?

Doch. Ich hätte mich breitschlagen lassen.

Und zack! Damit bin ich durchgefallen.

Denn Andrew Francis und Hugo Mialon, Ökonomie-Professoren an der Emory University in Atlanta, haben die Daten von 3000 Ehepaaren ausgewertet und sagen: Wer zu viel für die Hochzeit ausgibt, investiert in seine Scheidung. Gott steht auf große Liebe mit kleinem Etat:

- Männer, die zwischen 1800 und 3600 Euro für die Verlobungsringe springen lassen, finden sich mit 1,3 Prozent größerer Wahrscheinlichkeit später vorm Scheidungsrichter wieder als Männer, die zwischen 450 und 1800 Euro investieren.
- Paare, die 18 000 Euro und mehr für das Fest ihres Lebens hinblättern, legen mit 46 Prozent höherer Wahrscheinlichkeit später eine Bruchlandung hin. Amerikanische Hochzeiten kosten im Schnitt das Fünffache einer deutschen, nämlich 30 000 Dollar. Vielleicht erklärt das tatsächlich, warum in Amerika jede zweite Ehe geschieden wird, in Deutschland »nur« jede dritte.
- Eine Hochzeit kann gar nicht billig genug sein: Je sparfuchsiger ich den schönsten Tag meines Lebens angehe, desto langlebiger ist meine Ehe, sagt die Statistik. Geiz ist geil. Ein-

zige Ausnahme: Der Verlobungsring. Der sollte nicht unter 500 Euro kosten, sonst steigt mein Scheidungsrisiko wieder. Vor dem Zweiten Weltkrieg zierte gerade mal 10 Prozent ein Diamant. Heute sind es 80 Prozent.

Haben teure Hochzeiten eigentlich ein schlechtes Karma? Oder haben schlechte Menschen teurere Hochzeiten? Da kann ich Ihnen die Antipasti-Antwort-Platte auftischen. Prinzip: *Von allem etwas.*

Theorie 1: Wer locker vom Hocker viel Geld für eine Trauung ausgeben kann, ist auch locker vom Hocker, wenn's mal nicht so läuft in der Ehe.

Theorie 2: Es ist nicht alles Gold, was glänzt. Nicht jeder, der die Puppen tanzen lässt, hat auch Geld, sie zu bezahlen. Wer von seinem Mann einen 1800-Euro-Ring an den Finger gesteckt bekommt, wird mit dreimal so großer Wahrscheinlichkeit nach der Hochzeit über Stress klagen, weil die Hochzeit ein Loch in die Finanzen gerissen hat – im Vergleich zu einer Braut, die nur eine 900-Euro-Hochzeit gefeiert hat. Ihre Wahrscheinlichkeit, sich über Hochzeitsschulden zu ärgern, ist um 90 Prozent reduziert. (Wer eine 900-Euro-Discount-Hochzeit feiern kann, ist wahrscheinlich eh ein guter Teamplayer.)

Glücklich *nach* der Hochzeit ist das eine.

Aber wie glücklich *bei* der Hochzeit? Geht das auch?

Bei meiner Freundin Tina war das so: Ihr Papi hielt eine schwungvolle Katastrophenrede und begrüßte darin auch einen Gast namens Moritz Sender mit den Worten »Herr Moritz Ständer«. Worauf seine Frau Kirsten laut meinte: »Das kann ich so nicht bestätigen.« Meine Freundin Dorothea war schwanger und reiherte sich durch den Tag. Und Ulla, eine weitere Freundin von mir, bekam zehn Minuten vor der heimlichen Hochzeit, derentwegen sie das Standesamt nur über den Hintereingang betreten

VORHANG AUF FÜR DEN NAMEN!

- Nur 20 Prozent aller Männer können sich vorstellen, nach der Hochzeit den Nachnamen ihrer Frau anzunehmen – und das auch nur, wenn sie ihn schöner finden als den eigenen. 62 Prozent bestehen ausdrücklich darauf, den eigenen Nachnamen zu behalten.
- Von den 82 Prozent Frauen, die sich von ihrem Nachnamen trennen, tun's 48 aus pragmatischen Gründen (Formalitäten, Behördengänge, Namensgebung der Kinder vereinfachen), 34 aus Liebe.
- Aus Liebe umbenennen würden sich nur 12 von 100 Männern.
- Übrigens: Man kann sich auch einen völlig neuen Familiennamen zulegen. Wissen die wenigsten! Mal angenommen, du heißt Aurelia Schluckebier, dein Schatz Benedict Struller. Aus nachvollziehbaren Gründen hängt ihr beide nicht so dolle an euren Nachnamen, Tipp: Noch vor der Hochzeit ab ins Ahnenregister und in den Nachnamen der Anverwandtschaft gestöbert, wie die so hießen. Großtante Hedwig eine geborenen Königshausen? Prima. Jetzt aus familiären Gründen Namensänderung beantragen. Als Aurelia Königshausen vor den Traualtar. Und er kann dann per Jawort zu Benedict Königshausen upgraden.

© BULO

durfte, vom Anwalt den bis dahin nie gesehenen Ehevertrag zur Unterschrift gereicht. Beim anschließenden Mittagessen verlor ihr Mann einen Zahn und ließ sie mit ihren Trauzeugen allein im Gartenlokal sitzen, um sich beim Zahnarzt das Gebiss richten zu lassen. (Nein, die beiden sind nicht mehr verheiratet.)

Wie oft sind Hochzeiten eigentlich schön romantisch, wie oft schön peinlich? Und kommen der einen oder anderen Braut nicht auch mal Zweifel? Der kalifornische Psychologie-Professor Justin Lavner und sein Team befragten 464 frisch gebackene Ehepaare. Ergebnis:

- 37 Prozent der Frauen waren sich nicht mehr sicher, ob sie wirklich hätten Ja sagen sollen.
- Von den frischgebackene Ehemännern hatten 47 Prozent Zweifel.

Dann untersuchten die Forscher, wie viele Ehepaare nach vier Jahren tatsächlich getrennt waren.

- Erste tolle Nachricht: Weibliche Intuition ist ein Seismograph! Jede fünfte Ehefrau mit Zweifeln war tatsächlich nach vier Jahren geschieden. *Abwarten und Tee trinken, jetzt heirate ich, dann seh ich weiter* – gilt nicht für Frauen.
- Männern und ihren Gefühlen ist nicht ganz so viel Bedeutung beizumessen – das ist die zweite entspannende Nachricht: Sind sie beim Jawort skeptisch, ist ihre Scheidungswahrscheinlichkeit lediglich 1,5-fach erhöht. Forscher vermuten: Ein Mann fragt sich nicht: ›Ist die Frau die Richtige?‹ Ihn interessiert: ›Ist die Heirat an sich das Richtige?‹ Das eine ist eine emotionale Abwägung, das andere eine rationale. Rational finden Männer super.
- Von 100 Frauen, die vorm Altar denken: *»Ja, DAS ist er! Mein Mr. Hasenzahn! Mit Segelohren, dicker Brille, hängender Hose – alles top!«*, trennen sich nur acht.

JUST MARRIED
BULO

INSTRUCTION AND ADVICE FOR THE YOUNG BRIDE

Diesen kleinen Ratgeber für die angehende Ehefrau brachte 1894 die amerikanische Pastoren-Ehefrau Ruth Smithers heraus: Armer Mister Smithers.

1. „Most man are by nature rather perverted and if given half a chance, would engage in quite a variety of the most revolting practices.

Der Mann an sich ist ein Ferkel und hat nur Schweinereien im Kopf.

2. „Give little, give seldom, And above all: Give grudgingly."

Sex als Frau nur erlauben, wenn's gar nicht anders geht. Und ganz wichtig: Ihm immerwieder klar machen, wie ekelhaft das alles ist.

3. „ While sex is at best revolting and at worse rather painful it has to be endured."

Sein Trieb ist so was von bäh, dass er in totaler Dunkelheit stattzufinden hat. Maximal erlaubt: Wenn er seine Pyjamahose aufknöpft, ihren Schlafrock bis zur Hüfte hochschiebt.

4. „If he attempts to kiss her hand, she should make a fist."

Wenn er versucht, ihre Hand zu küssen? Faust machen! Wenn er versucht, ihre Lippen mit seinen zu berühren? Kopf zur Seite drehen, damit das Übel nur die Wange trifft. Hebt er ihren Schlafrock, um sie woanders zu küssen als soeben beschrieben? Aus dem Bett springen und sagen, man habe ein menschliches Bedürfnis. Alles dies wird sein Verlangen dämpfen.

5. „There is always the hope that he will stumble."

Am besten den Kerl durchs dunkle Zimmer stolpern lassen – vielleicht stößt er sich ja die Gräten. Ziel muss es sein, spätestens zehn Jahre nach der Hochzeit keinen Sex mehr zu haben.

- Sind sich Mann und Frau beide sicher, liegt die Wahrscheinlichkeit einer Scheidung sogar nur bei sechs Prozent.

Und jetzt noch mal zurück auf Anfang. Doch, ich mag Hochzeiten. Sehr. Beim nächsten Mal würde ich unbedingt kirchlich heiraten. Und ich weiß auch schon, was ich alles *nicht* machen werde auf meiner Feier.

Vor einem Jahr zum Beispiel war eine Bekannte von mir auf einer Hochzeit, da hieß es per Lautsprecherdurchsage im Restaurant: »Und jetzt die Tische fünf bis zehn zum Buffet!« Finde ich peinlich.

Dann war ich selbst mal auf einer, da mussten wir *Arschi-Arschi-Bauchi-Bauchi* tanzen: Mein Hintern an dem vom Brautvater, zwischen uns eine Apfelsine. Finde ich noch peinlicher.

Und dann war ich, ist schon fast 17 Jahre her, auf der Feier von Katharina: Abends, nur die engsten Freunde und Familienmitglieder an einer langen Tafel in deren Altbauwohnung. Alle hatten super viel Spaß. Eine geladene Freundin kam viel zu spät mit Blumen von der Tankstelle. Ist *das* nicht unterirdisch? Problem: Die Freundin war ich.

19

FÜR MICH SOLL'S ROSA KUTSCHEN REGNEN!

Oder: Zu meiner Hochzeit lad ich Gott ein!

Als Verona, frühere Feldbusch, in Wien heiratete, fuhr sie mit einer rosa Kutsche vorm Stephansdom vor, um sich dort ihren kirchlichen Segen abzuholen. Weil Kirchen ein bisschen retro sind, also keinen Segen-Take-away-Schalter haben nach dem Modell von McDonald's, muss man selbst als Promi einmal raus aus der Kutsche. Macht man aber gern. Auch wenn man berühmt ist. Schließlich heiratet man ja nur zwei bis vier Mal.

Kirche, das heißt: Gott als Trauzeuge. Eine demütig stimmende Location. Das *Ave Maria*. Ein wunderschönes Kleid, das ich nie wieder anziehen werde. Unterdrücktes Husten, Räuspern und Orgelmusik. Und ein streng guckender Mann, nicht mein eigener, der fragt, ob ich in Zukunft keinen Scheiß mehr machen will.

Reiße ich mich danach eigentlich ein bisschen mehr am Riemen, als wenn ich »nur« standesamtlich Ja sage?

Jüngere Zahlen sagen: Deutschland heiratet eins zu vier. Von 373 681 Paaren, die den Weg zum Standesamt machen, hat jedes vierte, also etwa 100 000, anschließend noch eine Verabredung mit dem Pfarrer. Meine Freundin Anne zum Beispiel entschied sich gegen Kirche und fürs Standesamt weit weg vom Schuss in Südafrika, als auf ihrer vorläufigen Hochzeitsgästeliste zweihundertfünfzig Personen standen. Oft ist die Entscheidung ganz pragmatisch.

Aber Statistiken beweisen: Doppelt hält besser. Wer zweimal Ja sagt, also Standesamt plus Kirche, dessen Scheidungsrisiko sinkt um sensationelle 39 Prozent!

Oh Gottogottogott. Jetzt kriege ich persönlich doch einen Schreck. Wie gesagt, ich habe auch nur den Stempel vom Standesamt. Und als disziplinierte Deutsche weiß ich: Man kann tatsächlich nie genug Urkunden, Dokumente und Zertifikate besitzen, die einem bestätigen, dass man erfolgreich an etwas teilgenommen hat. Zum Beispiel an der eigenen Trauung. Und wie ich jetzt feststellen muss: Mir fehlt ein entscheidendes Zusatz-Diplom.

Liegt's wirklich an Gottes segnender Hand? Oder tun die da in der Kirche was in die Raumluft? Vakuumieren sie dich, damit die Liebe länger hält? Welches Ehe-Haltbarmachungs-Wunderelexier ist es?

Die Soziologen nennen zwei Gründe:

- Wer kirchlich heiratet, ist tendenziell religiös, würde sich also aufgrund seines Glaubens ohnehin seltener scheiden lassen als ein Paar, das atheistisch unterwegs ist (und sich deswegen auch niemals kirchlich trauen lassen würde). Oder um es an einem Beispiel klar deutlich zu machen: Man hält eine Germanistikvorlesung vor Hühnern. Und wenn die Hühner anschließend Eier legen, macht man's an der Vorlesung fest. Wäre derselbe Denkfehler. Der kirchliche Segen ist demnach ein sogenanntes *Add on*. Dem, dem's hilft, hilft's.
- Tatsächlich gibt es so etwas wie einen *Hochzeitseffekt*: Die sakrale, aufwändige Zeremonie, das Georgel, weinende Tanten, viele Gäste – all das macht's peinlicher, wenn man sich wieder trennt.

Übrigens: Man muss gar nicht standesamtlich heiraten! Seit 2009 gibt's eine Gesetzesänderung, dass »nur« kirchlich keine

Ordungswidrigkeit mehr ist wie Falschparken oder 45 Kilometer pro Stunde fahren, wo nur 30 erlaubt sind.

Und wahrscheinlich sitzen sie jetzt im Ministerium für Gesetzesänderungen und reiben sich die Hände, weil es ihnen gelungen ist, eine Gesetzesänderung zu formulieren, die nichts ändert.

Denn: Der Staat erlaubt's, aber die Kirche macht davon keinen Gebrauch. Im Gegenteil. Sowohl evangelische wie katholische Kirche bestehen weiter auf einer vorherigen standesamtlichen Trauung.

Und auch eherechtlich ändert sich genau nichts: Ausschließlich kirchlich getraute Paare gelten vor dem Gesetz als *nicht* verheiratet. Sie haben also keinen Anspruch auf steuerliche Vorteile wie Ehegattensplitting und dürften sich gegenseitig weder ihre Ferrari- noch ihre Louboutin-Schuh-Sammlung vermachen.

Was lernen wir?

Greif mal zum Telefon und wähl deine eigene Nummer. Was sagt deine innere Stimme? Standesamtlich? Kirchlich? Die richtige Hochzeit ist die, mit der DU glücklich bist.

11 Wahrheiten über Hochzeiten, die dir KEINER erzählt

- *Du fühlst dich wie Helene Fischer. Wo du gehst und stehst, ergriffene Menschen, die dich filmen, anfassen und Selfies mit dir machen wollen.*
- *Dein Mann freut sich, dich zu sehen, und findet gut, was du anhast.*
- *Du lernst, dass man Wangen-Muskelkater bekommen kann vom vielen Lachen.*
- *Dank ausgeklügelter Make-up-Technik durch Brautstudio Susi schaffst du es, zehn Jahre älter auszusehen.*
- *Es fühlt sich gar nicht so anders an, verheiratet zu sein.*
- *Du könntest eine Edeka-Tüte anhaben und bekämst trotzdem Komplimente für dein Kleid.*
- *Für einen kurzen Augenblick erwägst du, dich scheiden zu lassen, nur um noch mal heiraten und so einen Tag voller überwältigender Liebe, Glück, Stolz erleben zu können.*
- *Dein weißes Kleid wird nicht lange weiß bleiben.*
- *Wenigstens einmal im Leben wollte er ganz, ganz hübsch sein für dich. Jetzt hat er überall im Gesicht blutige Schnitte vom Rasieren und seine viel zu kurzen Haare sehen aus, als wäre er nicht beim Friseur gewesen, sondern unterm Rasenmäher.*
- *Du wirst kein Fitzelchen von dem, was auf deinem Teller liegt, essen und dir später von deinen Gästen erzählen lassen, wie's geschmeckt hat.*
- *Tausend Dinge gehen schief, und es stört dich null.*

20

MUSS ICH IHN ERNST NEHMEN?

ODER: DEIN MANN, DER REGISSEUR

Wie geht lesen?

Wenn du sechs bist, so: Mit dem Zeigefinger das Wort entlangfahren und so jeden Buchstaben einzeln festhalten, damit er ja nicht weglaufen kann. »Kkkkk.... uuuu... hhhh...!« Das dauert fünf Minuten, in denen versierte Mütter die Wäsche anschmeißen.

Später, wenn nicht mehr *Kuh macht muh* dran ist, sondern Harry Potter, geht das dann so: Entspannte Rückenlage, Nachttischlampe, Packung Kekse, keine Störung durch nervige Eltern, die sagen, du sollst mal schlafen gehen: 255 000 Worte an einem Wochenende. Ende Harry Potter.

Was ist passiert?

Dein Hirn hat gelernt, Worte nicht mehr Buchstabe für Buchstabe zu entziffern wie eine komplizierte ägyptische Grabinschrift, sondern als Ganzes zu erinnern: *Ah. Schon mal gesehen!* Wenn es sich überhaupt die Mühe macht, einzelne Worte zu scannen. Je geübter, desto *paketiger* das Lesen. Dann bündelt das Auge gleich vier, fünf, sechs Worte zu einer übergeordneten Sinneinheit namens Bild. Aus vielen Bildern wird dann ein Film.

Ich erzähle das, weil Männer ja oft im falschen Film unterwegs sind. Nicht böse gemeint. Man möchte ja helfen als Frau. Was läuft da falsch in ihrem Hirn? Solange sie nur in *TV Spielfilm* nachlesen müssen, wann *Conan, der Barbar* anfängt, ist noch alles gut. Dann sitzen sie ab 20:14 auf ihrer Fernsehcouch in Erwartung eines Films, in dem es um Liebe und Gefühle geht. Was ist aber, wenn sie im Gesicht ihrer eigenen Frau lesen sollen? Schiebt das männliche Auge da die falschen Sinnketten zusammen? Baut ihr Hirn die falschen Bilder?

So wäre zum Beispiel erklärbar, dass Männer sagen:

»Ungeschminkt bist du am schönsten!«

Und du denkst:

Ja. Unter einer Drei-Volt-Birne und wenn alle schon getrunken haben.

So wäre aber auch erklärbar, dass sie gern fragen: »Hast du was?«, da rollst du sie gerade mit Hundert-Kilo-Gewichten an den Füßen Richtung Hafenkante.

Was buchstabieren sie sich bitte zusammen?

Mehrere wissenschaftliche Untersuchungen belegen: Zunächst das Richtige. Schon mit sieben Monaten kann ein kleiner Junge im Gesicht seiner Mama erkennen, ob sie sich gerade ärgert oder Angst hat. Mit einem Jahr allerdings ist er bereits zum richtigen Mann gereift: Sein Hirn hat eine gewisse Unempfindlichkeit gegenüber den Gefühlen seiner Mutter entwickelt und kann sie bei Bedarf ganz wunderbar ignorieren. (Sehr im Gegensatz zu kleinen Mädchen, bei denen läuft's genau andersrum.) Sagt die amerikanische Hirnforscherin Louann Brizendine.

Dein Mann ist also ein ganz schön ausgebuffter Schlawiner. Er macht genau das, was für ihn passt und womit er am weitesten kommt.

Anfang der Achtziger saß die amerikanische Psychologieprofessorin Marcia Guttentag daheim vor ihrem Fernseher. Und wie das ja gern mal vorkommt, wenn man Männern beim Reden zuhört, dachte sie: »Noch ganz frisch?« Ihr war etwas aufgefallen: In Filmen, die zwischen 1930 und 1950 gedreht waren, sangen die Männer ein Hohelied auf sich ewig Binden. Mehr noch: Sie standen vor ihren Frauen wie todgeweihte Patienten vor dem Zaubermedikament gegen Krebs. Ganz anders in Filmen der Sechziger und Siebziger. Hier sprachen sie einen kalten Alien-Dialekt, als sei Amerika mittlerweile von Außerirdischen überfallen worden: »*Love them or leave them*« – Liebt die Frauen oder lasst sie! Kein Gewinsel mehr, kein Rumgeschleime.

Guttentag kam ins Grübeln. Wie konnte das angehen? Sie studierte die jeweiligen Bevölkerungszahlen. Und kam den Herren der Schöpfung auf die Schliche. Sie machten sich den OSR zu Nutze.

OSR heißt übersetzt: *operative sex ratio*. Es geht um den Verteilungsschlüssel von Frauen. Bekommt jeder Mann eine Frau ab, ist der OSR 100. Hat die Wissenschaft mal so festgelegt.

Guttentag fand heraus: Dominierten im Kino die Süßholzraspler, war der OSR für die Männer im Land gerade mies, sprich über 100. Das hieß nämlich übersetzt: Nicht für jeden gab es ein Weibchen, mit dem er sich fortpflanzen konnte. (So der Fall vor dem Zweiten Weltkrieg, als Amerika noch Männer-Einwanderungsland war.) Oder anders gesprochen: Kaum entzieht man dem Mann Sex, entdeckt er sein Herz.

Redeten die Männer lieber über Autos als über Gefühle, war der OSR für sie super, also unter 100. Hieß: Mehr heiratsfähige Frauen als Männer. (So der Fall Anfang der Sechziger.) Mal mussten sich die Herren der Schöpfung also anstrengen, mal konnten sie es locker angehen lassen. Was sie denn auch prompt taten. Männer sind wie Sparlampen. Bloß keine Energie verplempern.

(Der OSR ist übrigens auch megawichtig für dein eigenes Privatleben: Jede Stadt, jeder Arbeitsplatz, jeder Freundeskreis hat seinen eigenen individuellen OSR. Ob der über oder unter 100 ist, entscheidet, ob du tendenziell eher auf nette Kerle triffst oder auf bindungsmuffelige Pappnasen.)

Zurück zum Thema. Was sehen Männer?

Im Film *Liebe hat zwei Gesichter* steht Lauren Becall, alias Hannah vor ihrer Tochter Rose, gespielt von Babra Streisand, und fragt: »Was ist anders?«

Rose (grübelnd): »Nichts ist anders!«

Hannah (verzweifelt): »Dir ist nicht mal aufgefallen, dass ich beim Friseur war!«

Rose (nachdenklich): »Doch, jetzt wo du's sagst ...«, (fährt mit der Hand die Frisur nach), »... sehr hübsch!«

Hannah (spitz): »Ich war gar nicht beim Friseur! Du bist wie dein Vater! Total leicht aufs Glatteis zu führen!«

Untersuchungen belegen: Männer haben tatsächlich keinen Blick für Frauenschnickschnack. Sie sind nämlich schwer beschäftigt: Schon während des Schulzeit hören Jungs im Unterricht, das ist belegt, in erster Linie einander zu. Dann der Lehrerin. Und dann, aber auch nur vielleicht, den Mädchen. Bereits nach der allerersten Spielstunde in einer Kindertagesstätte haben sie unter sich die Hierarchie klargemacht. Wie peilen sie überhaupt so schnell, wer stark ist und wer nicht? Auch das fragte sich die amerikanische Hirnforscherin Louann Brizendine. Das Ergebnis? Ernüchternd. Indem sie wie die kleinen Gockel ihre Stärke zur Schau stellen und andere kleine Gockel, von denen sie sich herausgefordert fühlen, umgehend schikanieren, einschüchtern oder verprügeln. Schöne, einfache Männerwelt. Für Frisurenfragen kein Platz.

Biochemisch ist es so, dass bereits das Hirn eines männlichen Erstklässlers verzückt darauf reagiert, wenn's so richtig zur Sache geht. Und noch schöner, wenn das Kämpfen mit verbalen Beleidigungen einhergeht. Dann belohnt sich das Jungshirn, zeigen Tests, mit einer Extradröhnung des Wohlfühlhormons Dopamin. So viel Fun und Action können wir Frauen unseren Männern natürlich nicht bieten. Es ist wohl so, dass sie sich im Gespräch mit uns eher in einer Art Dopamin-freiem Stand-by-Modus befinden. Man könnte auch sagen: Sie pennen.

Wach und aufnahmefähig werden sie dann wieder, wenn's irgendwo in ihrem Körper anfängt zu zwicken und zu zwacken. Der handelsübliche Mann wird ja mit etwa fünf Meter Darmrohr geliefert. Davon sind immer mindestens fünf Meter von heimtückischen Killerbakterien der besonders gemeinen Sorte belagert, insbesondere wenn's mittags in der Kantine Currywurst gab. Oder wenn er gleich zweimal hintereinander husten muss, spitzt jeder Kerl die Öhrchen wie Lassie und lauscht ängstlich-aufmerksam sin sich hinein.

Doch man sollte nicht spotten. Pult man Männern ein paar Zellen aus der Nase (wohlgemerkt *Zellen*, nicht Popel) und lässt sie mit Grippeviren im Reagenzglas kuscheln, haben die Grippeviren mit Männernasenzellen deutlich mehr Spaß und vermehren sich viel besser, als wenn man ihnen nur weibliche Nasenzellen zur Verfügung stellt. Das konnte im Laborversuch nachgewiesen werden. Verantwortlich ist wohl das weibliche Hormon Östrogen. Es könnte also durchaus sein, dass dein Mann, wenn er jammernd im Bett liegt und kraftlos seinen letzten Willen formuliert (»S...uppe!«), wirklich kränker ist als gedacht. Du machst also in keinem Fall was falsch, wenn du ihn anfeuerst: »Ich hab dich lieb!«, »Du schaffst das!«, »KÄMPF!« – Diese Kerle glauben ja bekanntlich jeden Quatsch.

Nun gibt es ja nicht wenige Männer, die halten es besoffen für den optimalen Zeitpunkt, mit schwerer Zunge zu lallen: »Wwwwill'sde mmmmich heiraten?« (Wie wir ja jetzt gelernt haben, verarbeitet ihr Hirn eingehende Informationen nach der Eins-und-eins-ist-drei-Regel). Muss man das eigentlich ernst nehmen?

Vertrackter Fall, zugegeben! Zehn Gläser Schnaps entriegeln natürlich sein Sprachzentrum. Er sagt dann Dinge, die er sonst so nur sagen würde, wenn er betrunken wäre. Aber: Das Wort *heiraten* muss er definitiv vorher schon mal durch seine Hirnwindungen geschoben haben. Es gibt keinen Mann, dem im Suff plötzlich der Satz des Pythagoras oder ein neuer Photonenantrieb einfällt. In Graz machte ein Mann seiner Angebeteten betrunken einen Antrag. Das machte die so wütend, dass sie ihn beschimpfte, woraufhin er ihr eine knallte und die Polizei kam. So soll's natürlich auch nicht laufen.

Also, woher weiß ich, in welchem Film mein Kerl gerade ist?

- Mag er zum Beispiel, was ich anhabe?

  Da möchte ich einen Satz von Diane Kruger zitieren: »*Men are easy to please. Women dress for women.*« Männer sind leicht zufriedenzustellen. Frauen ziehen sich für Frauen an. Neulich betrachtete ich mit einem Bekannten ein Foto von Sharon Stone. Die hatte eine völlig spießige Geht-gar-nicht-Bluse mit Rüschen an. Aber mein Bekannter war begeistert: »Das is' ja mal schick!« Also, merken: Hupen müssen zu sehen sein.

- Und wenn er jetzt sagt, er will mit mir eine Familie gründen, ist das eigentlich OSR-Sprech oder ehrlich gemeint?

  Ganz einfach: Was er dir sagen will, steht ihm ins Gesicht geschrieben. Forscher der Uni Durham nahmen sich

Männerfotos vor und würzten sie im Fotoshop ordentlich mit Männlichkeitsattributen: breitere Nase, kantigeres Kinn, eckigere Kopfform. Zuvor hatte man herausgefunden: Männer, die nur lockeren Sex wollen, haben maskulinere Gesichter als solche, die was fürs Herz suchen. Und die mit den maskulineren Gesichtern hatten dann auch tatsächlich mehr Ex-und-Hopp-Beziehungen und gingen selbst in festen Beziehungen öfter fremd, als das Männer mit weicheren Gesichtszügen taten. (Doch mal eine gute Nachricht für alle Mädels, deren Typ in der Gemüseabteilung regelmäßig mit Kopfsalat verwechselt wird. Wenigstens ist er dir treu.)
Es zeigte sich: Wir Frauen haben ein eingebautes Gigolo-Frühwarnsystem. Werden wir gebeten, die bearbeiteten Männerkonterfeis zu bewerten, beschreiben wir unwillkürlich Gefühle wie: »... der ist nicht vertrauenswürdig, irgendwie emotional kalt ...« Werden einer anderen Versuchsgruppe die ungetunten Fotos gezeigt, haben die kein mulmiges Gefühl im Bauch.

Okay, ich fasse noch mal kurz zusammen:

Männer-Dechiffrieren ab sofort leicht gemacht! Wenn du in Zukunft von Prinz Charles angerufen wirst und er dir wie einst Camilla zuflüstert: »*I want to be reincarnated as your tampon*« – Ich möchte als dein Tampon wiedergeboren werden –, liest er wahrscheinlich gerade den Beipackzettel einer OB-Schachtel und sein Hirn setzt daraus einen Film zusammen.

Wenn du Bubi-Face Leo DiCaprio bei Rossmann triffst und er sagt zu dir: »Du bist die Mutter meiner Kinder«, dann müsste er es theoretisch total ernst meinen. (Tut er praktisch wahrscheinlich trotzdem nicht.)

Wenn dein Schatz »Bier!« ruft. Oder: »Ich liebe dich!« Oder: »Ich sterbe!« (kann man jetzt beliebig weiterspinnen), dann sind das die typischen Lautäußerungen eines Mannes, der gerade in seinem streng geheimen Drehbuch blättert. Dein Mann, der Regisseur.

Und wenn dich das alles nervt, dass er ständig in irgendeinem komischen Film unterwegs ist, manchmal auch in mehreren Filmen gleichzeitig, hab Respekt. Evolutionsbiologisch betrachtet lebst du mit einem totalen Überflieger zusammen. Die Art, wie dein Kerl die Dinge wahrnimmt, ist super erfolgreich. Der US-Star-Genetiker Michael Hammer fand durch Erbgutuntersuchungen an Melanesiern, Basken, Chinesen und Afrikanern heraus: Relativ wenige Männer hatten mit relativ vielen Frauen in den vergangenen 10 000 Jahren Sex. Gratulation: Unsere Typen sind also schon immer durchgekommen mit ihrer Schussel-Nummer.

21

EIN EHEVERTRAG KILLT DIE LIEBE

ODER: EIN HERZ, ZWEI KASSEN

Ich habe keinen Ehevertrag. Warum auch? Als mein Mann und ich damals heirateten, war da nichts, was wir vor dem Zugriff des anderen hätten schützen müssen. Meine Mitgift bestand in erster Linie aus einem Bett und einem Klamottenhaufen. Mein Mann brachte lauter Scheidungsgründe mit in die Ehe: Biedermeiermöbel, balinesische Holzfrüchte, Servietten mit dem Monogramm seiner Ex. Dass ich ihn trotzdem geheiratet habe, zeigt, wie sehr ich an die Kraft des Sperrmülls, äh, der Liebe glaube. Außerdem sagte ich mir damals: Für den komplett ausgeschlossenen Fall, dass wir unsere Ehe in den Sand setzen sollten – die Scheidung würden wir prima hinbekommen. Motorrad-Rockerjacke? Freddie-Mercury-Schallplattensammlung? Dürfte mein Süßer alles wiederhaben.

In Gesprächen mit Freunden merke ich auch immer wieder: So ein Ehevertrag ist nur in zweiter Linie eine Anleitung zum korrekten Auseinanderdividieren von Dein und Mein im Falle der Trennung. In erster Linie ist er eine Glaubensangelegenheit. Wie salziges oder süßes Popcorn. Wie Impfen – ja, nein. Oder die Frage, ob Mario Barth lustig ist. Ich stimme zu oder ich bin total anderer Meinung. Nichts dazwischen.

Die einen finden, dass ein Ehevertrag im Kern ein Scheidungsvertrag ist. Und wer will schon über das Ende von etwas diskutieren, das noch nicht mal begonnen hat? Ich kaufe ja auch nicht das Backofenspray und dann den Puter. Falscher Anstieg. Liebe ist nicht verhandelbar. Daher: In guten und in schlechten Zeiten. Mit Haut und Haar. Ohne Ausstiegsklausel.

Die anderen, die nüchternen, heißen Prinz William und Herzogin Kate. William hat nicht nur 327 Millionen Euro auf der hohen Kante, irgendwann wird er auch ein ganzes Königsreich erben. Und sollte seine Kate dann die Nase voll haben von ihm, würde es natürlich schwierig mit halbe-halbe. Überhaupt: Wie sähe das aus? Ein in der Mitte durchgesägtes England?

Darüber hinaus ist mein Eindruck: Unter Frauen hat der Ehevertrag ein größeres Imageproblem als unter Männern. Eine repräsentative Umfrage, durchgeführt mit dem Mann der Autorin, ergab: Wir Frauen sehen in Eheverträgen eher das Misstrauensvotum. Männer eine Art Airbag.

Okay, was sagen die Zahlen?

- *Klare Sache: Liebe geht in Deutschland durch die Anwaltskanzlei. Das ergab eine Parship-Umfrage. Von 100 Menschen würden 37 niemals ohne Vertragswerk vor den Traualtar treten.*
- *Je kühler das Land, desto mehr Anwalt. In der Schweiz und Schweden bestehen 46 Prozent der Paare auf Verträge. In Spanien 30 Prozent. In Italien 22 Prozent. Ausnahme: Irland mit 11 Prozent. (Dazu fällt mir gerade keine Klimatheorie ein.)*
- *Hat ein Paar einen Ehevertrag, steigt die Wahrscheinlichkeit, dass es sich scheiden lässt, um fast 50 Prozent. (Wobei ja nicht gesagt ist: Was war zuerst da? Henne oder Ei? Führt der Ehevertrag zur Scheidung? Oder glauben manche Paare schon bei der Hochzeit: Das wird nix. Und machen deswegen lieber einen Vertrag?)*
- *Fakt ist auch: Einzelhandelskauffrau, Bürokauffrau, Arzthelferin, Friseurin sind die vier beliebtesten Ausbildungen junger Frauen. Schöne Berufe, ohne Frage. Aber leider nichts, was eine Familie füttert, wenn du plötzlich ohne Mann dastehst. In Zeiten, in denen jede dritte Ehe scheitert und jede dritte Alleinerziehende mit nur 1000 Euro im Monat klarkommen muss, ist ein Ehevertrag die Reiserücktrittsversicherung, um nicht auf den Kosten sitzen zu bleiben, wenn du den Trip ins Glück versemmelt hast.*

Kennen Sie die geniale Pädagogenregel? *Am Problem vorbei zur Lösung!*? Wer nicht weiß, was er antworten soll auf die Frage:

Will ich einen Ehevertrag?, muss sich vielleicht andere Fragen stellen:

- Ein Ehevertrag ist »unromantisch«? Zu welcher Kategorie zählen dann zukünftig Wäschewaschen, Kloputzen und Müll rausbringen?
- Ein Ehevertrag ist kompliziert? Nö. Gehen Sie mal auf Finanztip.de. Dort findet sich ein Musterentwurf – unterm Strich eine sportliche Din-A-4-Seite mit gerade mal drei zu verhandelnden Punkten (Gütertrennung, nachehelicher Unterhalt, Versorgungsausgleich). Außerdem, wie sagte der britische Dramatiker John Osborne? *»Ehe ist die Zärtlichkeit zwischen zwei Schleifsteinen.«* Wer nicht übt, den Mund aufzumachen, den zerreibt's. Ehevertrag verhandeln ist gleich mal ein gutes Training.
- Ein Ehevertrag ist zu technisch? Quatsch! Sehen Sie einen Ehevertrag als Bereicherung! Eine Art Beipackzettel Ihrer Liebe, auf dem Sie individuell Anwendungshinweise und Nebenwirkungsrisiken fixieren können. Hier ein paar Anregungen: Facebook-Boss Marc Zuckerberg und seine Frau Priscilla haben notariell festgelegt, dass sie mindestens eine Nacht pro Woche im gleichen Bett verbringen und mindestens 100 Minuten für gemeinsame Aktivitäten reservieren wollen.
- Nicole-Kidman-Ehemann hat ihrem Mann, einem Ex-Alki, auferlegt, dass er nicht bechern darf. Michael Douglas, Ex-Sex-Junkie darf nicht seitenspringen. Dafür hat ein pfiffiger Chinese aus der Provinz Chongqing ausverhandelt, dass ihn seine rabiate Ehefrau maximal einmal pro Woche vertrimmen darf. So ist für jeden was dabei, was ihn glücklich macht.
- Ein Ehevertrag ist nicht was für jeden? Stimmt! 2008 heiratete eine Frau aus San Francisco den Eiffelturm. Sie heißt seither Erika La Tour Eiffel. Dreimal dürfen Sie raten, mit wem die

62jährige Schwedin Elja-Riitta Berliner-Mauer verheiratet ist. In beiden Fällen, würde ich mal sagen, braucht's tatsächlich keinen Ehevertrag. Sorgerechts- und Unterhaltsstreitigkeiten halte ich für eher unwahrscheinlich.

Was lernen?

- *Ehevertrag auf den Tisch legen, auf die Leiter steigen und mal von oben gucken. Manchmal braucht's einfach die andere Perspektive.*
- *Gestern stand in der Zeitung, dass Popstar Gwen Stefani und ihr Mann den allerschönsten Rosenkrieg haben. Erst hatte es nach dreizehn Jahren Ehe und drei Kindern geheißen: ›Wir trennen uns in Frieden, wollen Freunde bleiben, begegnen uns mit Respekt‹. Blubbdiblubb. Kennt man ja. Dann hatte der Heini mal gerechnet, was ihn »in Frieden« kosten würde. Nämlich 55 Millionen Dollar – die Hälfte von Gwens 110-Millionen-Vermögen. Auf diese 55 hatte er gesetzlich Anspruch, denn es gab keinen Ehevertrag. Sie wollte sie aber nicht rausrücken, gefühlt war das ja ihr Geld. Und jetzt sind die zwei so beschäftigt mit Zanken, dass sie gar keine Zeit mehr haben für Sprechen. Am Ende ist ein Ehevertrag die Chance, mit dem Blödsein des anderen seinen Frieden zu machen.*

Tragischer Fall von Vernachlässigung …
Unfassbar. Und das in unserer heutigen Zeit.

Wie erst jetzt bekannt wurde, befreite die Polizei am Sonntag gegen Mittag in Eving aus einer Hochparterrewohnung einen kurz vor dem Verdursten stehenden, schlecht ernährten 37-jährigen Mann. Nachbarn hatten die Ordnungshüter alarmiert. Die Lebensgefährtin des Mannes war am Morgen für ein paar Stunden mit den Kindern zu den Großeltern gefahren. In der Wohnung fanden die Mitarbeiter der Polizei keinerlei altersgerechte Getränke. „Nur Wasser, Tee und Säfte, so was habe ich noch nie gesehen“, so der noch sichtlich mitgenommene Polizeibeamte. Er und seine Kollegen erleben so einiges, aber in jener Wohnung fanden sie nicht einmal genügend Nahrung für eine einzige Männermahlzeit. In der Küche befanden sich nur Müsli, Milchprodukte und Rohstoffe wie Kartoffeln, Reis oder Eier, die vor dem Verzehr erst noch verarbeitet werden müssten. Die Regale der Wohnung quollen über von kulturwissenschaftlicher Fachliteratur. Aber es fand sich keine einzige Männer-, Auto- oder Fußballzeitschrift. Auch kein Fernseher. Die Beamten brachten den Mann in eine Kriseneinrichtung der gastronomischen Hilfe, dem „Klein's Brauhaus“ in der Bahnhofstraße. Der Leiter der Einrichtung päppelte den Mann persönlich mühsam über Stunden mit Bier und Korn wieder auf.

Mitarbeiter des zuständigen Pizzaservice verteilten Notrufnummern in der Nachbarschaft. „Warum erst jetzt!?“ fragten einige? Oftmals sind Männer, die Opfer dieser Form von Vernachlässigung geworden sind, schlicht und einfach nicht in der Lage, selbst um Hilfe zu bitten. Seit sich schnurlose Telefone in den Haushalten allgemein durchgesetzt haben, wissen oft nur noch die Frauen, wo in der Wohnung sich diese Telefone befinden. Junge Frauen seien mit der Haltung und Pflege eines Mannes häufig überfordert. Der zuerst possierlich wirkende Mann werde schnell zu einer Belastung, wenn er nach der Balz seine typischen Verhaltensweisen der Sesshaftigkeit ausbilde. Spätestens wenn die ersten Kinder da seien, bleibe den Frauen neben ihrer Berufstätigkeit kaum noch Zeit für den Mann. Böse Absicht sei es eigentlich so gut wie nie, die Frauen dazu bewegen, ihren Mann alleine zu Hause zu lassen. Aber Fälle wie diese erschüttern auch die Einsatzkräfte. „Der Ärmste hat bloß noch 90 Kilo gewogen.“ Fassungsloses Kopfschütteln.

Dem Mann geht es glücklicherweise wieder den Umständen entsprechend gut. Aber das Entsetzen bleibt. Nachbarn und Anwohner stellten Flachmänner und Sixpacks unter dem Balkon des Opfers auf und entzündeten Kerzen. Auf einem handgeschriebenen Zettel steht die Frage: „Warum?“ Sie bewegt hier alle.

AUF DER LANGSTRECKE

22

ZUHAUSE HAT DIE FRAU DIE HOSEN AN

ODER: BETREUTES LEBEN

Eben gerade haben wir gelernt: Unsere Liebe kann auf Dauer *sein* Anderssein nicht wirklich gut überbrücken. Der einzige Unterschied, den wir bereit sind, einem Mann ohne Weiteres zu verzeihen, ist, dass er einen Penis hat. So sieht es Paarpsychologe David Buss.

Wir brauchen also einen Mann, der uns ähnelt.

Das stellt uns vor ein paar Herausforderungen. Erstens: Wie bekomme ich ihn, so ich ihn denn behalten will, mit wenigen Griffen und Abnähern auf optimale emotionale Passform?

Zweitens: Wo muss ich zwei Augen zudrücken, um am Ende nicht ganz allein dazustehen?

Beginnen wir mit Punkt zwei: *Nachsicht haben.*

- Sei lieb mit ihm, wenn er mann-struiert! Denn: Auch Männer können ihre Tage bekommen. Also: plötzliche Lust auf Süßes, Müdigkeit, unbegründetes Genervtsein, Figur-Gequengel. Das ergab eine Umfrage unter 2412 Briten und Britinnen. Demnach ist jeder vierte Mann betroffen. Die Ursachen sind natürlich seelischer Natur. 58 Prozent aller Frauen gaben an, sich in solchen Phasen besonders rührend und liebevoll um ihren Partner zu kümmern. Also: Gib dem Äffchen Zucker. Das braucht es!

- Halt ihm das Händchen in der *Mann-opause*! Die amerikanische Neuropsychiaterin Louann Brizendine berich-

tet in ihrem umwerfenden Buch *Das männliche Gehirn* von einem Versuch, den sie 1996 an der University of California durchführte. Dabei gab sie Männern über 60, die an Potenzstörungen litten, das testosteronähnliche Hormon DHEA, also sozusagen *Viagra light*. Andere wiederum bekamen nur Placebos, glaubten aber, es sei das Penis-powernde DHEA. Ein Jahr lang verbrachten die Versuchspersonen nun einmal pro Monat einen ganzen Tag lang in einem Wellnesszentrum, um sich in angenehmer Atmosphäre von freundlichen Krankenschwestern und Psychologinnen untersuchen, Blut abnehmen und eingehend nach ihrem Sexualleben befragen zu lassen. Ergebnis: Am Ende des Jahres hatten sich bei den DHEA-Männern das Wohlbefinden, ihre Potenz, sogar die Auffassungsgabe um sagenhafte 40 Prozent verbessert. Doch bevor du jetzt deinen Mann in die Apotheke schickst: Die Placebo-Schlucker verbesserten sich um 41 Prozent. Daraus schloss Brizendine: Einmal im Monat ganz altmodisch dem Mann ein bisschen zwischenmenschliche Wärme, Fürsorge und Interesse entgegengebracht – und schon ist alles tippi-toppi. Im Kopf und auch eine Etage tiefer.
(Übrigens, als Brizendine ankündigte, ein Buch über das männliche Gehirn schreiben zu wollen, spotteten alle, dass das wohl eher eine Broschüre würde.)

- Lass ihn faul sein! Ja, stimmt, im Haushalt macht er nur genau die fünf Handschläge, die er unbedingt machen muss. Und du könntest wetten, er zählt heimlich mit, damit's nicht ganz aus Versehen sechs werden. Nur schwer zu ertragen. Doch vergib ihm. Eine im renommierten Fachblatt *American Sociological Review* veröffentlichte Studie an 7000 Männern und Frauen beweist: Männer, die putzen, haben weniger Sex. Und zwar nicht, weil Wäsche aufhängen, Spülmaschine einräumen, Staubsaugen sie so schwächt, sondern weil wir Frauen es insgeheim erotischer finden, wenn unser Mann einen auf Mann macht: Also mit breiter Brust den Rasenmäher schiebt. Mit wichtiger Miene die 87-Euro-22-Rechnung für die Spülkastenreparatur überweist. Und immer mal guckt, ob's seinem Auto gut geht. Wir sind alle Statisten in unserer eigenen Geschlechter-Comedy. So lieb, wie er vielleicht sein könnte, wollen wir unseren Mann gar nicht.

- Apropos Auto! Ihn loben lernen! 90 Prozent aller Männer halten sich für überdurchschnittliche Autofahrer (wie auch 90 Prozent aller Uni-Professoren überzeugt sind, besser zu sein als der Durchschnitt ihrer Fachkollegen). Wenn du ihm also ab und an bestätigen könntest – *»Toll eingeparkt!«, »Sauber überholt!«* –, hast du einen ganz tollen Partner an der Seite.

Und nun noch mal zurück zu Punkt 1:

Du bist die Chefin im Ring. Schon klar. Er ist *betreutes Leben*. Auch klar. Verständis für ihn? Immer gern. Aber was ist unverhandelbar? Wo muss er liefern? Nicht leicht zu beantworten. Wissen wir Frauen ja selbst oft nicht so genau. (Beziehungsweise, ist abhängig von der Zimmertemperatur, chinesischen Tierkreiszeichen und dem aktuellen Sitz unserer Haare.)

Forscher aus Virginia befragten 5000 Paare. Überraschendes Ergebnis: Um uns Frauen langfristig und dauerhaft glücklich zu machen, brauchen Männer weder viel Geld noch besonders gutes Aussehen. Was allein zählt, ist: emotionales Engagement – Verständnis für unsere Probleme, Herzlichkeit, Zeit. Dann ist der Mann perfekt. Im Sinne von erträglich.

Also.

Wenn du ihm also diese drei Begriffe auf kleine gelbe Post-it's schreiben magst

VERSTÄNDNIS! – HERZLICHKEIT! – ZEIT HABEN!

und diese Post-it's in eurer Wohnung verteilst, dann sei gewiss, du wirst im Handumdrehen Anfragen von deinen Freundinnen bekommen, wo's so tolle Männer gibt.

PS: Apropos Post-it's!

Als meine Mutter vor vielen, vielen Jahren zur Kur musste, wusste mein Vater – immerhin Chef von fünf Angestellten – nicht, wo bei uns in der Küche das Brotkörbchen zu finden war. Sie hatte ihm dummerweise auch keine Hinweiszettelchen geklebt. Und als die Versorgungslage gar dramatisch wurde (Brotkörbchen gefunden, aber nix mehr drin zum Futtern), packte mein Vater sein Täschchen und fuhr meiner Mutter in die Kur hinterher. Wer sich da von was erholt hat, bleibt offen.

23

BINATIONALE EHEN SIND GEFÄHRDETER

Oder: Buenoß diaß ßeñora!

Soll ich Ihnen jetzt mal was gestehen? Wenn da so im Fernsehen ein Bericht über, ich sage mal, spanische Zoo-Löwen läuft, kann es schon passieren, dass ich denke: Der spanische Zoo-Direktor gleich daneben ist aber auch nicht schlecht. Ich mag ja, wenn auf der Brust eines Mannes ordentlich Flokati ist. (Ich möchte da meiner besseren Hälfte nicht zu nahe treten. Aber seinen müssen wir noch ein bisschen gießen und düngen.) Ich sage mir dann immer: Ich bin ja nicht blind, nur verheiratet! Und frage mich dann: Nur mal angenommen, der Herr der Löwen stünde in Fleisch und Blut vor mir und flüsterte mir ins Ohr: »Barßelona ßeñorita!« (oder auch eine unwiderstehliche Vorstellung: »ßombrero!«), wäre ich dann willens, mir von ihm ein paar Stunden Privatnachhilfe in korrekter spanischer Aussprache geben zu lassen?

Tja.

Die nächste Frage ist aber dann schon gleich die: Könnte ich mit dem Typen, nennen wir ihn Carloß, auch glücklich werden? Würde mir nicht Schatzis strenge, ordnende, deutsche Hand fehlen? Sie müssen nämlich wissen: So müde kann er gar nicht sein, dass er sich nicht doch die Zeit nimmt, mir ganz liebevoll zu erklären, wie das mit der Spülmaschine geht: Besteck nicht einfach reinwerfen. Klinge an Klinge, damit's auch wirklich sauber wird. Danke.

- Es ist so: Hochzeiten zwischen Deutschen und Nicht-Deutschen nehmen tatsächlich zu. Zurzeit gibt es etwa 1,2 Millionen binationale Paare in Deutschland.
- Binationaler »Kassenschlager«: Deutsch-türkische Ehen. Es gibt sogar mehr deutsch-türkische Ehen, als es Ehen gibt zwischen West- und Ostdeutschen oder Nord- und Süddeutschen. (Was ich ein bisschen verstehen kann. Wer mog scho an Bayern?)
- Wenn deutsche Männer ausländisch heiraten, dann am allerliebsten Türkinnen (13 Prozent), Polinnen (9,2 Prozent) und Russinnen (7,7 Prozent). Nicht so gut weg gehen Österreicherinnen (4,6 Prozent). – Also ganz entspannt, wenn Elyas M'Barek vielleicht gerade eine knutscht. Nix von Dauer.
- Wenn deutsche Frauen ausländisch heiraten, dann auch am liebsten Türken (18,6 Prozent). Sie deutsch, er Türke ist DIE Ausländerehe schlechthin. Gefolgt von Hochzeiten mit Italie-

nern (12,4) und – autsch, da sind sie wieder – Österreichern (6 Prozent). – (Einen Spanier wollen übrigens nur 2,5 Prozent.)

Aber natürlich sagen diese Zahlen noch nichts darüber, ob's anschließend auch fluppt.

Ich stell mir gerade vor, wie das wäre. Ich wäre Brasilianerin und würde mich in einen Sachsen verlieben, der mich unbedingt heiraten und mit mir nach Deutschland ziehen will.

Problem: Wir müssten zu Beginn unserer Beziehung nicht irgendwelche Allerweltsdinge zwischen uns ausloten wie jedes Liebespaar. Also nicht: Mag er Nudeln? Sondern: Mag ich Sachsen? Ich glaube, das fände ich sehr kompliziert.

Nächster Punkt ist (um es weiter am Beispiel Sachsen festzumachen): Welchen Sprachkurs müsste ich dann vor dem Umzug belegen? Deutsch? Und verstehen die mich dann überhaupt in Sachsen?

Und zu guter Letzt:

Angenommen ich bin am Copacabana-Hospital Professorin für Herzchirurgie. Krieg ich dann in Sachsen einen Job? Ich meine das jetzt nicht blöd. Ich weiß nur: Wenn mein Sachse kein Sachse wäre, sondern Amerikaner, müsste ich, Professorin hin oder her, noch mal komplett neu Medizin studieren. In Amerika werden nur amerikanische Abschlüsse anerkannt. (Offensichtlich aus Sorge, Operateure aus Brasilien/Deutschland/woher auch immer suchen das Herz im Hintern.) Muss man verstehen.

Und so fallen mir jetzt noch ganz viele Punkte ein, warum ich glaube, dass mir die ausländische Komponente an meinem Mann (Schatzi ist aus Ostwestfalen) vollkommen ausreicht.

- Tatsächlich haben deutsch-ausländische Ehen ein erhöhtes Scheidungsrisiko. Und zwar um 64 Prozent. Das ergab der Faktencheck durch Forscher aus Rostock und Liverpool an 5648 deutschen Ehen.

- Das Risiko sinkt um die Hälfte, wenn Kinder mit im Haushalt leben.
- Wenn beide Ausländer sind (sechs Prozent aller Ehen in Deutschland) und schon vor der Einwanderung heiraten, ist eine Trennung auch nur halb so wahrscheinlich.

Untersuchungen nennen Scheidungsgründe, die man auch ohne Untersuchung wüsste: unterschiedliche Kultur, anderes Rollenverständnis. Das alles macht die Liebe komplizierter. Zumal bei unterschiedlicher Religion das Risiko zu scheitern sowieso um 60 Prozent höher liegt als bei Paaren gleichen Glaubens.

Aber ist das wirklich alles?

In der Wirtschaft gibt es einen Terminus technicus, der heißt *secondary market,* Zweitmarkt. Da wird all das angeboten, was auf dem *primary market,* dem Erstmarkt, keine Abnehmer gefunden hat. *Secondary market* ist klassischerweise altes Auto per Inserat oder Omas Schränkchen auf dem Trödel. Als ich vor 25 Jahren in Indonesien war, ist mir auch auf Schritt und Tritt der *secondary market* begegnet: Mittelknusprige blässliche Europäerinnen um die 50, die mit scharfen indonesischen Boys um die 20 in den Clubs Engtanz machten. Tatsächlich sprechen Paarforscher von einem Zweitmarkt der Liebe, wenn der Erstmarkt keine erschwinglichen Optionen bietet. Europäische Frauen stöbern dann ganz gern mal auf dem Sinai, in Jamaica und Schwarzafrika, belegen empirische Daten. Männer zieht es nach Thailand und, Achtung, Brasilien.

Also ist wirklich immer der unterschiedliche Pass Grund fürs Scheitern einer binationalen Ehe? Oder kriegt da ab und an ein armer Außerdeutscher einen schwer vermittelbaren Innerdeutschen ab?

Und noch ein schnelles Wort zum Schluss:

Dinge sind im Umbruch: Menschen, die sich entschließen, inter-ethnisch zu heiraten, sind heutzutage weniger religiös und messen traditionellen Lebensweisen weniger Bedeutung bei, stellen die Forscher aus Rostock und Liverpool fest. Binationale Ehen müssen daher in Zukunft nicht instabiler bleiben. Heute heiraten oft Migranten der zweiten Generation, die besser integriert sind als ihre Eltern.

Was lernen wir?

Laut Statistik kracht es besonders oft in Ehen mit Frauen aus Süd- oder Südosteuropa. Ich persönlich bekomme jede Woche mindestens drei Spam-E-Mails, wo ›freundliches Frau mit liebes Charakter wünschen kennenzulernen gutes Mann für Herz‹. Es grüßt die Nastasja aus Kiew im Kleidchen. Sollten die das vielleicht nicht ganz ernst meinen, die Nastasjas?

Dass unterschiedliche Religion ein Beziehungskiller ist, kann ich voll und ganz bestätigen. Meine Freundin ist mit einem echten Religionsfanatiker verheiratet. Sein täglich Gebet: Ich glaube an die Macht des Geldes! Ich bete meinen Job an! Sie überlegt jetzt, ob sie ihm die letzte Ölung gibt. Er kommt übrigens aus Düsseldorf.

24

IST EIN SEITENSPRUNG DAS ENDE?

ODER: KLEINE VÖGELKUNDE

Gestern war ich im Spa. Weihnachtsgutschein meines Mannes. Wurde auch höchste Zeit. In vier Wochen ist nämlich schon wieder Weihnachten. Und mein Mann soll nicht denken, dass ich seine Gutscheine, die er immer am Dreiundzwanzigsten voller Liebe zusammenbastelt, nicht wertschätze.

Der Spa ist ein Superort, um über zwei vom Aussterben bedrohte Spezies nachzusinnen. Erstens: Panflöten-Musik. Außerhalb der Reservate – Spa, Fahrstuhl, Tiefgarage, Mövenpick-Klo – nahezu ausgerottet. Zweitens: weibliche Treue. Ich habe gelesen, dass mittlerweile genauso viele Frauen wie Männer Affären haben. Jede fünfte Ehefrau geht fremd, jede vierte sogar mehrmals. Schockierend. Aber wenn ich mich so umschaue in der Sauna, weiß ich auch warum. Es gibt schon so viel Konkurrenz auf der Welt: Wenigstens im Bett wollen wir Frauen die größeren Brüste haben. Und das ist leider nicht immer gewährleistet.

Nun soll das nicht heißen, dass wir wie Tiere sind. Zumal dies für viele Tiere eine Beleidigung wäre. Es gibt nämlich nicht wenige Spezies, die leben total artig und monogam und vorbildlich. Nehmen wir mal den Höckerschwan. Heiratet früh, lässt sich nicht scheiden und geht auch niemals fremd. Fast übermenschlich. Das muss man ihm erst mal nachmachen. In Belgien ist es Brauch, dass der Bräutigam die Eheringe vor der Trauung von einem Schwan bebrüten lässt, in der Hoffnung, dass das die Braut treu macht. Und keine Hochzeitstorte, die auf sich hält, auf der nicht oben ein Marzipanschwan hockt.

So weit, so schön, so kitschig. Bis der australische Zoologe Dr. Raoul Mulder der Spezies Schwan vor zehn Jahren mit modernen DNA-Tests aufs Gefieder rückte. Diese Untersuchungen bewiesen eindeutig: Jedes sechste Küken ist nicht von Papi. Im nächsten Schritt implantierte er im Melbourner Albert Park 60 Männchen Erkennungs-Chips, 60 Weibchen erhielten eine Art Sex-Navi, das ihren Verkehr aufzeichnete, indem es die Identität des Männchens sowie Zeitpunkt des Akts speicherte. Und siehe da: Schwäne gehen sehr wohl fremd. Sogar regelmäßig. Nicht viel besser die Schwalben, die auch gern als total monogam verkauft werden. Ornithologen fanden heraus: Ist Herr Schwalbe außer Haus, paart sich Frau Schwalbe fröhlich mit ihrem Liebhaber. Dieser ist stets ein dominanteres, älteres, attraktiveres Männchen, das längere Schwanzfedern vorzuweisen hat als der betrogene Schwalben-Ehemann. Das Weibchen hat auch nie Affären mit Junggesellen, sondern stets nur mit den Ehemännern anderer Weibchen. Zudem stachelt sie auch für ihr Leben gern Lover gegeneinander auf und entscheidet sich dann für den Gewinner. So was Zickiges.

Und am allerschlimmsten? Die putzigen Adele-Pinguine. Unlängst entdeckte man im National History Museum im englischen Tring die hundert Jahre lang verschollen geglaubten Tagebücher des britischen Schiffsarztes Dr. George Levick, Teilnehmer der gescheiterten Südpol-Expedition rund um Scott. Levick, gezwungen, sieben Monate in einer Schneehöhle zu überwintern, vertrieb sich die Zeit mit Pinguin-Studien. Er begann seine Aufzeichnungen auf Englisch, wechselte dann aber schnell ins Altgriechische. Grund: Seine Beobachtungen passten so gar nicht ins prüde viktorianische Bild seiner Zeit und ließen ihm das Blut in die kalten Wangen schießen: Poppende Pinguine all over. Es gab Schwule, es gab Lesben, es gab Gruppensex, es gab Nekrophilie, es gab Rambos, die den Beischlaf erzwangen. Und, kaum zu glauben, sogar Pinguin-Nutten. Denn waren die Pinguin-Ehemänner auf Fischfang, gingen ihre Ehefrauen anschaffen. Der Deal war immer derselbe: Kam ein Pinguin-Freier

des Weges gewatschelt und hatte im Schnabel ein kleines Steinchen, das sich gut zum Nestbau eignete, oder ein kleines Fischchen, das lecker aussah, galt: Naturalien gegen Quickie.

Ich will mal kurz zusammenfassen: Was Fremdgehen angeht, sind wir Menschen wie die Tiere. Die aber sind auch wie die Tiere. Das macht's etwas einseitig. Doch gibt's vielleicht auch was Positives, was wir uns abschauen können von der Natur?

Ja.

Diskretion

Blaumeisen-Frauen zum Beispiel haben ständig was am Laufen, dabei legen sie höchsten Wert darauf, dass ihr Kerl nix mitkriegt Für eine schnelle Nummer in Nachbars Revier steht Frau Blaumeise deshalb extra früh auf, hat Bart Kempenaer, Chef-Ornithologe am Max-Planck-Institut herausgefunden. So ist es dunkel und der Gatte pennt noch. Sie sucht sich auf die Schnelle ein singendes Männchen, paart sich und ist im Handumdrehen zurück im Nest, bevor überhaupt auffällt, dass sie weg war.

Gene

Am besten geschüttelt, nicht nur gerührt. Am Alpen-Murmeltier zeigt sich: Kuckuckskinder sind der viel bessere Nachwuchs: Sie sind fitter, überleben länger, wachsen besser, da ihre Gene besser durchmixt sind. Fremdgehen ist demnach besser als sein Ruf. Vielleicht braucht's ja einen Imagewandel? Wie bei der Molke. Die war auch mal Müll. Dann kam ein Marketing-Genie. Und jetzt kostet der Becher zwei Euro. Statt *Seitensprung*: Warum sagt man nicht: *Genetischer Einkaufsbummel*?

Der Wüstenrot-Effekt

In Zebrafinken-Volieren konnte man nachweisen: Männchen werden deutlich monogamer, wenn sie im Eigenheim wohnen, in diesem Falle eine geschützte Nist-Nische. Ebenfalls treuefördernd: Wenn Papi nicht in die Kantine muss, sondern zu Hause gefüttert wird. Zur Belohnung zeugt er fleißiger Nachwuchs und bringt sich intensiver in die Brutpflege ein.

Bitte keine Blumen

Wenn der gemeine Staffelschwanz, ein westaustralischer Singvogel-Hallodri, in die Brunft kommt und Mädels anbaggert, sieht das so aus: quietschbunte Federn, geschwollene Genitalien und Blüten im Schnabel. Ganz anders sein naher Verwandter, der *Purpurkopf*-Staffelschwanz: Keine Blumen, keine bunten Federn, keine Show. Mit dem Ergebnis: Der schleimige Hallodri mit den romantischen Blümchen hat jede Menge Kuckuckskinder im Gelege. Beim soliden Purpurstaffelschwanz sind die Küken fast alle von Papi. – Was lernen wir daraus? Töfftöff und Treue gehen nicht zusammen.

Keuschheitsgürtel

Schon lange bevor Ritter und Sadomasochisten mit Geschirr um die Ecke kamen, war der weibliche Geschlechtstrakt hinter Schloss und Riegel. Bei Roten Pandas, Kängurus, Bienen, Skorpionen, Schmetterlingen und Ratten verplombt nämlich das Männchen die Vagina des Weibchens nach dem Sex mit einer Art selbsthärtendem Sekret. Pech für das Männchen danach.

Vertrauen ist gut, Kontrolle ist besser

Sagen sich zum Beispiel Dikdik-Männchen, afrikanische Zwergantilopen. Diese bewachen ihre Weibchen wie der Hund den Knochen. Weswegen ihnen auch keine Zeit bleibt, selbst fremdzugehen.

WO GEHT DIE LUZIE AB?

- Fremdgeh-Hotspot No I: Seine oder ihre Wohnung.
- Hotel: bevorzugen 35 Prozent der Männer und 28 Prozent der Frauen.
- Stelldichein in der schönen Natur: Darauf stehen 36 Prozent der Männer und 33 Prozent der Frauen.
- Schäferstündchen im Auto: Mögen 35 Prozent der Männer und 31 Prozent der Frauen.
- Arbeitsplatz. Reizt 14 Prozent der Männer und 13 Prozent der Frauen.

WO BEGINNT UNTREUE?

- »Beim Kuss auf den Mund!«, antworteten 85 Prozent aller Befragten. »Bei eindeutigen SMS-Botschaften«, sagten 90 Prozent, »Beim Flirten«, meinten 76 Prozent.
- Betrogene Frauen quält der Gedanke: *Da war Gefühl.* Gehörnte Männer der Gedanke: *Da war Sex.*
- 35 Prozent aller Ehen scheitern an Untreue.
- Für 71 Prozent der deutschen Männer ist ein Seitensprung der Frau eine Todsünde, nur 45 Prozent würden ihn verzeihen.

- 80 Prozent der Männer nennen Sexfrust als Hauptgrund für ihr Fremdgehen.
- Klassische Gründe, warum Frauen ihren Ehemann betrügen: mit dem anderen lachen können (19 Prozent), sich verstanden fühlen (16 Prozent), der eigene Kerl bringt's nicht im Bett (14 Prozent), er hat kein Benehmen (11 Prozent), er ist ungepflegt (9 Prozent).
- 80 Prozent der Frauen und Männer, die fremdgehen, lieben ihren Partner.
- Übrigens: Frauen, die fremdgehen, werden nach dem Sex hässlicher. Zumindest in den Augen ihres Affären-Partners. Fand der US-Soziologe Martin Hasselton heraus. Grund: Männer vermeiden so unterbewusst eine zu enge emotionale Bindung und bleiben verfügbar. Gut für die Fortpflanzung, Käse für die Liebe. Frauen hingegen werten den Mann, mit dem sie im Bett waren, nach dem ersten Sex optisch auf.

Okay, ich fasse zusammen:

Im Tierreich gibt es keine überzeugenden Beispiele sexueller Treue. Selbst Spezies, die bislang als integer galten, vögeln lustig durch die Gegend. Was gut funktioniert, ist *soziale* Treue. Motto: Was interessiert's, mit wem ich schlafe, solange ich weiß, dass ich dich liebe.

Aber wie lässt sich dies alles jetzt auf uns Menschen übertragen?

Gar nicht. Sagt David Barash von der Uni Wisconsin.

Denn was uns von den Tieren unterscheidet, ist: Wir haben Gefühle. Wir *lieben.* Auch wenn dies biochemisch betrachtet vielleicht nur ein hormonales Feuerwerk aus Oxytocin und Vasopressin ist. Hinzu kommen sogenannte Spiegelneurone, wie man sie aus Makaken-Experimenten kennt, die uns via Empathie aneinander binden: Der Forscher lacht den Affen an, der lacht zurück, der Forscher lacht, der Affe lacht, der Forscher lacht – und so weiter. Ganz wie in einer Ehe. Wobei nicht ganz klar ist, ob der Mann den Affen gibt oder die Frau den Forscher.

Nein, ein Seitensprung muss nicht das Ende sein, wenn wir's so professionell wie die Tiere machen. Der große Yves Montand sagte einst: *»Ein Mann kann während einer Ehe zwei, drei Liebesaffären haben. Danach beginnt der Betrug.«* Das ist doch mal ein Wort. Und Mae West weiß: »Es gibt keine guten Mädchen, die vom rechten Weg abkommen, nur schlechte Mädchen, die erwischt werden.«

Soziologen sind sich mittlerweile übrigens einig: Das Zauberwort der Zukunft heißt *serielle Monogamie.*

Wir sind total treu – bis zum Nächsten.

25

BEZIEHUNGSKOMMUNISMUS

ODER: IN EINER GUTEN EHE TEILEN MANN UND FRAU ALLES – VERANTWORTUNG, RASIERAPPARAT, GEHEIMNISSE

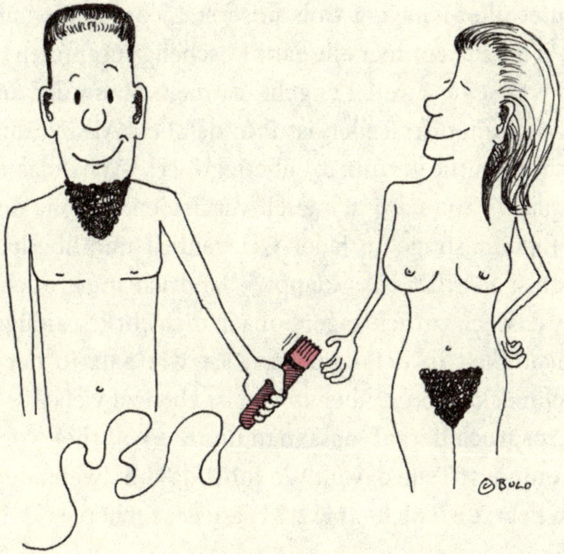

Wie erklärt Kate Upton in *Schadenfreundinnen* ihrer Clique, warum sie heute keinen Sex hat?

»Ich hab ihm gesagt, ich hab Chlamydien!«

Ein Hoch auf die Ehrlichkeit.

Bin ich auch ein großer Fan von. Gleich zu Beginn meiner Beziehung mit Schatzi habe ich gestanden, dass ich gern Leber mit Zwiebeln esse und *Lady in Red* von Chris de Burgh auf Schallplatte besitze. Ich finde, dein Partner sollte gleich deine dunkelsten Geheimnisse kennen.

Auch mein Mann teilte von Anbeginn an aufrichtig alles mit mir – Socken und Vergangenheit. Zu den Fischstäbchen-Fossilien in seinem Tiefkühlfach lautete der Begleittext: »Ich glaub, die hat noch die Moni gekauft!« Zur Steine-Sammlung hieß es: »Da war ich mit Susi in Mexiko!« Und zu den hässlichen Küchenfliesen: »Die hat die Nini ausgesucht!« Irgendwie war das gleich ein sehr polygames Ding zwischen uns: Ich, Schatzi und ganz viele Geister. Wobei ich sagen möchte: Was für ein Idyll damals. Jetzt lautet die Ménage-à-trois unserer Liebe: Ich, er und sein Handy. Wir gehen immer alle ganz kuschelig zusammen ins Bett.

Auch was seine Zweifel angeht, ist mein Mann der totale Beziehungskommunist: Teilen ist ihm da alles. Als ich ihm mein Standesamt-Outfit vorführte, überlegte er: »Wird das eine Faschingsparty? Soll ich mich auch verkleiden?« Seine oberallerliebste Lieblingsfrage zu jeder Gelegenheit und überhaupt ist: »Du meinst *wirklich*, das klappt?« Und ich frage mich, ob er möchte, dass ich zurückfrage: Soll ich dich ehrlich anlügen?

Aufrichtigkeit in der Beziehung ist wie Salz in der Suppe. Ohne schmeckt's nicht, aber zu viel ist eben zu viel. Wir Frauen haben Anspruch darauf, dass man uns die Wahrheit vorenthält. Oder zumindest Teile davon. Wo führt das hin, wenn der Mann, der dich liebt, dich nicht anlügt? Wäre das nicht pervers?

Hier eine Shortlist der Geheimnisse, die unbedingt Geheimnisse bleiben sollten:

- EXPARTNER
  Quassel-Luke dicht! Vorname, Haarfarbe, Blutgruppe – das reicht. Keine Details. Gilt für beide. Du willst nicht wissen, dass deine Vorgängerin ein Schmuse-Weltwunder war und Mokkabohnen mochte. Bringt dich nicht weiter. Und was

deine Exe angeht: Hättest du gewusst, dass du ihn mal treffen würdest, hättest du dich natürlich aufgespart. Aber so? Wie sagt Carrie in *Sex and the City*?: »Der Himmel ist blau, das Wasser nass. Und wir Frauen haben unsere Geheimnisse.« Tatsächlich bestätigen Umfragen: 64 Prozent aller Frauen würden nie ein Sterbenswörtchen über die Anzahl ihrer Exlover verlieren.

- GESUNDHEIT

Ja, du solltest wissen, ob er einen Herzschrittmacher hat. Für den Fall, dass er beim Getränkekistenschleppen schlappmacht. Nein, du willst nicht wissen, ob ihn sein linker Hoden juckt. Auch tabu: Magen-Darm-Geständnisse. Männer neigen ja dazu, über ihre Verdauung zu sprechen, als handele es sich um einen spannenden Krimi. TMI. *Too much information.*

- ANDERE WEIBER

Ja, es ist davon auszugehen, dass ihn mindestens noch 22 weitere Frauen großartig finden und seine Hosenverkäuferin regelmäßig versucht, ihn in der Umkleidekabine zu vergewaltigen. Er soll's trotzdem für sich behalten.

- SEITENSPRUNG

Wem will er mit einer Beichte helfen? Dir oder seinem Gewissen? Das Gejammer – *eigentlich wollte ich ja nicht!, dann war das aber so und so!, und ich weiß auch nicht! und überhaupt!* – tut sich eine kluge Frau, also DU, bitte nicht an. War's was Einmaliges? Egal. Ist's was Langfristiges? Dann ist dein Problem nicht, dass er mit einer anderen Sex hat. Dann ist das Problem, dass er eine andere hat. Dann geht's nicht um die Keule, dann geht's ums ganze Huhn. Dann müsst ihr gleich ein anderes Gespräch führen. Und auch dafür gilt: Beichte ihm, wenn überhaupt, am Sterbebett, dass du ihn 1934-mal mit einem Matrosen betrogen hast. Bis dahin: Dein Mund sei Pattex!

- SCHWIEGERMUTTER
  Welchen Mann macht's glücklich zu hören, dass seine Mutter eine selbstreferenzielle, unausbalancierte, verhaltensgestörte, impertinente alte Schnepfe ist, die dich nervt? Deswegen behalt's auch für dich oder sag's der Frau im Spiegel.

- KLOTÜR
  Was hinter, über, unter, vor einer Klotür passiert, unterliegt Geheimhaltungsstufe ROT. Niemals, zu keinem Zeitpunkt, auch nicht im Schaltjahr möchte eine Frau wissen, was ihr Kerl auf seinem – leider oft dann gar nicht – stillen Örtchen veranstaltet. Unsere Fantasie sagt uns: Es ist furchtbar. Und das reicht.

Natürlich gibt es auch Dinge, die möchte ich unter allen Umständen und furchtbar gern mit meinem Schatzi teilen. Spontan fallen mir ein:

- ...
- seine Sockenschublade.
- sein Konto.
- seine Begeisterung für mich.
- seine Träume, seine Ängste, seine Sorgen, seine Gefühle, seine Gedanken.
- seine sexuellen Fantasien. Wobei – da bin ich eigen – er muss mich als Hauptrolle besetzen. Keine Erotik-Geständnisse der Art: »Die Barkeeperin hat aber geile Dinger!« Ich guck ja auch nicht dem Kellner in den Schritt und lobe: »Wow! Allerhand!«

Apropos Geld – was mich jetzt mal interessieren würde: Mein Mann und ich haben ein gemeinsames Konto. Sind wir Mainstream? Oder sind wir Minderheit?

Dazu habe ich ein paar Statistiken gefunden:

- *Vier von fünf Paaren werfen alles in einen Topf. Ohne Ring am Finger tun das nur zwei von fünf.*
- *40 Prozent aller Ehefrauen zwischen 25 und 35 haben ein gemeinsames Konto mit ihrem Mann. Bei Frauen über 40 sind es 80 Prozent.*
- *89 Prozent aller Paare entscheiden Schulter an Schulter: Welches Auto? Welche Couch? Welcher Urlaub? (Wobei ich mir jetzt nicht sicher bin: Ist das Liebe oder ist das Misstrauen?)*

Nun ist es ja so: Als Autorin bin ich immer um maximale Objektivität bemüht. Um ganz sicherzugehen, frage ich auch gern noch die Mutter meiner Kinder sowie Schatzis Frau nach deren Meinung. Sind wir schon mal drei, die eigentlich nicht irren können. Dennoch – am Ende bin ich doch unsicher: Wie viel Autonomie braucht die Liebe? Wie weit weg darf eng sein?

Was sagen die Zahlen?

- *7465 Singles wurden befragt, ob sie Kontrolle für besser halten als Vertrauen. Die Mehrheit der Frauen, nämlich 56 Prozent, antwortete klar mit: Ja. So antworteten nur 34 Prozent der Männer. Ergab eine Umfrage von ElitePartner.*
- *Allerdings: 36 Prozent der Befragten würden sich trennen, wenn sie ihren Partner beim Filzen von Handy oder Computer erwischen. Wie heißt es so schön? Eifersucht ist eine Leidenschaft, die mit Eifer sucht, was Leiden schafft. Abgedroschen, aber wahr.*

26

DIE ERROR-MANAGEMENT-THEORIE

ODER: LASS DEINEN KERL BAGGERN!

Jeder macht Fehler.

Für Männer ist das jetzt vielleicht ein etwas sperriger, weil ein neuer Gedanke. Aber ob es nun um männliche Autofahr-Gewohnheiten geht oder weibliches Kofferpacken, wir alle unterliegen regelmäßig Fehleinschätzungen.

Die Frau meines Mannes zum Beispiel verreist gern mit ihrem halben Kleiderschrank. Ist das nicht bescheuert? Gleichzeitig hat sie mindestens drei Exlover, die sich jeweils für den größten Autofahrer aller Zeiten hielten und es nicht ertragen konnten, wenn zum Vordermann mehr als zehn Zentimeter Platz war – hätte ja ein Drängler von seitlich in die Lücke stoßen können.

Dass Männer und Frauen unterschiedliche Lieblingsfehler haben, ist ein alter Hut. Neu ist, dass genau diese Lieblingsfehler uns ganz weit nach vorne bringen. Es sind demnach *richtige* Fehler. Im Gegensatz zu *falschen* Fehlern.

Ich will das an einem Beispiel festmachen: Stellen Sie sich mal vor, Sie gehen spazieren und stehen plötzlich vor einer Schlange. Sie wissen nicht: Gefährlich? Sie wissen nur: Eine von hundert Schlangen hier in der Gegend ist giftig. Nun können Sie Ihre Beine in die Hand nehmen und rennen. Im Ergebnis werden Sie dann vielleicht 99-mal völlig sinnlos Kraft verplempern. Sind aber für das eine, das hundertste Mal, wenn die Schlange tatsächlich giftig ist, auf der sicheren Seite. Gratulation: Sie sind Fehler-Typ I.

Oder Sie sagen sich: ›Ach, wird schon nicht!‹, bleiben stehen und sparen sich enorm viel Energie, die Sie darauf verwenden, an der Tokioter Börse Aktien zu kaufen, die anschließend das Dreifache wert sind. Das geht 99-mal gut. Aber spätestens beim 100sten Mal sind Sie anschließend ein bisschen tot. Sie sind Fehler-Typ II.

Dieses Modell, zu schauen, welcher Fehler der schlauste ist und einem am Ende einen Wettbewerbsvorteil bringt, nennt die Wissenschaft EMT: *Error Management Theory.* EMT lässt sich auch auf das Sexverhalten von Männern und Frauen übertragen.

So hat es sich evolutionsbiologisch für einen Mann als maximal erfolgreicher Fehler herausgestellt, erst mal grundsätzlich davon auszugehen, dass eine Frau, die er selbst sexy findet, ebenfalls sexuell sehr interessiert ist. Meist liest er das am Krümmungswinkel ihrer Augenwimpern ab. Und so sieht man ja immer wieder diese gereiften Kerle, hundert Kilo, fünf Haare, die an der Bar vom Tagungshotel die junge Tresenkraft beflirten. Da fragt man sich doch, ob der Typ zu Hause keinen Spiegel hat. Aber um es mit der Fehler-Management-Theorie zu sagen: Lieber sich in 99 Fällen ein kleines Körbchen abholen, als irgendwo ein paarungsbereites Weibchen zu verpassen. Nicht auszudenken, die Lady will, und er kriegt's nicht mit – dies wäre aus evolutionsbiologischer Sicht der fatalere Fehler. Und so werfen Männer mit viel Energieaufwand ihre kleine Flirtangel und gucken, was geht. Nicht böse gemeint. Alles Bio. Fehler-Typ I.

Für uns Frauen ist es genau andersrum: Wir gehen zunächst erst mal wie selbstverständlich davon aus, dass es ein Mann nicht ernst meint und auf keinen Fall wirklich interessiert ist. Lieber den Prinz verpassen, als einen Frosch küssen. Dieses Fehlermanagement hat sich biologisch bezahlt gemacht. Jeder Irrtum kostet uns nämlich mindestens 18 Jahre unseres Lebens. Deswegen: Ressourcen sparen! Wir sind Fehler-Typ II.

Fazit:

Für deinen Geschmack flirtet dein Partner zu viel?

Robert Lembke sagte einst: »Der Hund braucht sein Hundeleben. Er will zwar keine Flöhe, aber die Möglichkeit, sie zu bekommen.«

Denk dir deine bessere Hälfte als Golden Retriever im Wald! Die Nase auf dem Boden, folgt er schnüffelnd und schwanzwedelnd den dollsten Fährten. Lass ihm das. Das ist Teil seiner DNA. Wie alle Viere hoch, wenn man ihm den Bauch krault. Und wenn's dir zu bunt wird? Kurz pfeifen. Dann ist klar: Schluss jetzt! Zurück zu Frauchen.

27

IN LANGEN BEZIEHUNGEN SCHLÄFT DER SEX IRGENDWANN EIN

ODER: PERPETUUM MOBILE DER EROTIK

Vor einiger Zeit ist es tatsächlich passiert.

Ich saß mit ein paar Frauen im Schumann's, wir tranken Gin Tonic, der Abend war schon nicht mehr jung, die Luft lau, die

Stimmung heiter, wir sprachen über – was sonst? – Beziehungen. Und plötzlich passierte etwas höchst Seltenes: Wir flunkerten nicht. Eine gab freimütig zu: »In meiner letzten Beziehung lief fünf Jahre rein gar nichts. Ich hatte da unten schon Spinnweben.«

Spannend, nicht wahr? Denn: Was andere Frauen in ihrem Schlafzimmer veranstalten (oder eben auch nicht), ist eigentlich oberste Geheimhaltungssache. Nicht, dass du von den anderen keine Antwort bekämst. Du fragst sie einfach nicht. Und aus nachvollziehbaren Gründen kann man ja auch keine Stechuhr vor fremden Betten installieren, obwohl das natürlich sehr passend wäre in diesem Zusammenhang.

Kürzlich las ich, dass deutsche Paare 2,7-mal Sex pro Woche haben. (Das schaffen mein Mann und ich nicht ganz – hinterm, ähm, Komma knicken wir ab.) Stimmt die Zahl überhaupt? Man sollte ja skeptisch sein bei allem, was Journalisten so schreiben. Ich bin Journalistin.

Ich habe mich mal an die Recherche gemacht. Und es ist so:

- Bei Männern gilt ja schon lange als erwiesen, dass sie zwei Gehirne haben: Eins zwischen den Ohren. Und eins zwischen den großen Zehen. Aber wir Frauen sind ihnen zumindest in den ersten Monaten einer Liebesbeziehung nicht ganz unähnlich. Wir gieren nach Umarmungen, Petting und Sex. Durch unser Blut ziehen sich – ähnlich Zucker, den man in Tee löst – Schlieren von Kuschelhormonen. Eins ist das *Dopamin.* Ein anderes heißt *Oxytocin.* Letzteres macht extrem schmusig und fährt das Misstrauen runter. Sozusagen ein von einem Körper selber zusammengebrauter Ecstasy-Rausch. So geht das jedes Mal: Du fasst Mr. Right an, schmust und schläfst mit ihm. Und das puscht deine Oxytocinfabriken im Hirn, neuen Stoff ins Blut zu geben. Der Rausch hält an. Bleiben Umarmungen, Küssen, Sex für 72 Stunden aus (zum Beispiel, weil er dringend beruflich nach Südkatalonien muss), kommt's zum Drogenentzug. Dein Körper ist auf *Turkey*, wie ein Junkie fieberst du dem nächsten Schuss entgegen. Wenn du also denkst: *Ich bin süchtig nach seiner Liebe!*, ist das noch nicht mal eine Übertreibung.

- Es gibt ein lustiges Experiment, das beweist, wie viel Macht Oxytocin über unser Leben hat. So verabreichten Wissenschaftler der Uni Zürich einer Gruppe von Investoren vor ihrem Gespräch mit einem wildfremden Anlageberater ein Oxytocin-haltiges Nasenspray. Andere Investoren bekamen nur ein Placebo-Spray. Die Oxytocin-Spray-Investoren waren bereit, doppelt so viel Geld zu investieren, und zeigten sich gegenüber dem Anlageberater gleich viel vertrauensseliger als die Besitzer, deren Nase mit Placebo-Spray versorgt wurde.
- Nun kann das natürlich nicht ewig so weitergehen mit dem Ecstasy-Rausch. Man würde ja verrückt werden und arbeitslos, weil sich alles nur um Sex drehte und keine Zeit für nichts bliebe. Nur gut also, dass nach etwa acht Monaten aus dem sehnsüchtigen ›Wo ist er bloß?‹ ein etwas entspannteres ›Ach, da is' er ja‹ wird. Dies ist also kein Zeichen dafür, dass die Liebe schlechter wird. Sie wird anders. Premium sozusagen. Reifer. Immer noch schwimmt und schwappt allerhand Oxytocin im Blut herum, aber wie bei Derrick gibt es jetzt einen Harry – also einen Juniorpartner. In diesem Falle nennt er sich Östrogen (bei uns Frauen) beziehungsweise *Vasopressin* (bei den Männern). Möglichweise steckten die Paare, die bei der Umfrage *Wie oft haben Sie Sex?* mitgemacht haben, allesamt gerade in dieser Phase.
- Weniger Sex ist also ganz normal. Doch gar keiner? Gar nicht gut. Das hat die amerikanische Hormonexpertin Sue Carter herausgefunden. Sie hat dazu unsere Seelenverwandten untersucht: die nordamerikanischen Präriewühlmäuse. Zum einen führen die kleinen Nager lebenslange Ehen. Zum an-

So bringen Sie Schwung in Ihr Liebesleben. Drei Tipps, die definitiv funktionieren

1. Frauen und Männer haben einen unterschiedlichen Biorhythmus in Sachen Sex. Männer mögen es Umfragen zur Folge am liebsten morgens im Bett. Aus drei Gründen: Zum einen liegt sie ja dann schon drin. Sehr praktisch. Zweitens spielt ihnen die Natur in Form einer beeindruckenden Morgenerektion in die Karten. Noch mal praktischer. Drittens ist klar, dass sie gleich aufstehen müssen. Das erspart kompliziertes Vorspiel mit Kerzen, Kuschelrock-CD und Redenmüssen. Frauen dagegen mögen's am liebsten vorm Einschlafen. Heißt: Wenn er morgens wartet, dass sie kommt, und sie abends wartet, dass er kommt, kommen sie nie zusammen. Spontaner Sex in der Ehe ist das Ergebnis minutiöser Planung.

2. Bei 50 Prozent aller Frauen lässt der Sex-Hunger zwischen 42. und 52. Lebensjahr deutlich nach. Grund: Zu wenig vom Lusthormon Testosteron im »Trieb«-stofftank. Mit Eintritt der Menopause liegt der Testosteronspiegel sogar um 60 Prozent unter dem einer 20-Jährigen. Also, merke dir: Nicht nur deine Haut wird runzelig, auch deine Libido. Da braucht es manchmal ein dezentes Libido-Lifting. Mittlerweile gibt es tolle Testosteron-Pflaster, -Cremes und -Gels aus der Apotheke, die der Gynäkologe verschreibt und die nachweislich helfen.

3. Sex-Ratgeber empfehlen gegen Flaute im Bett Dessous, Spielzeug und *dirty talk*. Das finde ich eine prima Sache. Die Frage ist nur: Wie geht das technisch? Haargummi lösen? Brille von der Nase? Und dann huschhusch ins Badgirl-Kostüm aus Latex? Nicht dass er denkt, du kommst vom Fasching. Und *dirty talk*? Auch so eine Sache. Stell dir vor, du flüsterst ihm ins Ohr: »Du machst mich so … (*piep*). Ich würde dich jetzt am liebsten auf der Stelle … (*piep*)!« Funktioniert das, wenn ihr vorher das Thema Kopfläuse und Handwerkerrechnungen hattet?

Ich glaube, ein Mann braucht, insbesondere wenn die Ehe länger dauert, klarere Signale. Handstand nackt vor dem Fernseher. Das wirkt Wunder.

deren können sie in der Kennenlernphase die Pfötchen nicht voneinander lassen und haben zwei Tage nonstop Sex. Dabei stellte sich Folgendes raus. Beim Akt bekommen die Weibchen einen Oxytocin-Flash, die Männchen sind auf dem Vasopressin-Trip. Beides bewirkt die Ausschüttung des »Mein Gott bist du sexy!«-Hormons Dopamin, sodass Herr und Frau Wühlmaus nur Augen füreinander haben und gar nicht anders können, als immer wieder übereinander herzufallen. Ein in sich geschlossener Kreislauf.

Ich fasse mal kurz zusammen:

Durch regelmäßigen Hautkontakt (zum Beispiel Küssen, Füße kraulen, Sex) entsteht ein chemisches Gummiband zwischen Mann und Frau, das sie immer wieder aufs Neue zu einer Einheit zusammenschnurren lässt. Dadurch kommt es zu neuem Hautkontakt. Der wiederum verstärkt den Gummibandeffekt. Vom Prinzip her ein unstoppbares, unkaputtbares *perpetuum mobile* des aufeinander Zugehens und voneinander Angezogenseins. Und so fort. (Übertragen auf den Haushalt hieße das Wirkprinzip: Ich wasche den ganzen Tag Wäsche, und irgendwann bin ich ganz heiß drauf.)

Wenn da nicht der Alltag wäre und das Perpetuum mobile stören würde. Alltag, weiß jeder, ist nicht geprägt von heißem Sex, sondern durch die Summe der gemeinsam durchgestandenen Magendarmgrippen und Harnwegsinfekte. Mal ist sie schlapp, mal er auf Dienstreise, mal liegt das Kind in der Besucherritze. So sinkt die Sexfrequenz. Und los geht's mit der Abwärtsspirale: Weniger Hautkontakt = weniger Oxytocin. Weniger Oxytocin = weniger Sehnsucht nach dem anderen. Weniger Sehnsucht nach dem anderen = weniger ...

Wenn ich abends von Berlin nach Potsdam fahre, geht's am *Artemis* vorbei. DEM Berliner Drogenumschlagplatz für Oxytocin- und Dopamin-Junkies. Der Volksmund sagt auch gern Puff dazu. Das Artemis ist so groß, dass ihm die Stadt Berlin eine eigene Autobahnabfahrt spendiert hat.

Das zum einen. Zum anderen habe ich gerade kürzlich gelesen, dass nach zehn Jahren Beziehung 70 Prozent aller Frauen lieber Schokolade essen würden, als Sex zu haben.

Was lernen wir?

Die Amerikanerin Charla Muller, acht Jahre verheiratet, im Schlafzimmer tote Hose, zog die Reißleine, indem sie ihrem Mann ein sehr spezielles Geburtstagsgeschenk machte: 365 Tage lang jeden Tag Sex. (Wäre ICH ihr Mann, hätte ich erst mal Angst bekommen.) Muller schrieb ein Buch, Motto: »Wer's nur oft genug macht, findet auch wieder Spaß dran.« Das Buch wurde ein Bestseller, und Muller rettete ihre Ehe. Ob jetzt durch das Buch oder den Sex, weiß man nicht.

Heidi Klum, vier Kinder, verabredete sich mit Ehemann Seal gern mal zum Schäferstündchen im Wandschrank. Die zwei sind geschieden. So weiß man: Wandschränke reißen's nicht raus.

Man hat allerdings rausgefunden: Kuschel-Oxytocin wird auch beim Singen ausgeschüttet. Also, sollten alle Stricke reißen – sing ihm einfach: *Guten Abend, gute Nacht.* Im schlimmsten Fall schläft er ein.

28

DER UNTENRUM-BURNOUT

ODER: WENN ER NICHT MEHR WILL

Bislang war die Welt für mich glasklar.

Männer wollen irgendwie immer. Und Frauen wollen irgendwie nicht immer und dann irgendwie auch anders.

Vor Kurzem war ich dann bei meinem Frauenarzt. Seitdem ist gar nichts mehr glasklar.

Nun muss man sagen: So ein Frauenarzt ist ja ein echter Multitasker. Ein Teil von ihm klempnert geflissentlich im Tiefparterre. Ein weiterer Teil unterhält sich mit dir oben übers Wetter. Ich würde sagen, mein Frauenarzt bekäme parallel auch noch locker eine Dauerwelle hin. So geht das jetzt zwischen uns schon seit 25 Jahren. Ich liebe meinen Frauenarzt. Ich glaube, wir Frauen trennen uns eher von unserem Mann als von unserem Gynäkologen.

Neulich plauderten wir also ganz im Vorbeigehen über Sex in der Ehe. Und ganz im Vorbeigehen beraubte mich mein Gynäkologe sämtlicher Vorurteile.

Was er mir sagte, fand ich echt erstaunlich. Vor 15 Jahren hätten die Mütter vor seinem Schreibtisch gesessen, ihre neugeborenen Babys geschaukelt und erschöpft wissen wollen: »Was kann ich tun, mein Mann will schon wieder?« Heute hätte er Patientinnen, da stünde das Neugeborene kurz vor der Einschulung und die würden fragen: »Mein Mann und ich, wir haben noch nicht wieder. Was läuft falsch?« Immer häufiger seien es die Männer, die nicht mehr wollten. Nicht die Frauen. Das habe sich alles geändert.

Wow.

Vor der Erleuchtung Holz hacken und Wasser tragen bedeutet, nach der Erleuchtung: Holz hacken und Wasser tragen. Hab ich mal in einem Abreiß-Kalender für Buddha-Sprüche gelesen. Ich glaube sofort, was ich höre. Aber es erklärt noch nicht, warum die Situation ist, wie sie ist.

Ich habe dann mal losrecherchiert und vier Theorien zum männlichen Untenrum-Burnout gefunden:

Theorie I

Über die Toilette gelangt das Antibaby-Hormon Estradiol in die Kanalisation. Von dort ins Klärwerk. Von dort zum Klärwerkfilter. Hier zieht es, wie es sich für ein ordentliches Mädchenhormon gehört, den Bauch ein und macht sich schlank. So passt es durch die Filtermaschen und schafft es ins nächste Gewässer, wo es gewaltig Unsinn anstellt: Zum Beispiel im Körper männlicher Forellen und Hechte, die es über die Nahrungskette aufnehmen und anfangen, statt Spermien Eier zu produzieren. Wissenschaftlich nachgewiesen. Noch nicht nachgewiesen, aber denkbar: Der Weg vom Teich ins Grundwasser in den Wasserhahn in den Magen eines Menschenmännchens.

Theorie II

Auch hier sind wir Frauen schuld. Wir schleppen nämlich die Väter unseres Babys in den Kreißsaal. Dafür sind sie nicht gemacht. Was einleuchtet. Kein Wagenheber, keine Fernbedienung, nichts, an das er sich kuscheln könnte. Michel Odent, Vater der Wassergeburt, Schüler von Sanfte-Geburt-Gott Frédérick Leboyer und verantwortlich für 15 000 Entbindungen, sagte schon vor zehn Jahren im Interview mit dem *Guardien:* »Es ist an der Zeit auszusprechen, was ich und mit mir viele Hebammen und Kollegen von Vätern im Kreißsaal halte. Nämlich gar nichts.« Über die Jahre habe er viele Männer mit Babyblues erlebt. Manche legten sich für einen Tag ins Bett mit Magenbeschwerden. Andere, selbst vollkommen ausgeglichene Männer, die während der Geburt brav Händchen gehalten hätten mit ihrer Frau, seien am nächsten Tag fortgegangen und wurden nie wieder gesehen.

Nun habe ich selbst vier Kinder und kann nur bestätigen: Einem Mann wird Geburt als großes Naturspektakel mit Entspannungsmusik und Schaukeln am Seil verkauft. Aber die Wahrheit ist: Er landet beim Schlachter: Blut, Schreie, Plastikhandschuhe. Nicht wahnsinnig überraschend, dass er anschließend erst mal keine Lust mehr hat, den Bienerich zu spielen und sein Blümchen zu bestäuben.

Eine mehrjährige Studie der Uni Cleveland belegt sogar: Ist der Mann bei der Geburt anwesend, dauert diese länger und endet häufiger mit Kaiserschnitt. Möglicher Grund: Eine Frau kann sich in Gegenwart ihres leidenden Mannes nicht so gehen lassen.

Theorie III

Diesmal ist Alice Schwarzer schuld, immerhin. Denn: Wer Männern über Jahrzehnte ins Hirn trichtert, dass sie rücksichtslos und penisfokussiert sind, muss damit rechnen, dass selbst so ein Männerhirn die Botschaft irgendwann versteht. Wir bekommen die Häschen, nach denen wir gerufen haben.

Theorie IV

Alles liegt an den »Papi«-Hormonen, die Männer ausschütten, wenn sie das erste Mal ihr eigenes Baby im Arm halten. Papi-Hormone sind Prolactin, Oxcytocin, Vasopressin. Sie machen, dass sich das Stirnhirn eines Mannes besser mit sich selbst »unterhalten« kann. So erst wird aus einem »normalen« Mann ein vorausschauender, fürsorglicher, zärtlicher Beschützer, der nicht gleich an der erstbesten Ampel mit dem Kinderwagen Wettrennen veranstaltet. Viel Bonding (wie heute üblich) – viel Papi-Hormone. Man weiß aus Untersuchungen an frischgebackenen Krallenäffchen-Papis, die ihr Neugeborenes 15 Stunden am Tag vier Wochen lang mit sich herumtragen, dass sich Papahirn und Babyhirn bei Hautkontakt synchronisieren. Und so ist durchaus denkbar, dass Papi kein Auge mehr hat für Mami. Weil: Er hat ja Baby.

Und was lernen wir?

Gib ihm nur Bier! Kein Leitungswasser.

Erlaube ihm, so er denn will, die Geburt zu schwänzen.

Und! Lass ihm sein Y-Chromosom! Lass ihm sein Anderssein! Denk daran, was Zsa Zsa Gabor einst sinngemäß sagte: »Da nehm ich mir den Mann, den ich liebe, und mach ihn mir so, wie ich ihn möchte. Und wenn er so ist, wie ich ihn möchte, will ich ihn nicht mehr.«

Jede Statistik sagt etwas anderes. Aber:

- Es ist davon auszugehen, dass 99 Prozent aller Langzeitpaare einmal alle paar Wochen Sex haben.
- Ein Prozent macht bei Forsa-Umfragen mit, so dass die offizielle Ehesex-Kennzahl der Bundesrepublik Deutschland nun bei ein- bis zweimal pro Woche liegt.
- Zwischen 35 und 40 sind Männer und Frauen am wildesten. Sexhäufigkeit: 112 Mal pro Jahr. So schnell kann der Specht keine Hütte hämmern. 16- bis 20-Jährige machen es etwa 90 Mal, 25- bis 34-Jährige an die 108 Mal pro Jahr.
- Sexualforscher Gunther Schmidt sagt: Die Häufigkeit von Sex hängt vom Alter ab – aber nicht von dem der Eheleute, sondern der Ehe.

29

IN EINER TYPISCHEN EHE GEHT ER ACKERN, UND SIE BACKT KEKSE

Oder: Der Rosinenpicker-Mann

Bevor ich Ihnen erzähle, wie es in einer typischen deutschen Ehe aussieht, will ich Ihnen mal kurz erzählen, wie es in meiner aussieht.

Ich liebe meinen Mann abgöttisch. Ich kann mich zwar nur blass erinnern, wie er aussieht, er ist so selten zu Hause. Und selbst wenn, dann verdeckt eine Kommunikationsprothese sein Gesicht. Er und seine Buddies nennen das Handy. Er ist so drin in seinem Telefonierding – beim Haustüraufschließen, beim Jacket-übers-Treppengeländer-Werfen, beim rituellen Galopp aufs Örtchen –, dass ich mich manchmal frage, ob ich ihn mal eben über mein eigenes Handy anrufen sollte, um Guten Abend zu sagen. Überhaupt: Ist schon mal einem Wissenschaftler aufgefallen, dass Männer, die nach Hause kommen, als Allererstes pieschern gehen? Das ist nicht die Blase. Tausend Prozent: Das ist der innere Schäferhund. Die markieren ihr Revier. In der Schüssel. Natürlich mein Mann nicht, nur die anderen. Als Frau solltest du dir sagen: ›Ärgere dich nicht!‹ Oder wie unsere kleine Lilly früher immer rief: »Mensch, ärgere nicht dich!« Wenigstens heben Ehemänner ihr Beinchen nicht schon im Windfang. Und auch nicht an deinen Vorhängen. Sieh den Käse, nicht die Löcher: Er kann Auto fahren, er kann Sky-Box, er kann stubenrein. Das ist eine Bilanz, auf die du stolz sein darfst.

Ich meine mich zu erinnern, dass mein Mann ulkig und lustig ist. Wenn er nicht gerade Schnupfen hat. Da muss ich beim Betreten des Schlafzimmers auf leisen Sohlen schleichen, damit ich seine Viren nicht störe. Überhaupt treffen wir uns wie die meisten Elternpaare bevorzugt in der Sepiawelt unserer Erinnerungen, wo wir noch nicht mit vielen Kindern, vielen Krümeln, *many tasks* und *a lot of challenges* auf der Couch saßen. *Tasks und challenges* sind das neue Finn-Luca der Probleme, müssen Sie wissen. Denn wo Kids nicht mehr Peter und Erika heißen, möchten auch Kopfläuse und Schnoddernasen einen Namen aus den Top 10. Den Mann meiner Erinnerungen würde ich immer wieder heiraten. Meinen-Hier-und-Jetzt-Ehemann natürlich auch. Aber es ist eine frische, zarte Liebe. Wir lernen uns gerade erst kennen. Geben Sie uns ein bisschen Zeit.

Niemals würde mein Mann von mir verlangen, dass ich ihm zuliebe beruflich zurückstecke oder sogar meinem Job aufgebe. Er ist, das muss man echt sagen, durchdrungen vom Gedanken der Emanzipation. Wir haben jeder unseren Nachnamen behalten. Und er besteht sogar auf eigenen Meinungen. Er liebt es auch, im Haushalt Hand anzulegen – das hat er mir am Telefon versichert. Nun warten wir schon seit Ewigkeiten darauf, dass die Wissenschaft endlich das Beamen à la Raumschiff Enterprise erfindet. Damit sich mein Mann ganz bequem per Teleportation aus dem Büro heraus zu Hause einbringen kann. Zum Beispiel in die Hausaufgabenbetreuung unserer Kinder. Einkaufen, Fahrdienste. Kinderarzt. Er müsste dazu noch nicht mal hoch mit seinem Popo, das käme ihm als Mann sehr entgegen, er würde samt Bürosessel gebeamt. Wenn sich seine Sekretärin auf seinen Schoß setzt, könnte er sogar Anhalter mitnehmen, die Idee ist also sehr ausbaufähig. Und praktisch wäre doch – entschuldigen Sie bitte, meine Fantasie explodiert jetzt gerade –, die Sekretärin hätte auch gleich eine Büroschere und ein Paar gute Nerven eingesteckt. Gestern kam Lilly mit Kaugummi im Haar aus der Schule, das musste ich unter Tränen und Getobe rausschneiden. Ein Wahnsinn. Ich sage Ihnen: Die Phimosesprechstunde für Zwergkaninchen ist danach nur noch ein Klacks.

Mein Ehemann, habe ich mal recherchiert, gehört zur neuen Ehemann-Trendrasse *Rosinenpicker,* der liebe Gott hat dabei den durchschnittlichen Macho-Ehemann mit einem emanzipierten Genpool gekreuzt. Rosinenpicker-Ehemänner picken sich die leckersten Bröckchen aus der Emanzipation. Sie teilen Berufstätigkeit und Verantwortung, machen aber leider bei Haushalt und Kindern nicht ganz so begeistert halbe-halbe. Sie sind nicht faul – nicht missverstehen! Aufgrund technischer Probleme überbrücken sie lediglich die Zeit mit ein bisschen Karriere, bis sie sich zu Hause endlich als Chauffeur, Dompteur oder Kinderkrankenschwester selbstverwirklichen können.

Und wo bleib ich da?

Gestatten: Ich bin die Ehefrau-Trendrasse: Versucht-zwanzig-Liter-in-Zehnlitereimer-zu-füllen. Oft fühle ich mich, als hätte ich eine Einladung zum romantischen Candle-Light-Dinner, bei dem mein Mann mit sich selbst trinkt, weil ich in der Küche stehe und für uns beide koche.

Haben wir uns am Abend mal unverhofft auf der Couch zusammengekuschelt – mein Mann mit kleinem Weinchen, ich mit kleinem Durchhängerchen –, kann's passieren, dass mein Chef mit ganz melancholischem Cocker-Spaniel-Blick durchs Wohnzimmer guckt und ausruft: »Hach! Ich wäre auch soo gern zu Hause! Bei den Kindern! Hast *du's* gut!!«

Wenn ich dann mal kurz böse fauche, kommt unter Garantie verwundert: »Aber du hast es dir doch so ausgesucht ...?«

Was sagen eigentlich die Zahlen?

Eine taufrische, vom Bundesfamilienministerium in Auftrag gegebene Befragung von 3000 Eltern ergab:

- Das in Deutschland vorherrschende Modell ist: Papi ackert, Mami verdient dazu. 39 Prozent aller jungen Mütter arbeiten stundenweise oder auf halber Stelle. 17 Prozent hängen ihren Job komplett an den Nagel.
- Vor dem Baby ackern in 71 Prozent aller Ehen beide Partner in Vollzeit. Nach Ablauf der Elternzeit trifft das nur noch auf 11 Prozent aller Familien zu. Sieben von zehn Müttern bleiben zu Hause, bis das Kind drei ist. Danach sind es vier von zehn.
- Dass Papi fürs Baby den Job runterfährt, das kommt nur in vier Prozent aller Fälle vor. Dabei sehnen sich 52 Prozent aller Väter nach mehr Zeit mit ihren Kleinen – und hätten 47 Prozent aller Paare die Arbeit gern fairer verteilt.

- *It's a woman's world*: 87 Prozent aller Befragten gaben an, die Entscheidung, wer zu Hause den Kochlöffel schwingt, ohne Streit getroffen zu haben. Immer noch wichtigster Grund, dass Mama zu Hause bleibt: Liebe zum Baby und der Wunsch, Zeit mit ihm zu verbringen (70 Prozent). Viele wollen's auch einfach nur nicht Dritten überlassen. Motto: *Wozu hab ich ein Kind?* (66 Prozent). Erst auf Platz drei der Gründe, warum er ackern geht und sie kocht: Weil er mehr verdient (60 Prozent).
- 34 Prozent aller Frauen sind finanziell abhängig von ihrem Mann. Aber nur fünf Prozent aller Männer abhängig vor ihrer Frau.
- Die Hälfte aller Männer stimmt dem Satz zu: »Ja, Frauen sind von Natur aus viel besser geeignet, Kinder zu erziehen« (vor zehn Jahren zwei Drittel).
- 72 Prozent aller Paare, bei denen Papi die Brötchen allein verdient, finden das genau richtig so. Credo: *Ein Kind sollte in den ersten Jahren zu allererst von Mami betreut werden!* 71 Prozent aller Paare, bei denen beide malochen, finden auch dies genau richtig so. Credo: *Für eine befriedigende Partnerschaft ist es wichtig, dass beide eine gute berufliche Perspektive haben!*
- 16 Prozent aller Frauen träumen davon, dass der Mann das Geld verdient und sie zu Hause bleiben können. 34 Prozent präferieren das finanzielle Modell: Er den Löwenanteil, sie die Zuverdienerin. Zusammen sind das 50 Prozent aller Frauen, die Glück und Erfüllung nicht im Beruf sehen, sondern in Kindern. Im Soziologensprech heißt das: Sie begreifen ihr Job-Aus als Teil einer Art weiblichen *Normalbiografie*. Nur vier Prozent aller Frauen in Deutschland wollen sich nicht fortpflanzen. Im Herzen sind wir also doch alles kinderliebe Italiener.

- Rentenmäßig schaut's für nicht-arbeitende Mütter duster aus wie Bärenpopo: So macht die Kurve der Vollzeit arbeitenden Frauen ab dem 30. Lebensjahr (klassisches Familiengründungsalter) einen scharfen Knick nach unten. Leere Büroflure, als seien alle gemeinschaftlich beim Eislaufen auf zugefrorenem See eingebrochen. Bis zum statistischen Lebensende mit 75 zieht die Kurve auch nicht mehr an. 2011 arbeiteten 36 Prozent aller deutschen Frauen Teilzeit (aber nur sechs Prozent der Männer). Mit entsprechenden Folgen für die Altersversorgung. Hoffentlich haben die alle einen Scheich geheiratet.

Puh. Da knattern die Zahlen.

Ich halte kurz fest:

Da will man mal ein bisschen gepflegt ablästern über Ehemänner, die ihrer Karriere hinterherrennen wie der Esel dem Möhrchen. Und zu Hause keinen Finger krumm machen. Und will den Müttern kondolieren, dass sie das alles mitmachen. Um festzustellen: Ups! Drehbuchfehler! Falscher Film. Keine Opfer. Nur Täter.

Männer stecken in der Vollzeitfalle. Und Frauen sind das Schnitzel, das sich selbst in die Pfanne legt. Dabei könnte der Koch vielleicht auch vegan.

Was lernen wir?

- Ich persönlich habe mir vorgenommen: Wenn ich das nächste Mal einer Ostfrau begegne, werfe ich sie auf den Rücken und untersuche sie eingehend mit der Lupe. Ehepaare links vom Harz schaffen es nämlich, dass in 34 Prozent aller Fälle beide einer moderaten Berufstätigkeit nachgehen und sich gemeinsam um die Kinder kümmern. Im Westen kriegen das nur 11 Prozent gebacken.

- Außerdem habe ich mir vorgenommen: In Zukunft sage ich NICHT: *»Ich arbeite TROTZ meiner Kinder.«* Völlig verkorkste Haltung. Ich sage: *»Ich arbeite WEGEN meiner Kinder.«* Damit der Schlamassel mal aufhört. Meine zwei Töchter sollen sehen: Mami kann doppelt happy. Job UND Family. Auch wenn das jetzt erst mal heißt: Beim Happysein Zähne zusammenbeißen. Und mein Mann muss mit ran. Ich will nicht, dass er mir im Seniorenheim zum Vorwurf machten: »Warum hast du damals immer alle Arbeit an dich gerissen und mir nichts übrig gelassen?« In Zeiten der Emanzipation ist alles möglich.
- Und dieses Rosinenpicken ist auch ein prima Prinzip. »Von allem nur das Beste und in kleinen Dosen« – hab ich mir gleich mal notiert. Also: Das Gemüt meines Ehemannes, seine Schnelligkeit, sein Kuschelfaktor. Fertig ist der Koala. Kleiner Scherz. Das Online-Manager-Lexikon *Onpulson* führt Rosinenpicken auf Augenhöhe mit variabel verzinslichen Anleihen und Andlerscher Losgrößenformel. Ist DAS der Manager-Hammer?!
- Also, wenn dein Mann demnächst mit Tiffany-Klunkern ankommt, führe ihn! Sag: »Schicker Perlenanhänger. Gut gemacht! Aber diese Kette in Weißgold dazu! Da hast du doch bestimmt noch mehr drauf, mein Schatz!«

30

KINDER HALTEN EINE EHE ZUSAMMEN

ODER: GENERATION ENTRECOTE

Witz gefällig?

Kommt ein altes Ehepaar zum Anwalt, um sich scheiden zu lassen. Guckt der bestürzt in die Akte und fragt: »*Wie* lange sind Sie bitte verheiratet?«

Antwortet das Paar: »Fünfundsiebzig Jahre.«

Sagt der Anwalt: »Und dann wollen Sie sich *jetzt* noch scheiden lassen?«

»Ja«, sagt das Paar, »wir wollten erst warten, bis die Kinder tot sind.«

Also, ich weiß ja nicht, ob Sie Nachwuchs haben. Aber auf dem letzten Elternabend der siebten Klasse ging es mir mal wieder so:

Ich guckte in die müden, ausgemergelten, blässlichen Gesichter der Muttis dort, meines eingeschlossen, und dachte: *In welchem Horrorfilm spielen wir eigentlich mit? Sahen wir schon immer so aus? Wie ist es uns gelungen, uns fortzupflanzen?*

Und auch das sprang ins Auge: Zu Kindergartentagen blitzten noch die schieren, blanken Eheringe. Und jetzt sind wir, ich will es mal so sagen, die Generation Entrecote: marmoriert und durchzogen von Alleinerziehenden.

Nein, Mutter sein macht dich nicht hübscher. Und auch nicht zwingend happy.

Letzte Woche kam ich in den Keller, wo sich meine Jungs gerade mal wieder balgten und kloppten. So geht das bei uns von morgens bis abends bis morgens bis ... Ich bin mir sicher, demnächst wachsen ihnen Geweihe. Zehnmal am Tag mindestens frage ich mich: Was hatte der liebe Gott getrunken, als er sich das Modell *Pimmelträge*r ausdachte? Hätte es das Modell *selbstbefruchtende Frau* nicht auch getan? Jedenfalls: Meine zwei Nachwuchs-Machos legten sich gerade Halloween-Kerkerketten aus Plastik um den Hals.

»Schluss! Weg! Raus! Tschüss!«, schrie ich voll abgenervt. »Ab in den Garten! Da könnt ihr euch meinetwegen hauen!«

Darüber brach meine Siebenjährige, die immer an ihren großen Brüdern klebt wie der Floh am Hund und im Nerven auch eine glatte Eins bekommt, in Tränen aus und schluchzte: »Aber ich will auch noch gefoltert werden!«

Also, wenn's nicht so trostlos wäre, könnte man lachen.

Die Zahlen:

- US-Wissenschaftler Mark Whisman von der Uni Boulder in Colorado wertete für seine Studie zum Thema *Macht ein Baby die Liebe perfekt?* die Angaben von 1250 Amerikanern aus. Bitteres Ergebnis: Ist der Mann unzufrieden, geht er mit einer Wahrscheinlichkeit von zwölf Prozent während der

Schwangerschaft fremd. Selbst für glückliche Männer gilt: Die Seitensprung-Wahrscheinlichkeit steigt um ein Prozent.

- An der Uni Texas fand man heraus: Insbesondere das erste Baby ist für die Liebe wie eine Ladung TNT. Es knallt mächtig. Im Rahmen einer achtjährigen Langzeitstudie befragte man 218 verheiratete Paare zu ihrer Beziehung vor und nach der Geburt des ersten Kindes. 90 Prozent der Paare gaben an, ihre Beziehung habe extrem gelitten. Über die gesamte Studie hielt die Verschlechterung an.
- Expertenschätzungen gehen davon aus, dass bis zu 70 Prozent der Paare, die eine Beratung in Anspruch nehmen, durch die Geburt eines Babys ins Schlingern geraten sind.
- Paartherapeut Arnold Retzer sagt: Der Wunsch nach Glück ist nichts Schlechtes. Aber wenn wir versuchen, daraus Wirklichkeit werden zu lassen, machen wir uns eher unglücklich.

Ich sage ja immer: Eltern werden heißt, als Captain Kirk und Lieutenant Uhura auf der Kommandobrücke von Raumschiff Enterprise in eine fremde Galaxie aus Läusen, Töpfchen, Füllerführerschein und Pastinakenbrei vorzudringen. Mit dem entscheidenden Unterschied, dass du dich leider nicht wegbeamen kannst, wenn's eng oder eklig wird oder du die Schnauze voll hast. Eltern sein heißt: Mit Mut zur Lücke leben. Ich kann bis heute nicht sagen, ob Pastinaken auf Bäumen wachsen oder von Tieren gelegt werden. Und mein lieber Mann ist da noch doofer und unehrgeiziger als ich, was schon eine reife Leistung ist.

Überhaupt: Ich finde oft, dass der ganze Stress auf meinen Mutterschultern lastet. Und mein Mann alles andere als frustriert wirkt, wenn ich ihm zurufe: »Komm, lass mich das fertig machen!«, weil er sich bewegt, als hätte jemand seine Slow-Motion-Taste gedrückt. Sie glauben auch gar nicht, wie *fast forward* er dann immer auf sein Fernseh-Sofa sprintet, weil da *Fluch der Monsterhaie* wartet.

Apropos. Früher, als wir noch allein waren, erinnere ich aber nur schwach, muss hundert Jahre her sein, ließen wir den Tag immer gemeinsam auf der Couch ausklingen. Meinem Mann erlaubte ich, mir die Füße zu massieren. Und mir selbst GALA oder BUNTE. Gott, war das kuschelig. Und führte uns irgendwie immer wieder zusammen. Jetzt, im Prinzip kann ich die Uhr danach stellen, taucht nach zehn Minuten irgendwas im Türrahmen auf, das schlecht geträumt oder 39,5 Fieber hat, und klemmt sich zwischen uns. Lady Gaga nennt ihre Follower »*little monsters*«. Muss sie bei mir aufgeschnappt haben.

Also, wie jetzt? Sind Kids Beziehungs-Kitt? Oder Beziehungs-Sprengstoff?

- Also, zunächst mal sind sie Pattex: Die überwältigende Mehrheit der Paare, die sich in den ersten fünf Jahren scheiden lässt, hat *keinen* Nachwuchs. Wer im ersten Jahr die Segel streicht, ist sogar zu 92 Prozent kinderlos.
- Nach sieben Jahren kehrt sich der Trend um. Nach zehn Jahren sind 60 Prozent aller Trennungsfälle Eltern mit Kindern.
- Wer zusammenbleibt, reißt sich oftmals nur am Riemen und trennt sich, wenn die Kinder aus dem Gröbsten raus sind. Trennungen jenseits der Silberhochzeit machen heute 20 Prozent aller Scheidungen aus.
- Jährlich gibt es 100 000 neue Scheidungskinder. Insgesamt sind es etwa 2,3 Millionen – also jedes siebte Kind.

Okay. Und was lernen wir jetzt aus den ganzen Zahlen? Nehmen sie mir Druck? Machen sie mich glücklicher? Kann ich die Erkenntnisse in meine Antifaltencreme rühren? DAS wäre doch mal ein innovatives Produkt. Eine Hautpflege, die nicht nur freie Radikale fängt, sondern auch Ehefrau- und Mutterfrust.

Lassen Sie mich vom Weber'schen Schalenversuch erzählen!

Stellen Sie sich drei Wasserschalen vor. Links eine kalte mit zehn Grad, in der Mitte eine mit moderaten 20. Ganz rechts warme 40. Jemand hält für eine Minute je eine Hand in die kalte Schale und eine in die warme. Anschließend kommen beide Hände zusammen in die mittlere Schale gelegt. Nun raten Sie mal, was dieser Jemand sagt?

Er wird sagen, dass seine linke Hand, nämlich die, die zuvor in kaltem Wasser war, angenehme Temperaturen meldet. Während seine rechte, also die, die es vorher kuschelig warm hatte, nervös durchkabelt: ›Manno Leute, echt lausig hier!‹

Die Erkenntnis daraus: Wir sind nicht in der Lage, absolute Zustände zu fühlen. Alles ist immer irgendwie auf eine Art relativ.

Ganz klar: Was so schon nicht funktioniert, funktioniert auch mit Baby nicht besser. Nachwuchs ist kein Beziehungs-Doc.

Für alle anderen gilt: Mach, dass du das Glück wieder fühlen kannst. Komm mal von links, statt von rechts.

Wie?

Fahr mal drei Tage weg.

Ja, dein Haushalt wird zusammenbrechen. Vielleicht auch nicht. Und Papi wird's bestimmt nicht so machen, wie du's machen würdest. Schon klar. Aber wenn du wiederkommst, dann ist da ein großes dickes überwältigendes Gefühl: Sehnsucht.

Wann hattest du das das letzte Mal?

Lass das Helicoptern!

Mathematisch ist es ganz einfach, sozusagen eine Gleichung ohne Unbekannte: Je intensiver du über deinen Kindern kreist, je mehr Zeit du auf Ernährung mit linksdrehenden Biobroccoli und Mützen häkeln verwendest, desto weniger Zeit hast du für deinen Mann und eure Partnerschaft. Punkt. Und vielleicht reicht es ja auch, wenn der Blockflötenunterricht mit vier beginnt und nicht schon mit zwei. Du bist trotzdem eine gute Mutter.

Futter dir seelischen Speck an!
Die beste Sorge, die du Kindern und Familie angedeihen lassen kannst? Die Sorge um dich. Klingt ein bisschen paradox. Aber die guten Mütter sind die zufriedenen Mütter, nicht die, die sich opfern. Füttere dich mit Themen jenseits von Mami. Mach Dinge, die *nicht* sinnvoll sind. Geh in Ausstellungen des aufstrebenden kongolesischen Künstlers Buhschti Wuluschti. Oder, ganz was Frivoles, auch lange nicht vorgekommen: Lies Tageszeitung. Wenn du aufhörst, wie eine Schweizer Kuckucksuhr zu funktionieren, ist schon viel gewonnen.

Stell dir dein Leben als Flasche vor.
Und du zwängst dich gerade durch den Flaschenhals. Keine Frage. Ohne Kinder war's lockerer. Und irgendwann wird's auch wieder entspannter. Aber jetzt ist es eben gerade mal eng. Verlier nicht die Hoffnung.

Das Leben ist keine Baby-Badeprüfung.
Ja, er ist ungeschickt im Umgang mit dem Nachwuchs. Ja, er ist wie ein zu groß geratenes Wickelbaby und hat ein kindliches Bedürfnis nach Aufmerksamkeit, dem du kaum nachkommen kannst. Aber er ist ja auch er. Und du bist du. Und überleg mal: Vielleicht hast du ja doch nicht den falschen Kerl, sondern nur die falsche Erwartung.

Führe einen Kopulations-Stundenplan ein.
Auf Pläne verstehst du dich ja. Hänge ihn in die Küche neben den für Hockey und Ballett. Denn: Sex zu haben, wenn Andrea Bocelli singt und die Kerzen brennen, ist keine Kunst. Sex mit Kind ist Kunst. Schaff dir Raum für Erotik. Organisiere einen Babysitter, bring die kleinen Schreihälse zu Oma. Und die großen in die Disco. Spontaner Ehe-Sex ist geplanter Sex. Und wenn du dafür die Brut auch mal vor Fernseher oder I-Pad parken musst? *So what.* Der längste Sex der Welt ist der von Klapperschlangen: 22 Stunden. So lange brauchst

du nicht, selbst wenn ihr noch so eingerostet seid. Und wenn doch? Das ist immer noch nicht lang genug, dass darüber das Hirn deiner Kinder verrotten könnte.

Und last but not least!

Lass Baby helfen.

Das Erste, was wir unserer Zweijährigen beibrachten? Apportieren! »Hol Papa Fernbedienung!«

Und wenn du das alles inhaliert und intus hast, lies noch das hier (am besten, du notierst die Zahlen auf einem Post-it und klebst es deinem Mann auf die Stirn, damit du immer erinnert bist, wenn du ihn anguckst): Ein kürzlich erschienener 278-seitiger EU-Lebensqualitätsreport besagt nämlich, dass Kinder der absolute Schlüssel sind zum Glück.

- Zwei von drei Erwachsenen, die in Haushalten mit drei oder mehr Kindern leben, empfinden tiefste Zufriedenheit.
- 41 Prozent der Paare würden nichts ändern an ihrer Beziehung.
- Den geringsten Zufriedenheitsgrad haben laut Studie alleinlebende Frauen über 65. Hier sagen gerade mal 20 Prozent, dass sie glücklich sind. Und das auch nur ab und an.

Noch Fragen?

31

EINE GELIEBTE IST WIE HARZER ROLLER

ODER: WIE GEGENANSTINKEN?

Kürzlich war ich zu einem Geburtstag eingeladen. Der Jubilar kam an den Tisch und meinte: »Wer kennt den hier?«

Wir Frauen hörten auf, über Gebärmutterhalskrebsimpfungen zu reden und darüber, dass H&M-Oberteile beim Kauf gern mal Löcher haben. Hatte ich es schon gesagt? Ich liebe Witze! Allein das rechtfertigt die Existenz von Männern. Die können so schön Witze erzählen. Wir Frauen erzählen uns nämlich dummerweise keine Witze. Wir erzählen uns lieber Probleme.

»Jeder Mann«, so gings los, »braucht eine Frau, die er liebt, mit der er sprechen kann und die gut ist im Bett! Und«, jetzt kam der erhobene Zeigefinger, »er muss aufpassen, dass sich diese drei Frauen nie begegnen!«

Also ich fand's lustig. Die anderen Frauen nicht so.

Was mich aber auf ein anderes spannendes Thema bringt:

Die Geliebte.

Dieses fiese Wesen, das man sich als amtierende Ehefrau ja vorstellt wie eine Super-Dooper-Smiley's-Pizza: Hat einfach alles drauf. Kann rattenscharfen Sex und ein Sieben-Gänge-Menü. Aufmerksam, anschmiegsam, immer nach der neusten Mode epiliert. Wahnsinnig hübsch, wahnsinnig geduldig, wahnsinnig lachbereit. Interessiert sich für Autos, Bier und die Welthungerhilfe. Trägt BHs, die immer zum Höschen passen, und kann mit dem Mund Kondome abrollen. (Weil sie das an einer Banane geübt hat, nicht wegen der vielen Männer. Zu allem Überfluss ist sie auch noch wählerisch.)

Wie soll man da gegen anstinken? So ein Perfektionsmonster kann man doch eigentlich nur mit Bleigewichten an den Füßen in der Elbe versenken. Wobei, eigentlich hat man's ja mit zwei Feindinnen zu tun: Der Geliebten und der eigenen Fantasie. Und die eigene Fantasie lässt sich leider nicht so leicht killen.

Also, wo ist der Strohhalm? Was denken und was fühlen und was tun, wenn eine Geliebte dein Leben kreuzt? Wie groß ist überhaupt das Risiko?

- Die Geliebte verhält sich zum Seitensprung wie die Akne zum Pickel: Eben nicht nur dann und wann, hier und da – sondern dauerpräsent. Nach Schätzungen beginnen vier Prozent aller Männer nach sechs bis neun Beziehungsjahren eine längerfristige Affäre. Rein statistisch muss jede zehnte Frau mit einer Dauerrivalin rechnen.

- Schätzungsweise leben in Deutschland 1,5 Millionen Geliebte. Um mal ein Gefühl für die Zahl zu bekommen: Das ist in etwa die Hälfte aller Alpakas, die durchs südliche Peru laufen.
- In Städten und Ballungsgebieten ist die Affären-Häufigkeit bis zu dreimal höher als in ländlichen Regionen. Affären-Hochburgen sind Wuppertal, Frankfurt, Itzehoe. Am Riemen reißen sich zum Beispiel Dingolfing und Biberach an der Riß. (Von dieser Stelle: Schnelle liebe Grüße! Ihr macht das super!)
- 25 Prozent aller Frauen würden, um einen Mann zu bekommen, über Leichen gehen. Es spielt keine Rolle, ob er schon vergeben oder verheiratet ist. Hingegen sind für 88 Prozent der Männer gebundene Frauen ein No-Go. 20 Prozent aller Beziehungen beginnen, wenn einer der beiden Partner noch liiert ist.

Wenn man diese Zahlen liest, fühlt man sich wie Kommissar Wallander am Tatort des Verbrechens: Man sieht die Opfer und fragt sich schockiert, wer zu so was Abscheulichem fähig ist.

Nun ist Geliebte ja kein Lehrberuf. Gibt keine Prüfung vor der Industrie- und Handelskammer. Keine Fern-Uni. Geliebte ist wie Schmuckdesignerin – kann jeder werden, selbst Jenny Elvers. Geliebte genießen in etwa den sozialen Status von Hakensaugwürmern. Und, was man so hört: Das Leben als Geliebte ist auch nicht immer nur lustig. Dazu müsste man jetzt eigentlich mal kurz den Sargdeckel von Ingrid Bergmann anheben und sie befragen, wie sich das damals anfühlte, Italiens Staatsfeindin Nr. 1 zu sein, weil sie eine Affäre mit dem verheirateten Roberto Rosselini angefangen hatte. Immerhin titelten Zeitungen damals: »Von der Heiligen zur Hure«. Das Internet ist voll mit Selbsthilfe-Foren für Geliebte, die die Frage diskutieren: »Wie vom verheirateten Lover loskommen!«, als ginge es um eine Infektion mit Hepatitis C. So eine Geliebte hat nämlich offensichtlich auch Gefühle.

Warum also Geliebte werden? Warum sich an einen verheirateten Mann ranschmeißen?

- Aus Liebe. Viele Geliebte sagen: »Es ist mir einfach passiert.« (Was natürlich ein bisschen der Logik folgt: *Nein. Ich hab nicht geangelt – mir ist der Fisch ins Boot gesprungen!)*
- Aus Verzweiflung. Ab 30 sind Singlemänner rar wie Gold-Nuggets im Fluss. Bleib ich allein und verzichte auf privates Glück? Oder kann ich damit leben, dass der Estrich meiner Liebe das Scheitern einer anderen Ehe ist? Am Ende ist es ein Abwägen: *Pest gegen Cholera.*
- Attraktivität. Studien belegen: Viele Frauen empfinden liierte Männer attraktiver als ungebundene. Ein Ehering signalisiert dem weiblichen Unterbewusstsein: »Beziehungs-TÜV-geprüft«: Der Träger ist bindungsfähig und hat nur Macken, mit denen es sich aushalten lässt.
- Jagdinstinkt: Die Wissenschaft spricht von *Poaching.* Es gibt Frauen, die es kickt, einen Mann zu erobern, der vergeben ist. Quasi das Geweih über dem Kamin der modernen Frau. Sie verwechseln Liebe mit Habenwollen.

Doch um jetzt noch mal zum Jubilar und seinem Witz zu kommen: Was, wenn sich Ehefrau und Geliebte doch begegnen? Wer geht als Siegerin vom Platz? Immerhin träumen 70 Prozent aller Geliebten von einer gemeinsamen Zukunft mit dem Mann, sagt die Statistik.

Hier die Fakten, die sogar trösten:

1. Der häufigste Grund für einen Mann, eine Affäre mit einer anderen Frau anzufangen, ist: Sie ist nicht du. Diese Erkenntnis ist ganz platt und ganz einfach und erspart komplizierte alkoholgestützte Ursachenforschung im Kreise von Freundinnen und Papiertaschentüchern.

2. Bestimmt hat sich dein Mann der anderen als intergalaktisch guter Lover empfohlen – mit tiefschürfenden Gesprächen vorher und G-Punkt anschließend. Das allein sollte dich beruhigen. Diese Scharade kann er unmöglich lange aufrechthalten. Er ist ja nur dein Mann.

3. Was ist an dem Sex mit der heimlichen Geliebten so toll? Dass er heimlich ist. Fallen »heimlich« und »verboten« als Attribute weg, verliert das Stelldichein gleich an PS. Das ist wie im Hotelzimmer den Bademantel mitgehen lassen und an der Rezeption liegen sie gratis – bringt ja auch keinen Spaß.

4. Männer sind Faultiere. Eine Affäre ist anstrengend.

   Da muss er SMS schreiben, wie toll und rattenscharf das alles ist und er das nächste Date gar nicht abwarten kann. Und schnell noch eine SMS hinterher, dass Sex natürlich nur an zweiter Stelle kommt. Er empfindet natürlich auch sehr viel. Dann will die Geliebte Aufmerksamkeiten: mal Blumen, mal eine Kette, mal ein diskreter, von langer Hand vorbereiteter Hotelaufenthalt in einer anderen Stadt. Da müssen Locations geklärt werden. Also: Ohne die Gemütlichkeit seiner Ehe, in der er Batterien aufladen kann, würde dein Mann den Stress seiner Affäre gar nicht aushalten.

5. Da ist Erlebnis-Pattex: Kinder, Haus, Urlaub, Beule im Auto, Fleck in der Hose. Was erst mal abschreckend

klingt, ist dein Trumpf: Ihr habt ein reales Leben und echte Themen. Für eine Geliebte wird es schwer, da etwas gegenzusetzen. Man kann sich nicht immer nur über den neusten James Bond unterhalten.

6. Die beiden großen Ps im Leben eines jeden Mannes: Penis & Portemonnaie. Beide fordern seine Aufmerksamkeit, beide sind sensibel. Schön, wenn's seinem Willi gerade gut geht. Doch was ist, sollte die Affäre auffliegen? Dann droht ihm finanzielles Desaster. Scheidung hieße, fortan zwei Haushalte und die ungünstigere Steuerklasse. Wie sagt Jack Nicholson? »Das Einzige, was kostspieliger ist als eine Frau, ist eine Exfrau.« Das alles macht, dass sich das Denken wieder ins Hirn verlagert.
7. Nur jeder zehnte Ehemann verlässt seine Frau und die Kinder für die Geliebte. Die Trennung erfolgt spätestens nach sechs Monaten. Männer, die länger zaudern, kriegen nicht mehr die Kurve.
8. Von Dauer ist nur die Affäre, wo beide verheiratet sind und es auch bleiben wollen.

Acht Argumente, ein Fazit: Eigentlich können wir Ehefrauen uns ganz entspannt zurücklehnen. Das Auftauchen einer Geliebten fühlt sich zwar im Herzen an wie die Explosion einer Zehn-Kilo-Bombe. Aber die Wahrscheinlichkeit, den eigenen Mann final an das Luder abtreten zu müssen, ist viel geringer als die Wahrscheinlichkeit, dass er wegen Bronchialkrebs und Herzinfarkt die Ehesegel streicht.

Okay, lassen Sie mich kurz die neuen Erkenntnisse zusammenfassen:

Die Geliebte ist ein ruchloses Miststück, die sich einen Mann krallt, der ihr nicht gehört. Sechs, setzen.

Er ist ein Mistkerl, weil er ihr auf den Leim geht. Ebenfalls sechs. Ebenfalls setzen.

Und was ist mit der Ehefrau? Kriegt die eine Eins?

Es ist ja ganz bequem, zu sagen, die andere ist schuld. Aber zu einer Affäre, heißt es, gehören drei. Sie, dein Mann, du. Und ist doch komisch, dass wir Ehefrauen das gern ausblenden und uns überwiegend als Komparsin besetzen. Mut zur Hauptrolle!

1. Ja, es ist nicht ausgeschlossen, dass du was falsch gemacht hast.

2. Eine kluge Frau hat mal gesagt: »Das Schlimmste, was mir passieren kann, ist, dass mein Mann eine Affäre mit einer Frau hat, die ist wie ich: mittelmäßig.« Vielleicht unterstellen wir deshalb ja der Geliebten das Allerübelste und glauben, sie kann beim Sex mit den Füßen Fliegen fangen. So müssen wir uns nicht an die Nase fassen. Es ist immer leichter zu glauben, die andere spielt nach unfairen Regeln, als sich einzugestehen, dass es die ganz simplen Sachen sind, die falsch laufen. Zu wenig Zeit füreinander, zu wenig Zärtlichkeit.

3. Natürlich ist es, wenn eine Affäre auffliegt, immer leicht, die Geliebte zur Hauptschuldigen zu erklären. Und ihn zum verführbaren Trottel, weil er sich wie ein Rentner auf Kaffeefahrt die Heizdecke hat andrehen lassen. Aber: Wurde er vergewaltigt? Ist er unter 18? Kommt er nicht allein über die Straße? Sehen Sie es als das, was es ist: Er hat eigenverantwortlich entschieden. Vielleicht hatte er drei Trilliarden Gründe, vielleicht auch keinen. Zerfleischen Sie sich nicht mit Analysen. Manche Männer sind Flöhe. Die brauchen den Wirtswechsel.

4. *Don't try to make it better yesterday.* Gestern kannst du nichts mehr besser machen. Nicht akribisch zusammen-

puzzeln, wo er sich wann mit ihr wie getroffen hat. Das tut nur weh. Frage dich: Willst du diese Beziehung noch, oder willst du Genugtuung? Beides geht selten. Blick nach vorn!

5. Ja, Affären passieren. Wie Unfälle. Will man nicht, gibt's aber. Die klugen Französinnen sagen: »*Ce que je ne sais pas ne me fera pas mal.*« – »Was ich nicht weiß, tut mir nicht weh.«

6. In *Sex & The City* sitzen Miranda und Steve auf der Therapeuten-Couch. Er hat sie betrogen – und ist aufgeflogen. Jetzt will er die Versöhnungschancen ausloten: »Woher weiß ich, dass sie es mir nicht ein Leben lang vorwerfen wird?« Daraufhin die Therapeutin: »Das wissen Sie nicht. Genauso wenig, wie Ihre Frau weiß, ob Sie sie nochmal betrügen werden. Das einzige, was Sie wissen, ist, dass Sie nach vorne schauen müssen und hoffen, dass die Liebe, die Sie füreinander empfinden, Ihnen die Kraft geben wird.« Weisheit pur. Amen.

32

APPETIT HOLT MANN SICH DRAUẞEN, GEGESSEN WIRD ZUHAUSE

Oder: Der sexuelle IQ von Männern

Man muss es mal ganz deutlich aussprechen: Jeden Tag führt ein Mann eine enorme Menge Hirn Gassi, nämlich 1,5 Liter. Das entspricht, um mal eine Vorstellung zu haben, sechs Paketen Butter, dem Hubraum eines Audi A1 oder zwei Dosen Chappi. Ein Gorilla – wie komm ich jetzt drauf? – hat nur etwa ein Drittel so viel Hirn zur Verfügung. Und natürlich Lichtjahre weg von menschlicher Intelligenz ist der Goldhamster, dessen Hirn sich in Feinunzen bemisst. Doch soll ich Ihnen was sagen? Wenn es um Sex geht, schließt sich der Kreis wieder. Da sind Männer und Hamster Brüder im Geiste.

Die Wissenschaft nennt das den Coolidge-Effekt, und es gibt dazu entzückende Käfigstudien, die man – schade eigentlich – bislang nur mit Hamstern durchführt. Dazu wird ein Hamster mit einem paarungsbereiten Weibchen zusammengebracht und sofort startet, wie nicht anders zu erwarten, das Rammelprogramm. Mit der Zeit allerdings verliert der Reiz seinen Reiz, und der Hamster widmet sich nun verstärkt seinem Fressnapf. Setzt man an dieser Stelle ein neues Weibchen in den Käfig, ergreift erneut der Trieb Besitz vom Hamster – doch auch hier ebbt die Erregung mittelfristig ab.

Im nächsten Schritt des Experiments wird nun die Dosis erhöht: statt nur eines Weibchens gleich zwei. Der Hamster zeigt sich natürlich begeistert und kommt sofort seinen Pflichten nach. Aber auch hier macht sich zeitnah Erschöpfung breit. Man muss annehmen, hätte er Internet, würde er jetzt Viagra bestellen oder YouPorn gucken.

Und so geht das fröhlich weiter – beziehungsweise eben *nicht* weiter. Der *Coolidge-Effekt* lässt sich auch sehr gut an Zuchtbullen beobachten, die immer auf dieselbe Kuh müssen. Verantwortlich ist das Hormon Dopamin, das beim Anblick primärer und sekundärer weiblicher Geschlechtsorgane im Hirn des Männchens im Überschwang ausgeschüttet wird, sich aber weigert, seine Drüsen zu verlassen, wenn das Auge meldet: *Kenn ich schon*!

Aber nicht nur der Trieb steigt mit neuer Partnerin. Wissenschaftler konnten nachweisen: Auch die Hoden legen Sonderschichten ein und geben bei der Spermienproduktion ordentlich Gas. So weiß man zum Beispiel, dass Männer, die gern und viel Pornos gucken, schneller und umfangreicher kommen, wenn die Hauptdarstellerin wechselt. Ihre Spermien zeigen sich unterm Mikroskop auch viel fideler, als würden sie sich freuen, dass es beim Betriebsausflug mal in neue Gefilde geht.

Und was lerne ich daraus?

- Dreh es zu deinen Gunsten! Uralter Spruch, immer noch wahr: Appetit holt er sich draußen, gegessen wird zu Hause. Lass ihn sich in der gegnerischen Spielfeldhälfte warm machen, Hauptsache, er schießt anschließend auf dein Tor. Mach ein Festmahl draus.

- Wissenschaftler haben herausgefunden: Auch wir Frauen verspüren den Coolidge-Effekt. Also geh auch du mit den Augen essen.
- Kein erotischer Reiz ist von Dauer. Wenn er tatsächlich bei dir bleibt, weißt du: Es ist nicht nur körperlich, es ist LIEBE.

PS: Der Legende nach ist übrigens Calvin Coolidge, 30. Präsident der USA, der Namensgeber. Zusammen mit Gattin soll er mal eine Hühnerfarm besichtigt haben. Vor einem Gehege, in dem gerade ein Hahn zugange war, habe diese neugierig wissen wollen: »Wie oft?« Worauf der Farmer geantwortet habe: »Mehrere Male täglich!« Daraufhin die First Lady: »Bitte sagen Sie *das* doch dem Präsidenten!«

Kurz darauf habe der Präsident den Hahn gesehen und gefragt: »Immer dieselbe Henne?« Der Farmer: »Nein, Mr. Präsident, jedes Mal eine andere!« Worauf die Augen des Präsidenten geblitzt hätten: »Sagen Sie *das* doch bitte der First Lady!«

33

UNKAPUTTBARE LIEBE

ODER: GIBT ES EIN MEGAPATTEX?

Schon seit vielen Jahren verfolge ich aus meiner Badewanne heraus, *Bunte* und *Gala* in der Hand, das Leben von Kate und William. Wie sich das Tagebuch ihrer großen Liebe füllt: Seine zärtlichen Blicke, ihr neuer Pony, die gemeinsamen Cowboyhüte. Da passt wirklich alles. Unkaputtbare, teflonbeschichtete, schmutzabweisende Superliebe. Eigentlich müsste man die zwei in Bernstein gießen und ins Museum schaffen.

Mir fallen, wenn ich so nachdenke, weitere Super-Pattex-Paare ein: Sissi und Franzl, Joanne Woodward und Paul Newman. Der sagte mal über seine 50 Jahre Dauerehe, wenn ich mich recht entsinne: »Ich hab Steak zu Hause. Warum nach draußen gehen für Hamburgers?«

Also, ich wüsste schon gern: Haben Kate, Sissi, Joanne eine Art Super-Dooper-Beziehungskleister? Einen geheimen Impfstoff, mit dem man sich gegen Scheidung immunisieren lassen kann? Oder sollte man seinen Mann vor der Hochzeit nach Art eines Crashtest-Dummys mal kurz irgendwo gegenrennen lassen, um zu gucken: Verbindungsstabil – ja, nein?

Hartmut Esser, Professor an der Uni Mannheim, hat sich genau diesem Thema gewidmet. Nun kann man ja nicht einfach ein glücklich verheiratetes Ehepaar in einen Topf tun, einkochen und zuschauen, was als Essenz übrig bleibt. Esser studierte stattdessen Hobbys, Freunde, Umfeld. Und stieß auf eine kleine Sensation. Pattex-Paare verfügten zum Zeitpunkt des Jaworts über eine bestimmte Merkmalskombination. Stellt man sich eine Ehe als Weinfass vor, dann geht es um die Eisenbänder, die es *framen,* also rahmen, umspannen, zusammenhalten.

Auch Pattex-Paare sind auf eine ganz bestimmte Art *geframt.* Je mehr Frames deine Beziehung hat, desto sicherer. Einzelne schwächere Frames können sich auch zu einer Art Turbo-Frame addieren

- Der kraftvollste Rahmen überhaupt, stramm wie Spanngummi, ist *Religion.* Wer mit dem Gefühl ins Bett geht, der liebe Gott guckt zu, sündigt seltener. Ehen gläubiger Menschen sind nahezu unzerstörbar. Dabei ist *kirchliche Hochzeit* eine Art Zusatzmodul, mit dem der Religionsrahmen weiter aufgedoppelt wird. Wenn der Organist in die Tasten haut, die Gäste singen, der Pfarrer predigt, also eine Stimmung herrscht, als würde mindestens die MS-Europa zu Wasser gelassen, dann passiert etwas im Kopf. Religiosität im Doppelpack mit kirchlicher Hochzeit reduziert die spätere Scheidungswahrscheinlichkeit um 39 Prozent.

- Zweitstärkster Rahmen: *Tradition.* Wer aus einer Familie kommt, in der sich noch nie jemand hat scheiden lassen, oder wer Teil einer Dynastie ist, zurückzudatieren auf Wilhelm, den Wichtigen, und Wert legt auf Etikette, dessen Ehe ist auch krisenabweisend. Hingegen: Haben meine Eltern oder Schwiegereltern schlappgemacht und sind geschieden, steigt mein eigenes, persönliches Scheidungsrisiko um sagenhafte 51 Prozent. Haben sowohl mein Mann als auch ich die Scheidung unserer Eltern erlebt, klettert mein persönliches Risiko sogar um 146 Prozent im Vergleich zu Paaren, bei denen die Altvorderen gerade die Goldene feiern.

- Drittstärkster Frame: *gemeinsame Kinder.* Sie reduzieren mein Trennungsrisiko um 36 Prozent.
- Viertstärkster Frame: ein *stabiles soziales Umfeld*, in das man als Ehepaar eingebettet ist, das beschützt und gleichzeitig ein wachsames Auge hat. Eine Trennung wäre demnach nicht nur eine Trennung vom Partner, sondern auch ein Bruch mit dem Freundeskreis, Verwandten, Bekannten, Arbeitskollegen, Nachbarn. Stell ich mir schon hart vor. Nur mal so angenommen, ich würde mich von meinem Mann trennen, dann müsste ich ja fortan auch auf meine Lieblingsschwiegermutter verzichten. Die Brigitte. Entsetzlich. Mit Schwiegermüttern ist das nämlich so: Die musst du dir erst mal zurechtkauen wie ein großes Hubba-Bubba. Braucht viel Speichel. Aber dann!
- Fünftstärkster Frame (im Vergleich zu den vorhergehenden Spanngummis allerdings ein eher locker geschlungenes Bademantelgürtelchen): *Gemeinsamkeiten.* Sich zum Beispiel gemeinsam Wohneigentum anzuschaffen, senkt das Scheidungsrisiko um die Hälfte im Vergleich zu Paaren, die nur zur Miete wohnen.

Laut Esser sind von 100 Ehen, die seit den Neunzigern geschlossen wurden, sieben so fest gerahmt, dass Scheidung ausgeschlossen ist. Und bei acht Ehen ist völlig klar, dass sie sich vorm Scheidungsrichter wiederfinden werden. Bei weiteren etwa 50 Ehen entscheiden sogenannte Barrieren und Alternativen über Hopp oder Topp. Barrieren sind oft materieller oder technischer Art, Schulden zum Beispiel, oder Sorge um den Status im Falle einer Scheidung. Während *Alternativen* fast immer über Brüste oder Bartwuchs verfügen und so Dinge sagen wie: »Ich liebe dich so sehr/ kann nicht mehr ohne dich/ leb mit mir!«

Aber nun die alles entscheidende Eine-Million-wer-wird-Millionär?-Frage: Sind Pattex-Ehen auch glückliche Ehen?

Ja.

Offensichtlich zankt es sich viel friedlicher und konstruktiver, wenn grundsätzlich klar ist: Wir sind und bleiben ein Paar! Schwebt hingegen wie ein Damoklesschwert das Thema Scheidung über jedem Streit, ist also Trennung eine echte Option, dann geht man gleich viel kritischer ins Gericht. Und findet prompt Gründe, warum es richtig war, den anderen hart ranzunehmen. Im Englischen nennt man das *self fullfilling prophecy.* Bei der selbsterfüllenden Prophezeiung lässt die eigene Skepsis einen Dinge sagen, die beim Gegenüber genau die Antworten triggern, die einen in dem Gefühl bestätigen: Gut, dass ich mal auf den Busch geklopft habe. Klassiker. Sie blafft: »Ich habe die Nase voll! Ich will nicht mehr! Lass uns trennen.« Er blafft zurück: »Ja, mir reicht's auch so was von! Du hast ja gar keine Ahnung! Von mir aus – geh doch!«

Zack. Schnappt die Falle zu.

Was also nun tun, wenn ich feststelle: Meine Ehe ist nicht gut geframt? Nix religiös, nix Kinder, seine Freunde sind mir so was von egal. Und wenn wir streiten, dann wie die Kesselflicker? Kann ich da quasi schon mal die Scheidungspapiere fertig machen?

Nein! Ein Frame ist ja letztlich nichts anderes als der berühmte Knoten im Taschentuch – eine kleine sanfte Erinnerung daran, dass du es grundsätzlich hinkriegen willst, auch wenn du jetzt gerade mal kochst vor Zorn. Ein geistiger Rollator, damit du was zum Festhalten hast, wenn mal kurz der Boden schwankt. Oder wie ein berühmter Chinese mal sagte: Wer will, findet einen Weg. Wer nicht will, findet Gründe. Das musst du dir jeden Tag wie ein Mantra sagen.

Und was Streiten angeht: Ich selber arbeite zum Beispiel sehr gern mit der wissenschaftlichen Methode der *self destroying prophecy.* Im Gegensatz zur *self fullfilling prophecy* verhalte ich mich exakt so, wie mein Mann das auf gar keinen Fall von mir erwartet. Wenn er also mal wieder rumquakt und stinkig ist, steige ich nicht drauf ein, sondern gehe in die Badewanne. Damit lassen sich verblüffende Ergebnisse erzielen.

34

DAS VERFLIXTE SIEBTE JAHR

ODER: WENN WIR NOCH IMMER VERLIEBT SIND, ABER NICHT MEHR WISSEN, IN WEN …

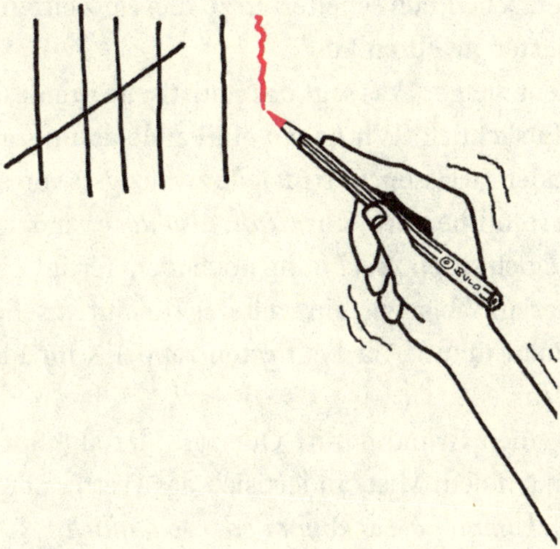

»Sieben Jahre bin ich nun verheiratet. Nie habe ich meine Frau betrogen. Nicht, dass ich nicht gekonnte hätte! Frauen finden mich attraktiv! Ja. Und meine Frau ist auch attraktiv … Nur: Ich kenn sie halt schon!«

Nun dürfen Sie dreimal raten, aus welchem Film dieser rührende Monolog ist. (Kleine Hilfestellung für die Männer: NICHT Rambo!)

Korrekt.

»Das verflixte siebte Jahr«. Strohwitwer Richard kuhhandelt mit sich, ob er seine heiße Nachbarin alias Marilyn Monroe flachlegen sollte. Der Film ist Legende. Aber was ist eigentlich dran an der uralten Binse, dass Ehen im siebten Jahr ihre Sollbruchstelle haben?

Zunächst mal ganz wichtig: Die uralte Binse ist gar nicht so uralt, die ist Fünfzigerjahre. Damals suchte man in den *Elite Film Synchron Ateliers/Berlin* nach einem griffigen Titel für den Hollywood-Blockbuster »The Seven Year Itch«. Zu Deutsch: *Das Sieben-Jahres-Jucken.* Und erfand: »Das verflixte siebte Jahr«. Deutsche Ehen scheiterten zu diesem Zeitpunkt übrigens am häufigsten im elften Jahr.

Und heutzutage? Was sagt das statistische Bundesamt in Wiesbaden? Tatsächlich: Wir haben ein Faible dafür, uns im siebten Jahr scheiden zu lassen. Betrifft jede zwanzigste von etwa 170 000 gescheiterten Ehen pro Jahr. *Hah, also doch!*, möchte man jetzt denken. Doch stopp, Rechnung noch nicht fertig! Zieht man das Trennungsjahr ab sowie ein weiteres fürs juristische Prozedere, kommt man drauf: Am häufigsten rappelt's im Ehekarton im fünften Jahr.

Gibt's einen Grund dafür? Oder gilt der alte Spruch: ›Kräht der Hahn auf dem Mist, ändert sich das Wetter oder bleibt, wie es ist?‹ *Es kommt, wie es kommt oder so ähnlich.*

Nein! Es gibt wohl tatsächlich einen spannenden wissenschaftlichen Grund: Schuld ist demnach unsere hormonell gesteuerte, körpereigene Liebes-Software. In den ersten sechs Beziehungsmonaten sind wir biochemisch voll auf Kindermachen programmiert. Danach aufs Kinderkriegen – unsere Psyche hat sich quasi ein neues Betriebsprogramm gedownloadet. Nach vier Jahren – der Nachwuchs ist nun aus dem Gröbsten raus und kann schon völlig allein die Wohnungswände mit Wachsmalstiften verhunzen –, ändert sich zum dritten Mal unsere Gefühls-EDV. Nach stürmischer Verliebtheit und romantischer

Liebe hat das partnerschaftliche Kuschelmodell nun seinen Zweck erfüllt. Wir spüren zwar noch brennendes Verlangen, wissen aber nicht genau, nach wem. Der großartige Berliner Biopsychologie-Professor Peter Walschburger sagt sinngemäß: Wir sind Emotions-Zwitter. Beim Sex und in der Partnerschaft lieben wir das Vertraute und die Ruhe – und suchen gleichzeitig das Fremde, Geheimnisvolle, Aufregende. Wollen trautes Heim, Glück allein – fühlen uns aber erotisch stimuliert durch Dinge, die uns nicht vertraut sind.

Was lernen?

- Das verflixte siebte Jahr ist ein fünftes. Und mitnichten ein Mythos, sondern – ähnlich Windows 5, 6, 7 – Ergebnis diverser biologischer Wahrnehmungs-Updates.
- Wie kann ich mich schützen? Lernen: Je wärmer meine Ehe wird (also kuschelig, vertrauensvoll, gemütlich, geborgen), desto dünner wird an einigen Stellen das Eis. Nähe ist nämlich leider, leider der Gegenspieler der Erotik, die bei Fremdheit knistert.
- Walschburgers Tipp? VOR dem fünften Ehejahr an einer positiven Lust-Unlust-Balance arbeiten. Also: Meinungsverschiedenheiten als Chance begreifen für heißeren Sex. Und als ein super Training, um den anderen achten und ertragen zu lernen.

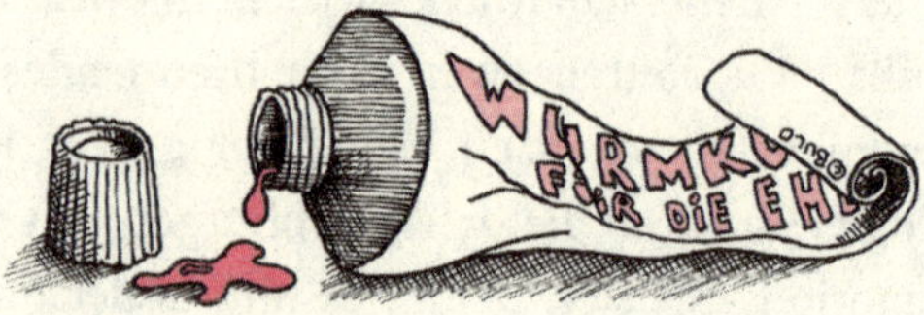

FIXE WURMKUR FÜR DIE LIEBE

Das 6-Punkte-Kit

Neben den ganz großen Dingen, die eine Ehe glücklich machen – sein Job, ihre Brüste, Gefühle –, sind es maßgeblich auch die kleinen, die zu ihrem Gelingen beitragen. Jeder Hundehalter weiß: Da braucht's 'ne Wurmkur. Da braucht's Pfötchen-Kontrolle. Hier sechs Routine-Checks, die die Liebe glänzen lassen:

Lachen Sie auch genug über seine Witze?

Studien an Ehepaaren, die über 45 Jahre miteinander auf dem Buckel haben, belegen: Ähnlicher Sinn für Humor zählt zu den Top-3-Waffen gegen Krisen. Also: Auf Witze.de gehen, zwanzig Kalauer downloaden und gemeinsames Kichern üben.

Haben Sie gute Betten?

Eine Studie der University of Arizona zeigt: Männer, die besser schlafen, fühlen sich wohler mit ihrer Beziehung. Umgedreht: Frauen, die mies schlafen, haben häufiger Beziehungsprobleme. Wie man sich bettet, so liegt man, ist also nicht nur ein Spruch. Wobei man natürlich jetzt nicht weiß: Was war zuerst da? Huhn oder Ei? Schläft sie schlecht, weil sie Stress hat? Oder kriegt sie deswegen erst welchen?

Rufen Sie schnell genug »Kusch! Kusch!«, wenn sich ein Geschiedener neben Sie beide stellen will?

Forscher der Brown University konnten belegen: Die Wahrscheinlichkeit, die eigene Ehe gegen die Wand zu fahren, steigt um 75 Prozent, wenn ein enger Freund oder eine enge Freundin diesen Schritt bereits gewagt haben. Deswegen: Meiden Sie Ihre geschiedene beste Freundin wie Dracula das Sonnenlicht. Oder tragen Sie beim Gespräch Mundschutz und Handschuhe, um das Ansteckungsrisiko herunterzufahren.

Kuscheln Sie mehr mit Ihrem Handy als mit Ihrem Mann?

Zieht er bei jeder Gelegenheit sein Smartphone aus der Tasche wie der Asthmatiker sein Lungenspray? Um Egales zu googeln oder E-Mails an Sie zu *forwarden*? Mit »Sorry, könntest du dich kümmern? Schaff das nicht!« in der Betreff-Zeile? Dann ist Gefahr im Verzug! Forscher der Brigham Young University fanden heraus: Paare, die viel über E-Mail, SMS, WhatsApp kommunizieren, Entscheidungen fällen, Probleme besprechen, Entschuldigungen schreiben, sind mittelfristig unbefriedigter, unglücklicher und damit instabiler als solche, die beim Handy einfach mal auf »*call*« drücken. Oder, ganz altmodisches Beziehungs-Feature: Von Angesicht zu Angesicht sprechen.

Sie paffen nicht?

Dabei haut Ihr Partner jeden Tag zwei Schachteln weg? Dann mal kurz überlegen, ob Sie Ihrer Liebe zuliebe nicht mitrauchen. Spaß beiseite! Eine australische Langzeitstudie an 2500 Paaren ergab: Ist der eine Raucher, der andere nicht, ist das Scheidungsrisiko etwa doppelt so hoch. Ähnliches gilt für Paare mit unterschiedlichen Trinkgewohnheiten.

Und last but not least:

Für die Zukunft:

Sollten Sie mal einen Oscar gewinnen, werfen Sie ihn zurück ins Publikum! Frauen, die so ein Teil mal in Händen hielten, wurden anschließend 1,6-mal häufiger geschieden. Hat die Uni Toronto errechnet.

35

IN ADELSEHEN GEHT'S DRUNTER UND DRÜBER

Oder: Alles quak, quak!

Heute Nacht ist mir im Traum Kaiserin Sissi begegnet. Was das wohl bedeuten mag? Nun bin ich keine professionelle Traumdeuterin. Aber ich würde mal sagen, es bedeutet: Ich habe geschlafen.

Ich bin dann noch mal in mich gegangen und habe festgestellt: In mir steckt tatsächlich ganz viel Sissi. Ich mache mir auch gern Frisuren, habe die stattliche Zahl von derzeit 400 026 Untertanen: Zwanzig Hühner, vier Kinder, zwei Ziegen, der Rest Bienen. Das Jubeln und Winken üben wir noch. Und: Ich wäre einverstanden, wenn mein Leben verfilmt würde.

Ich schreibe dieses Kapitel also mit Blaublutkompetenz.

Wie jeder gute Autor verfüge ich zusätzlich über astreine Quellen, die ich Ihnen hier natürlich nicht verraten darf. Nur so viel: Madeleine von Schweden hat sich zusammen mit Mann Chris gut in London eingelebt. Gott sei Dank. Mette Marit von Norwegen erholt sich Dank der Hilfe von Haakon von ihrer Bandscheiben-OP. Tolle Nachricht. Und Camilla hatte Streit mit Charles. (Im Buckingham-Palast wird sie nämlich schikaniert, die Lakaien überheizen immer die Zimmer, versalzen das Essen und waschen ihre Röcke zu heiß.) Ich hab sogar einen Originaldialog. Stören Sie sich bitte nicht daran, wenn der so auch in *Adel Aktuell* steht. Die haben bei mir abgeschrieben:

Camilla: »Wieso lässt dieser Narr von Diener den Rock überhaupt reinigen?« Charles: »Dann zieh doch etwas anderes an! Du hast doch wirklich mehr als genug im Schrank.«

Ich sag's Ihnen! KRIMI.

Nun werden Sie bestimmt von mir wissen wollen, ob Blaublüter-Ehen glücklicher sind als Ihre und meine. Nun, urteilen Sie selbst: John George Charles Henry Alton Alexander Chetwynd-Talbot, 21. Earl of Shrewsbury, verheiratet mit Gräfin Nadie, schleppte diese vor einem halben Jahrhundert vor den Kadi. Grund: Ihre Affäre mit dem 20 Jahre jüngeren Hauslehrer. Nachweislich fünf Jahre lang hatten sich Gräfin und Hauslehrer regelmäßig im *Birds Room*, Vögelzimmer, zwischen Fasanen und Pfauen getroffen. Nicht nur, dass der Hauslehrer mit der Frau des Earls schlief und dessen sechs Kinder unterrichtete. Er posierte mit dem Gehörnten auch vor dessen 350 Jahre altem Schlösschen – für einen Werbeprospekt mit Überschrift: *Romantik, Häuslichkeit, klassische Würde!* Etwa zur selben Zeit, so stellte sich raus, bestellte die Gräfin bei einem befreundeten Arzt Chinin – gegen Syphilis.

Im Zuge des Prozesses, der 17 Gerichtstage und Unsummen verschlang und Haken schlug wie ein Hase, stellte sich dann noch raus: Nicht nur der Earl wurde betrogen. Auch die Frau vom Earl. Ihr Mann schlief nämlich seinerseits seit über 16 Jahren mit einer Beamtin aus dem Versorgungsministerium. Das ergab das Verhör zweier Butler, einer Sekretärin, der Kinderschwester sowie der Gouvernante. Was für ein Tohuwabohu. So dass der Richter, auch schon 72-jährig, sich schließlich weigerte, die zwei zu scheiden.

Ich denke, ob Blaublüter-Ehen durch die Bank glücklicher sind, die Frage ist geklärt. Aber bestimmt gibt's viele Adelige, die sind total happy in ihrer Ehe – und die Frau weiß gar nichts davon.

Zum Beispiel Carl Gustaf von Schweden. Der liebt fröhliche Kissenschlachten, wirft gern Sushi und Törtchen durch die Gegend wie ein kleiner Junge, mag Technotanzen auf dem Boot und trinkt Lakritzschnaps, bis die Zunge schwarz ist. Ein einziger großer Kindskopf halt. Hat aber nicht Gattin Silvia der *Frau im Schloss* ins Aufnahmegerät diktiert. Hat Camilla, seine Geliebte, in ihrem Buch ausgeplaudert.

Oder Juan Carlos von Spanien! Knutscht auch schon seit zehn Jahren hinter Sophias Rücken. Nur dass die sich längst umgedreht hat. Auch eine Affäre mit Prinzessin Diana soll der alte Sack mal gehabt haben. Fotos, die ihn mit Jagdtrophäe zeigen – keine Frau, ein erschossener Elefant – führten zur Abdankung. Nur fair.

Und die Frauen? Prinzessin Stephanie von Monaco zum Beispiel. Eine ganz wilde Hummel, ich sag's Ihnen. Erst mit einem Bodyguard verheiratet, dann mit einem Artisten. Als Pausensnack dazwischen: ein Zirkusdirektor, ein Palastkellner, ein Gärtner, ein Fischhändler.

Sodom und Gomorrha. Springt Sie das nicht auch total an?

Nicht so meinen Computer. Ich glaube, der mag kein Adelsgedöns. Tippe ich ins Google-Suchfeld »*Adel*« + »*Ehe*«, nervt er mich mit tausend Treffern zu ›*Adel Tawil – Ehefrau betrogen*‹.

Ich habe dann mal ein Undercover-Telefonat mit einem Adeligen meines Vertrauens geführt: Er Graf, seine Frau Prinzessin, drei gemeinsame Bonsai-Erlauchtigkeiten. Hier das Ergebnis, was so hinter geschlossenen Schlosstürchen abgeht:

- Ja, Adelige haben Kronen und Orden im Schrank. Sie tragen sie aber nicht beim Sex.
- Ja, Adelige heiraten gern sich selbst. Sie lernen sich aber nicht über Facebook kennen. Früher, in seeligen Zeiten, gab es umtriebige Mittelmeer-Kuppelkreuzfahrten auf eigenem Dampfer, ausgerichtet vom griechischen Königshaus, wo alles mitshipperte, was blaublütig, transportfähig und zum Heiraten in der Lage war. So lernten sich zum Beispiel auch Juan Carlos und Sophia kennen. Heute wird auf Schlossfesten, riesigen Familienfeiern, Landpartien gestöpselt und gefummelt, sprich, die Youngster einander zugeführt. Auch sehr beliebt *»Adel auf dem Radel«:* Man fährt sich gegenseitig per Drahtesel besuchen. Orgien? Nö.
- Ja, es gibt eine Art »Uterus-Check« für angehende Bräute, die in regierende Häuser einheiraten wollen. Die da wären: die britischen Windsors, die monegassischen Grimaldis, die spanischen Bourbonen, die holländischen Oranje-Nassauers, die belgischen Sachsen-Coburg-und-Gothaer. Und so weiter und so fort. Was so ein Kronprinz ist, der kann es sich nämlich nicht leisten, eine Frau zu heiraten, die keine Babys bekommen kann. Krassester Fall: der Schah von Persien. Der sprach vor 50 Jahren seiner Frau Soraya die Kündigung aus, weil sie ihm keinen Thronfolger schenkte. Sieben Jahre zuvor hatte sie ihm als 18-Jährige in einem 20-Kilo-Brautkleidmonster von Dior das Jawort gegeben. Per persischem Rundfunk verabschiedete sich der Schah mit leiser Stim-

me in »großer Trauer« von seiner »geliebten Gemahlin«. Dies führte fast zur Staatskrise zwischen Deutschland und Persien. Soraya war nämlich halbe Deutsche. Ihre Mutter, Eva Karl, arbeitete als Verkäuferin in Berlin.

Was lernen wir?

- Sollten Sie mal per Zufall auf die Besetzungsliste für die Rolle der Frau von irgendeinem Regenten geraten – ganz entspannt! Sie müssen nicht pervers sein. Sie wollen ihn ja nur heiraten. Hingegen: Sollte er Sie wirklich lieben, also nicht heiraten wollen, werden die Karten neu gemischt.
- Seien Sie nicht traurig, wenn Sie bislang keinen »Von und zu« abbekommen haben. Was nicht ist, kann noch werden. Wir Deutsche können nämlich Prinzessin! Die Geliebte von Juan Carlos, eine Sayn-Wittgenstein, hieß früher *Sauer* mit Nachnamen, Silvia von Schwedens Papi ist ein echter Walther. Dafür heiratete der Erbgraf von Waldburg-Wolfegg kürzlich eine indonesische Schauspielerin namens Jessica. Blaues Blut für die Welt. Ich finde, da spürt man den DRK-Spende-Gedanken.
- Ich aber sage mir immer: Ich bin schon längst adelig unter der Haube. Mein Mann ist nämlich ein echter Märchenprinz. Mal gewesen. Jetzt ist er ein noch viel süßerer, schnuckeliger Frosch mit Krone drauf. Dank sehr viel Geknutsche. Mein Froschkönig sozusagen. Und wenn er: »Quak! Quak!« macht, weiß ich genau, was er meint. Nämlich: Quak, quak. Schließlich bin ich seine Froschkönigin.

36

LIEBESHEIRATEN SIND GLÜCKLICHER ALS ARRANGIERTE EHEN

ODER: WAS SOLL ICH BLOSS WOLLEN?

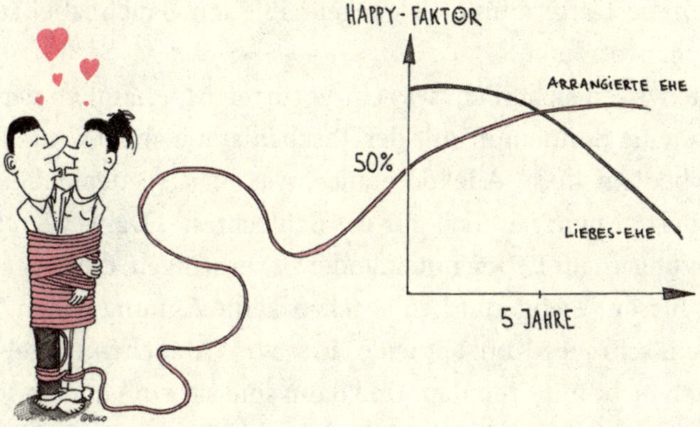

Ich stehe ja ganz außerordentlich auf krude Medizin-Anekdoten. Ich weiß. Ist Ihnen bestimmt noch nicht aufgefallen. Und deswegen erzähle ich Ihnen jetzt schnell meine allerliebste, auch wenn sie hier zum Thema passt wie Kuchenbacken zu Pobacken:

Vor 20 Jahren bekam ich als Reporterin eine Führung durch den SM-Puff von Neger-Kalle Schwensen auf der Hamburger Reeperbahn: Ketten, Leder, Folterbänke – alles, wie Klein Erna sich das vorstellt. Nur die Türgriffe fand ich überraschend verspielt: hochglanzpolierte Kugeln mit elegant geschwungener

Klinke. Gerade wollte ich sagen: *Ach wie nett*, da hieß es: »Das sind künstliche Hüftgelenke.«

Womit ich zu meiner zweitliebsten Anekdote komme, die hier im Gegensatz zur ersten reinpasst wie der kleine Finger in die Nase. Ich habe sie aus der Babysprechstunde eines befreundeten Gynäkologen: In dessen Praxis kam eine blutjunge Inderin, die gerade in ihrem Heimatland geheiratet hatte. Arrangierte Ehe. Nun wollte es nicht so recht klappen mit dem Nachwuchs. Medizinische Checks ergaben: Sowohl sie als auch ihr Mann waren völlig gesund. Bis das Thema auf die Art und Weise des Verkehrs kam. Ergebnis: *Kein Anschluss unter dieser Nummer.* Der unerfahrene Gatte mühte sich regelmäßig am Bauchnabel seiner Frischangetrauten.

Sie wissen sicherlich, was ein Vorurteil ist – nämlich der Versuch, eine Sonnenuhr mit der Taschenlampe abzulesen. Natürlich bedient diese Anekdote alles, was man eh denkt über arrangierte Ehen: nämlich nur das Schlechteste. Da werden zwei gezwungen, ihr Leben miteinander zu verbringen, die von Tuten und Blasen, Liebe und Leidenschaft keine Ahnung haben. Was für ein schräges Konzept auch. Erst wird Mädchen eingebläut: Sprich nicht mit Fremden. Und dann sind sie groß und ab sofort heißt es: Schlaf mit einem! Überhaupt: Schwer vorstellbar, wie man es mit einem Typen aushalten soll, den man weder kennt noch liebt. Wo man doch schon genügend Trouble hat mit dem einen, den man mag und der einem vertraut ist.

Und über allem hängt das hässliche Wort »Zwangsheirat« wie die graue Smog-Glocke über Beijing. 2012 flüchteten allein in Berlin 230 Mädchen aus Angst vor Zwangsverheiratung in Einrichtungen der Stadt. Das ist das eine, sehr abstoßende Gesicht der arrangierten Ehe.

Aber lassen Sie uns in Gedanken für ein paar neue Gleitsichtgläser zu Fielmann gehen. Denn nicht alle Frauen sind Opfer. Nicht alle Eltern wollen ihren Töchtern übel.

Was sagen die Zahlen?

- *60 Prozent aller Ehen auf dieser Welt sind arrangiert. In Indien sind es sogar 90 Prozent.*
- *Jedes zweite Mädchen in Südostasien heiratet vor seinem 18. Lebensjahr einen Mann, den es nicht selbst ausgesucht hat.*
- *Je moderner und westlicher, desto mehr Liebesheiraten. Vor 50 Jahren waren in Japan 70 Prozent aller Ehen arrangiert, heute sind es weniger als 10 Prozent. Parallel dazu explodieren die Scheidungsraten.*
- *Die globale Scheidungsrate arrangierter Ehen beträgt vier Prozent. Was weniger die Ehezufriedenheit widerspiegelt denn die Unmöglichkeit, sich anschließend wieder scheiden zu lassen.*

Doch: 1982 wiesen zwei indische Psychologen mit den sehr hübschen Namen Usha Gupta und Pushpa Singh, tätig an der Uni Rajasthan, nach: Im direkten Vergleich – amerikanische Liebesheirat versus arrangierte indische Ehen – sind letztere nicht weniger zufrieden und glücklich.

Das ist jetzt irgendwie nicht okay – oder was meinen Sie? Da verwendet man sehr viel Mühe darauf, andere Frauen zu bedauern, die nicht daten und parshippen und tindern dürfen. Und jetzt fragt man sich: Wer ist eigentlich arm dran?

Denn auch das fanden Usha Gupta und Pushpa Singh heraus: Arrangierte Ehen sind nicht nur genauso happy, sie sind auch wie Rotwein – sie werden mit der Zeit immer besser. Zwar starten sie in puncto Emotion und Leidenschaft deutlich flacher, doch spätestens nach zehn Jahren sind sie doppelt so eingeschworen wie westliche Liebesheiraten, die nach etwa fünf Jahren in einen steilen Sinkflug übergehen.

Lassen Sie mich an dieser Stelle von einem Marmeladen-Experiment erzählen, das Wissenschaftler vor Jahren in einem kalifornischen Supermarkt durchführten. An einem Tag gab es einen Tisch mit sechs verschiedenen Marmeladen, an einem weiteren Tag wurden gleich 24 leckere Sorten verkostet. Nun raten Sie mal, was passierte. Die kleine Auswahl verführte 40 Prozent der Kunden zum Probieren, am großen Tisch legten 60 Prozent einen Zwischenstopp ein. Am kleinen Tisch kauften anschließend 30 Prozent ein Glas, während am großen Tisch lediglich drei Prozent zuschlugen. Diese drei Prozent waren anschließend auch noch deutlich unzufriedener als die Käufer am kleinen Tisch.

Das Phänomen hat einen Namen: *Paradox of Choice.* Warum weniger glücklicher macht. Der renommierte amerikanische Psychologe Barry Schwartz hat ein ganzes Buch darüber geschrieben, wie uns die tägliche Qual der Wahl schier um den Verstand bringt, und warum wir uns mit unseren Entscheidungen einfach nicht so viel Mühe geben sollten. Weil: eh egal. Denn je mehr Gläser zur Auswahl stehen, desto höher scheint die Wahrscheinlichkeit, die 100-Prozent-Marmelade zu finden. Doch das Gegenteil ist der Fall: Je mehr Optionen, desto höher die Fehlerchance. Desto höher das Frustpotenzial. Was soll ich bloß wollen sollen? Eine aus 24 Marmeladen auszusuchen bedeutet, sich gegen 23 andere zu entscheiden.

Wenn Sie mich fragen: Einen Mann heiraten ist im Kern wie Marmelade kaufen: Du verlässt das Standesamt – und den Rest deines Lebens musst du dich damit auseinandersetzen, was du alles *nicht* gekriegt hast. Tschüss, tschüss, *S*üß mit viel Fruchtfleisch. Guten Tag, *Bitterorange.* In der Tat ein paradoxes Problem. Schwartz sagt: Je mehr Auswahl, umso eher trauern wir verpassten Chancen hinterher. Je mehr Marmeladen, desto höher die Erwartung in die Marmelade, die wir aussuchen. Aber Glück funktioniert so nicht. Glücklich wirst du, wenn du *keine* großen Erwartungen hast.

Heißt das jetzt: In Zukunft Papi und Mutti fragen, wen wir heiraten sollen? Nicht zwingend. Aber machen wir uns doch noch mal kurz die Vorteile einer arrangierten Ehe klar, die so vielleicht nicht unmittelbar ins Auge stechen:

Die Service-Komponente

Du musst dich nicht durch den Dating-Markt quälen und tausend Prinzen küssen, die anschließend – plopp – zu Fröschen werden. Wie relaxt ist das bitte?

Nie wieder Rumgenerve mit der Schwiegermutter

Sie findet dich grundsätzlich genialisch, weil, sie hat dich ja ausgesucht. Aus der Nummer kommt sie nie mehr raus. Soll sie doch die Wäsche waschen.

Maulkorb für Papi

Nie wird er an deinem Kerl rumkritteln, weil er lange Haare hat und beruflich nix auf die Reihe kriegt. Schließlich hat er diesen Idioten an Land gezogen.

Geistige Passform

Eltern interesseiert erfahrungsgemäß nicht so sehr, ob Heiner eine lange Zunge hat, mit der er tolle Sachen kann im Bett. Die interessiert, ob's im Oberstübchen reicht. Ob er dich glücklich machen kann, weil er ähnliche Erwartungen hat ans Leben. Es geht um die langfristige Perspektive. Im Prinzip sind deine Eltern die Art Axa-Colonia-Agenten deines Glücks.

Koala-Feeling

Alles ist *back to the roots*, bedächtig, traditionell, save, familiär. Mal ehrlich? Gibt Schlimmeres.

Kein Dein-Kind-mein-Kind-Gerangel

Weil deine Eltern vorher ausgecheckt haben, dass eure Überzeugungen matchen, wird's nie Streit geben darüber, ob Nina-Marie oder Finn-Malte später Mützchen tragen sollten, wenn im Sommer die Temperaturen unter 20 Grad plus sinken. Ein Träumchen der Harmonie.

Es kann nur besser werden

Rein technisch betrachtet, stellt es sich doch so dar: Wenn du maximal verliebt startest, ist nach oben kaum noch Luft. Dafür ist die Fallhöhe hoch. Anders arrangierte Hochzeiten. Hier ist Steigerung möglich. Statistiken sagen: 50 Prozent der Paare verlieben sich sogar im Laufe der Zeit ineinander.

Du sparst viel Geld

Eigentlich doch toll, wenn du gar nicht erst davon ausgehst, dass dein Mann dich glücklich macht. Wie autonom macht das? Du weißt einfach: Ich kriege nur das, was ich selbst draus mache. Deswegen versuche ich jetzt einfach mal, den Kerl nett zu finden. Normale Frauen kommen an diesen Punkt nach zehn Jahren Frust und einer teuren Ehetherapie.

Endlich Zeit für ein gutes Buch

Wir westlichen Frauen können leben, mit wem wir wollen, wo wir wollen, wie wir wollen. Ehrlich? Das macht total unfrei. Immer dieser Stress, sich fragen zu müssen: *Liebt er mich? Liebe ich ihn? Lieben wir uns genug?* Wie schön wäre es, ihn von Anfang und für immer sicher im Sack zu haben. Schluss mit Emotionsterror. Was für ein Zeitgewinn!

Es gibt einen berühmten Buchtitel, der lautet: *Wie der Kopf den Bauch am Denken hindert.* Abwägen ist demnach eigentlich nur ein Sammeln von Argumenten für eine Entscheidung, die du bereits am Anfang unbewusst gefällt hast. In diesem Licht betrachtet: Warum nicht Partner*suche* knicken und gleich mit Finden weitermachen. Ob du deinen Partner vorher jahrelang prüfst oder erst beim Heiraten kennenlernst – der Erkenntnisgewinn ist derselbe.

Und nu?

Der amerikanische Psychologe Robert Epstein hält arrangierte Ehen für gar nicht so unclever: »Unser westlicher Kardinalfehler ist, dass wir Lust mit Liebe verwechseln.« Schon per Definition sind Vernunftehen stabiler, weil sie um der Ehe willen geschlossen werden. Liebesehen »nur« um der Liebe wegen.

Tatsächlich, medizinisch betrachtet ist es so: Schmetterlinge machen sich vom Acker – und zwar ziemlich genau nach einem Jahr. Das fanden italienische Forscher der Uni Pavia heraus. Sie untersuchten 58 frisch liierte Personen und maßen deren Neurotrophin-Level im Blut. Neurotrophin ist eine Art Beate-Uhse-Kurier zwischen Nervenzellen. Bei Frischverliebten war dieser Level deutlich höher als bei Langverliebten. Ein Jahr später wurde der Versuch wiederholt. Ergebnis: keine erhöhten Neurotrophin-Werte mehr. Die anfängliche rosarote Brille ist also im Kern Sex, der sich als Liebe tarnt. So kann es passieren, dass du, nachdem du schwer verliebt geheiratet hast, ernüchtert feststellst, dass deine Ehe keine Basis hat – wie ein sehr schönes Hochhaus, bei dem der Architekt das Erdgeschoss vergessen hat.

Und geschichtlich, wie schaut's da aus? Wir glauben, arrangierte Ehen sind künstlich? Und Liebesheiraten natürlich? Das Gegenteil ist der Fall. Freie Partnerwahl ist eine gerade mal 250 Jahre alte spinnerte Idee des französischen Philosophen Jean-Jacques Rousseau, der mit seinem Bestseller *Julie oder Die neue Heloise* eine Art Blaupause für *Sex and the City* schrieb.

Und was lernen wir?

- Alle Vorurteile gegenüber arrangierten, eingestöpselten Ehen sind berechtigt und gehören aus Prinzip unbedingt aufrechterhalten. Man will ja nicht wie Charles und Diana sein oder wie Fürst Albert und Charlène, die auf sämtlichen Fotos so miesepetrig dreinblicken, dass man nachträglich Human Rights Watch informieren möchte.
- Und vielleicht in einer ganz stillen Stunde doch Papi oder Mami fragen, bevor du Ja sagst. Die sind nämlich treuer als dein flatterhaftes Herz.

Und zum Schluss noch schnell meine drittliebste schrägste Lieblingsanekdote! Ja?

Ach, bitte! Weil's so schön war!

In besagte Babywunsch-Sprechstunde kam nämlich auch ein blutjunges Pärchen mit türkischem Migrationshintergrund. Anamnese ebenfalls unauffällig. So wurde vereinbart, einen Zykluskalender zu führen. Jeden Geschlechtsverkehr sollte das Paar mit Datum und Uhrzeit vermerken. Der Gynäkologe notierte auf einem Zettel folgende Beispiele: Montag 10:30 und 16:00, Dienstag 8:00 und 19:00, Donnerstag 6:00, 16:00 und 21:00 sowie Samstag und Sonntag 12:00 Uhr. Vier Wochen später rief in der Praxis ein genervter Chef an: Der Ehemann hatte täglich mehrfach den Arbeitsplatz verlassen, um zu den auf dem Beispielzettel notierten Zeiten mit seiner Frau zu schlafen, und erklärt, das sei medizinische Anordnung. Jetzt war er völlig fertig und krankgeschrieben.

Irgendwie macht so eine Liebesheirat ganz schön Stress, hat einen Haken: Wenn er's nicht mehr bringt, kann ich keinen dafür verantwortlich machen außer mich selbst.

37

HEIRATE UND DU HAST AUSGESORGT!

ODER: DIE EHE IST DAS SPARBUCH DER FRAU

Es gibt doch diese Theorie, dass jeder Mensch auf der Welt über 6,6 Ecken mit jedem anderen auf der Welt bekannt ist. Nennt sich das *Kleine-Welt-Phänomen.* Entdeckt hat es der amerikanische Psychologe Stanley Milgram.

Faszinierend, nicht?

Ich wette, man könnte sogar noch einen Schritt weitergehen!

Ich behaupte mal: Jeder Gedanke in unserem Kopf ist über 6,6 Ecken mit einem anderen Gedanken bekannt, verwandt oder verschwägert. Nennt sich das Kleiner-Kopf-Phänomen. Und wer hat das entdeckt? Ich!

Wenn man *dann* noch einen Schritt macht, kommt man drauf: Auch jeder Einstieg führt über 6,6 Ecken irgendwie zum Thema. Weswegen ich jetzt mit folgender Anekdote starte und dann im großen Bogen drauf zurückkomme, warum es wichtig war, dass Sie das hier alles lesen …

Eine Bekannte von mir lebte mal in Amerika. Zu Hause in Tirol hielten ihre Eltern Milchkühe. Als die Amerikaner hörten: ›Ah Milchkühe! Ah Berge!‹, fragten sie gleich mal: »Hey, fallen die denn gar nicht um, eure Kühe da in den Bergen?«

»*No, no*!«, wehrte meine Bekannte lachend ab, »WIR in Tirol, wir haben eine Spezialzüchtung! Da haben die Kühe auf der einen Seite kurze Beine und auf der anderen lange.«

»Wow!«, riefen da die Amerikaner.

Worauf meine Bekannte dachte: *›Hallo?! Die sind ja vielleicht doof hier!‹*, und noch einen draufsetzte: »Wir haben sogar Züchtungen entsprechend der Himmelsausrichtung der Hänge. Für Nordlagen sind die linken Beine kurz und bei Südlagen die rechten.«

Und soll ich Ihnen was sagen?

Die kriegte das nicht mehr raus aus den Amerikanern!

Bis zu ihrer Abreise ein Jahr später kamen immer wieder aufgeregt irgendwelche Leute angetapert, die neugierig alles wissen wollten von den *special cows* mit den *short legs*. Die Geschichte hatte sich herumgesprochen wie ein Lauffeuer.

Manche Wahrheiten sind einfach zu schön, um falsch zu sein.

Sollten Sie sich jetzt zurücklehnen und denken: So beknackt bin *ich* aber nicht, sage ich Ihnen: So beknackt sind wir alle.

Testen Sie sich doch mal selbst. Wenn die dumme Nuss von Kollegin den Chef heiratet und in der Kantine irgendwer lästert: »Na, die hat jetzt ausgesorgt! Die lackiert sich ab sofort von Montag bis Freitag die Nägel!«, werden Sie das logisch finden?

Ja.

Werden sie.

Für uns ist das eine völlig plausible Kausalitätenkette: Sie doof, er Chef = Nagellack.

Und wenn dann noch einer sagt: »Wetten, die ist schwanger?«, sehen wir gleich den ganzen Film vor unseren Augen.

Und jetzt sage ich Ihnen mal, was die Zahlen sagen. Die sagen: verliebt, versorgt, verarmt.

- 90 Prozent aller Frauen steigen ohne jegliche finanzielle Absicherung aus ihrem bisherigen Leben aus, wenn sie heiraten und Familie gründen. In 33 Prozent aller Fälle sind sie Fallschirmspringerinnen, die's ohne Fallschirm probieren. So hoch ist nämlich die Scheidungswahrscheinlichkeit. Nur zehn Prozent aller Frauen treffen per Ehevertrag Vorsorge.

- 2008 hat der Gesetzgeber beim Unterhaltsrecht mal kräftig »Brrr!« gemacht. Konnte die Frau früher bei einer Scheidung zum Mann sagen: G*ib mir drei Siebtel deines Vermögens und wir sind wieder Freund*e, gilt heute der juristische Grundsatz der *wirtschaftlichen Eigenverantwortung*. Auch die werte Gattin kann und muss nach einer Trennung wieder arbeiten. Ab dem Tag der rechtskräftigen Scheidung gilt: Zack, Geldhahn zu. Unterhalt gibt's im Normalfall genau: NULL. Das trifft unfairerweise Ehefrauen, die sich bis dato einen lauen Lenz gemacht haben und hauptberuflich shoppen waren, genauso wie solche, die zu Hause sieben minderjährige Kinder und einen bettlägerigen Hund zu versorgen haben und dem Mann bislang die Wäsche gewaschen haben. Oder andersherum formuliert: Das Gesetz soll weiblichen *Gold Diggern* das Handwerk legen, die denken, *jetzt angele ich mir mal irgendeinen Trottel und hab bis ans Lebensende ausgesorgt.* Trifft aber leider in Vielzahl „gute Mütter“, die sich bislang gesagt haben: *Der Kartoffelbrei soll auf dem Tisch dampfen, wenn die Kids aus Schule und Kindergarten kommen.* Selbst die MÜSSEN sich dann einen Job suchen, so will es das Gesetz. Eine mögliche Unterhaltsausnahme: Du bist späte Mutter mit, sagen wir mal, siebenundsechzig und stehst kurz vor einer Lebertransplantation. Und selbst dann? Alles sogenannte *Billigkeitsentscheidung des Gerichts.*

- Nächstes Problem:Frauen, die nicht arbeiten, tauchen rentenmäßig ab – sprich, zahlen keine Beiträge. Das ist aber nicht wie früher GEZ-Gebühren schwänzen, indem man den Fernseher versteckt. Fehlende Rentenbeiträge holen dich im Alter ein. 70 Prozent aller Frauenrenten liegen unter Hartz IV-Niveau. Das heißt: Dir bleiben weniger als 800 Euro monatlich , um deiner Katze Whiskas zu kaufen und dir selber Torte und Stützstrümpfe. Im Schnitt erhalten alte Damen in Deutschland etwa 600 Euro, nicht mal 60 Prozent der Altersrente eines Mannes, die bei etwa 1100 Euro liegt. Trauriges Schlusslicht: Landkreis Kusel (irgendwo links in der Mitte Richtung Frankreich): Hier sind es 325 Euro - 37 Prozent dessen, was ein Mann einsäckelt. Sagt die wenig fröhlich stimmende Statistik 2014 der deutschen Rentenversicherung.

- 70 Prozent aller Frauen kommen aus der Baby- oder Familyzeit nicht als Herkuline zurück, sondern als Minnie Maus: Sie wären bereit, einen Job anzunehmen, der unter ihrer beruflichen Qualifikation liegt.

- 33 Prozent aller Wiedereinsteigerinnen denken über den Ausstieg aus dem Wiedereinstieg nach. Grund: Zu große private Inanspruchnahme. Stellt sich also die Frage: Wenn ja die Ehe ein Versorgungsmodell ist – dann für wen eigentlich?

Doch selbst wer als Ehefrau und Mutter weiterarbeitet, kann in die Röhre gucken. Fragen Sie mal meine Freundin Nina. Die stand kürzlich, nach acht Jahren Ehe, mit ihrem Mann vorm Scheidungsrichter. Die Rechnung sah dann so aus: Er hatte ein paar größere Immobilien mit in die Ehe gebracht, sie nur sich selbst. Kein Ehevertrag. Anschließend hatte sie sehr gut verdient – und er faul auf der Couch gesessen.

Ergebnis?

Sie musste mit ihrem Vermögen halbe-halbe machen. Nach altem Gesetz wäre sie sogar noch unterhaltspflichtig gewesen. Seine Immobilien blieben hingegen unangetastet. Geteilt wird nämlich nur, was *zwischen* Jawort und Scheidung hinzukommt. Tja, hätte sie sich mal schlaugemacht vorher. Da ist beim Führerscheinmachen der Erste-Hilfe-Kurs Pflicht. Aber nicht die Rechtsbelehrung für Bräute. Könnte man doch so ein Kombi-Wochenendseminar draus machen. Samstag: *Was muss ich beim Führen eines Autos beachten?* Sonntag: *Was muss ich beim Führen einer Ehe beachten?*

Und Lilly, unsere Siebenjährige, melde ich jetzt schon mal an. Die plant nämlich bereits einmal pro Woche ihre Hochzeit. Allerdings interessiert sie nicht, wen sie heiratet, nur was sie dabei anzieht. Ganz die Mutter.

Bevor ich jetzt darauf komme, was man Positives aus all diesem Wissen ziehen kann, schnell noch mal zurück zum Kleiner-Kopf-Phänomen. Wissen Sie was? Das gibt's tatsächlich! Gripsforscher sprechen allerdings vom *mentalen Muster.* Wir denken in immer kleineren Spiralen, bis wir schließlich nur noch geradeaus und in eine Richtung denken. *Starrsinn* ist ein ganz vortreffliches Wort dafür! Also wenn Oma genau um 8:05 Uhr jeden Morgen ihren Handfilterkaffee mit Kaffeesahne, 15 Prozent Fett, trinkt. Bis es so weit ist, hat Oma wahrscheinlich ein halbes Jahrhundert lang gedacht: *Es ist Morgen, ich brauch Handfilterkaffee!* Sie hat ihr Denken *gebahnt.*

Von den eine Millionen Verschaltungen im Hirn, mit denen sie geboren wurde, hat sie nämlich immer wieder dieselben benutzt. Wie man das so macht. Man entscheidet sich ja auch irgendwann für seine Lieblingsmarmeladensorte. Diese Denkverschaltungen hat ihr Hirn dann aufgrund des hohen Traffics zu neuronalen Autobahnen ausgebaut. *Neurons that fire together wire together,* nennen das die Forscher. Hirnzellen, die gemeinsam in Anspruch genommen werden, verdrahten sich. Wie wenn die Post das WLAN ausbaut. Die Gripsinhaberin kommt dann beim Denken schneller von A, Bett, nach B, Kaffeetasse. Alles Service vom Hirn. Das Problem ist nur: Andere Denkspuren versanden darüber oder sind für uns nur noch mit schwerem Gerät befahrbar. Um aufs Beispiel der hohlen Kolleginnen-Nuss zurückzukommen, die vom Chef endversorgt wird. Vielleicht *wird* sie ja gar nicht geheiratet. Vielleicht *heiratet* sie ja. Schon mal nachgedacht?

Wie sagt es Einstein? »Der gesunde Menschenverstand ist nur eine Anhäufung von Vorurteilen, die man bis zum 18. Lebensjahr erworben hat.«

Also, was lernen wir?

- Seien Sie nicht die Frau, die aus dem zwanzigsten Stock eines Hochhauses stürzt und sich auf Höhe der fünften Etage Mut zuspricht: „Toi, toi, toi! Bis jetzt ist ja noch nichts passiert!“ Legen Sie dieses Buch sofort beiseite, hauen Sie ihm ein Ei in die Pfanne, meinethalben noch ein kühles Bierchen dazu, und dann sagen Sie: „Schatz, wir müssen mal reden!“ Selbst Jahre nach dem Jawort kann man noch alles Mögliche schriftlich fixieren und reparieren. Wie die Grippe-Heilimpfung, wo's die Spritze gibt, wenn die Nase schon läuft.
- Heidi Kabel hat ja mal gesagt: »Emanzipation ist dann vollendet, wenn gelegentlich auch eine total unfähige Frau in

eine verantwortliche Position aufrücken kann.« Ich sage: Emanzipation ist dann vollendet, wenn ein Mann Krankenpfleger lernen will und keiner ihn belatschert: »Wie willst du damit bitte eine Familie ernähren?« Und eine Frau, die dasselbe will, von allen kräftig in die Mangel genommen wird, sie solle sich das bitte überlegen, davon könne doch keine Familie leben. Der beste Ehevertrag, den wir Frauen abschließen können, ist einer mit unserem Kopf. Bildet euch, Mädels! Heiraten und sich von ihm aushalten lassen ist wie Hausheizen mit Fernwärme. Selbst ist die Energiequelle!

- Und auch das ist ein Absicherungsmodell – wenn vielleicht auch nicht meines oder Ihres: Kennen Sie *Glam Sahms*? Glamouröse „**S**tay **a**t **h**ome **m**ums"? Beobachtet wurde diese ulkige Spezies erstmalig von der amerikanischen Anthropologin Wednesday Martin, eine Art urbane Dian Fossey. (Sie wissen schon: Die berühmte Gorillaforscherin). Glam Sahms tummeln sich bislang zwar nur in New York, aber vielleicht sehen wir sie bald auch schon in Berlin und München. Dabei handelt sich um taffe, top ausgebildete, hochattraktive Ehefrauen, die bewusst zu Hause bleiben, um sich hier dem *intensive mothering* zu verschreiben. Also: Power-Förderung der bis zur vier Kids mit Blick auf größtmöglichen schulischen, sportlichen, sozialen Erfolg. Klappt alles, prasst sie zudem nicht mit dem Haushaltsgeld, kriegt die Glam Sahm von ihrem Gatten, meist irgendeinem stinkreichen Börsenheini oder Banker, einen Bonus.

PS: Wie gesagt: Hirn kommt nie aus der Mode, meine Damen! Körper schon. Da latschen wir Frauen die ganze Zeit zu Bauch-Beine-Po und konzentrieren uns bei den Spaghetti Carbonara auf die Erbsen – und dann ändert sich einfach mal das Schönheitsideal. Diese Zeitschriftenannonce ist von 1929. Sie wirbt für Eta-Tragol-Bonbons zum Fettwerden:

18 Pfund zugenommen und diese 18 Pfund gleichmäßig verteilt auf Gesicht, Arme, Brust, Hüften und Waden! Bedenken Sie, wie Ihre Figur durch diese Gewichtszunahme verschönert wird und um wie viel Sie sich dadurch begehrenswerter machen. Durch die wohlschmeckenden »Eta-Tragol-Bonbons«, die nach der Mahlzeit genommen werden, lässt sich das Körpergewicht in einigen Wochen um zehn bis 30 Pfund erhöhen. Die unschönen Knochenvorsprünge an Wangen und Schultern schwinden. Pfund für Pfund nehmen Sie zu, an allen Körperteilen zeigt sich Fettansatz.

38

JE WENIGER STREIT, DESTO BESSER DIE EHE?

ODER: NIE MIT ZOFF INS BETT

Mein Vater war so ein Ehemann, der hätte eigentlich jeden Tag von meiner Mutter eins mit dem Nudelholz drüberbekommen müssen. Nicht böse gemeint. Eher mit chiropraktischem Ansatz. Grundsätzlich hielt er sich an keine Regeln, die er nicht selbst aufgestellt und dann noch fünfmal umgeworfen hatte. Typischer Zahnarzt halt. Sprach er, so nickte seine Fanbase andächtig – in diesem Falle fünf Helferinnen mit gestärktem Häubchen auf dem Kopf sowie die erste Fanclub-Vorsitzende, meine Mutter. So ging es in bunter Reihe durch Themen wie: Weltall, Ursuppe, Abszesseröffnung, Cicero und Cäsar, Religion und Zweiter Weltkrieg. Was meinem Vater halt gerade so durch den Kopf ging.

Und das war eine Menge in acht Stunden Praxis. Der Patient – Bohrer, Spiegel, Sonde im Mund – wurde gleich mitmariniert. Alles im Leben hat seinen Preis. Der des Zahnarztbesuchs ist: zuhören müssen.

Doktor: »Brabbelbrabbelbrabbel ...«

Patient: »... ei...en ... ...ii...iirklich?«

Doktor: »Oh ja! Brabbelbrabbelbrabbel ...«

Patient: »...ii ...eiß nich, o... ich ...em ...o ...u...ien ...ann!«

Das ist ja der große Unterschied zwischen Dentalmedizin und Prokotologie: Das Verdauungsrohr-Ende will ständig reden.

Kam mein Vater abends nach Hause, hatte er sich so eingegroovt in sein Chefchef-Ding, dass als nächster konsequenter Schritt eigentlich nur noch die Kandidatur zur Wahl des Bundeskanzlers der Bundesrepublik Deutschland ausstand. Ich kann es ihm nicht zum Vorwurf machen. Wo der Deich nicht ist, ist das Wasser. Meine Mutter stellte sich ihm mit der Wucht eines Wattebällchens in den Weg. Das wiederum kann ich ihr nicht verdenken. Sie hatte es ja mit meinem Vater zu tun. Gern auch verpieselte sie sich bei Konflikten in die innere Immigration. Dann durfte mein Vater ihre Meinung suchen gehen.

Chefchef Hans : »Hast du was?«

Pipi-Chefin Ina: »Nein ...« (gebrochene Stimme)

Chefchef Hans: »Doch, du hast doch was ...!« (strenger Ton)

Pipi-Chefin Ina: »... ach, schon gut ...« (Seufzer)

Sie sehen schon, ich bin durch eine tolle Schule gegangen. Bei uns wurden jeden Tag super Filme gedreht. Und ich hatte darüber ganz viel Zeit, mir Drehbücher für meine eigene Ehe zu überlegen. Darüber freut sich jetzt mein Mann. Jeden Tag. Wir haben allerdings eine etwas modernere Rollenverteilung. Wir pflegen ein tolerantes gleichberechtigtes Miteinander, bei dem jeder machen darf, was ich will. Das fluppt meist ganz gut. Und wenn nicht, kriegt er auch mal Kattun.

Doch wie ist das eigentlich? Wie viel Zoff braucht der Mann? Was empfehlen die Fachleute der klugen Ehefrau von heute?

Der Sozialpsychologe Hans-Werner Bierhoff hat nachgewiesen, dass zwischen Kritik und Lob ein Mischungsverhältnis von 1:5 bestehen sollte, damit die Beziehung am Ende happy macht.

Ups.

Ich würde sagen, bei uns ist das eher 5:1. (Wobei! Zweimal im Jahr geht mein Mann auf den Wochenmarkt, kauft zehn Maultaschen, legt sie auf den Küchentresen und will dann wissen: »Gut?« Und natürlich lobe ich ihn dann immer. Also, ganz klar: 5 : 1,0000000000000000000001)

Sozialforscherin Kira Birditt von der Uni Michigan hat das Konfliktverhalten von 380 Ehepaaren über einen Zeitraum von 16 Jahren studiert. Spannende Erkenntnis: 30 Prozent der Männer und 20 Prozent der Frauen hatten im ersten Ehejahr so gut wie keine Konflikte. Dennoch: Im 16. Jahr der Studie waren fast 50 Prozent der Paare geschieden. Harmonisch in eine Ehe zu starten bedeutet also nicht, auch langfristig erfolgreich verheiratet zu sein. Dazu passt auch eine Studie aus Florida von 2012: *angry and honest communication*, also wütende und leidenschaftliche Diskussionen, in einem frühen Beziehungsstadium, scheinen ein wichtiger Baustein zu sein für eine glückliche Langzeitehe.

Nun ist es ja so: Wir nutzen gerade mal zehn Prozent unserer Hirnkapazität, wir verstehen auch nur einen Bruchteil dessen, was der andere sagt. Unser Miteinander ist ein Flickenteppich des Verstehens. Wie dringe ich da überhaupt zum anderen durch? Ich meine, wenn ich meinen Mann dafür kritisieren möchte, dass er nie zuhört, wäre ja toll, wenn er wenigstens dabei zuhören würde.

Ich habe es natürlich auch schon mit den berühmten Ich-Botschaften probiert, die einem Beziehungsratgeber im Falle eines Konflikts ans Herz legen.

Da darfst du dann nicht sagen:

»DU kriegst ja wohl gar nix mit, du Blödmann!«

Da soll man besser sagen:

»ICH krieg ja wohl gar nix mit, du Blödmann!«

Hat aber auch nicht funktioniert. Ich fühle mich, wenn ich mit meinem Mann streite, wie der Astronaut im All, der seine Botschaft gen Erde sendet: *›Hört mich denn keiner? Es ist so einsam hier!‹*

Peter Falkai, Psychiater an der Uni Göttingen, weiß: Unser Hirn ist ein Schlingel. Es ist bemüht, ein möglichst blitzeblankes, schlüssiges, flurbereinigtes Modell der Welt zu liefern, die uns umgibt. Dazu füllt es Lücken auf, rechnet voraus, was in der Zukunft zu erwarten ist. Und was nicht passt, wird passend gemacht. Dazu lässt es Wahrnehmungen aktiv unter den Tisch fallen. Wir kriegen nur mit, was unser Hirn will. Deswegen ist es auch nicht möglich, dass wir uns selber kitzeln. Das Gehirn ist sich selbst und uns immer einen Schritt voraus.

Chris Frith wiederum, Neuropsychologe, der am University College in London lehrte, hat nachweisen können: Unser Hirn ist auch enorm faul. Dudelt man ihm in regelmäßigen Abständen ein und denselben Ton vor, versinkt es in eine Art Dornröschenschlaf, aus dem es Nanosekunden später wieder erwacht, wenn sich die Frequenz ändert. Ähnliches gilt für gesprochene Sprache. Ist ein Wort im Satz unerwartet, ist das Hirn sofort am Start, um seine Erwartungen gegenzuchecken. Sehr schön zu sehen, wenn man einer Versuchsperson den Satz vorspricht: *Der Toaster ist glücklich.* Bis »...ist ...« dös-dös! Ab »...glücklich!« plötzlich starke Hirnaktivität.

Also, mein Tipp: Drehen Sie seinem Hirn einfach beim nächsten Streit eine Nase. Experimentieren Sie mit Sätzen wie: »Ich habe die Elefant voll!« Und sehr schön ist doch auch, wenn Sie ihm *nicht* sagen, dass er ein Idiot ist. Das erwartet er, das weiß er ja eh. Sagen Sie ihm, er ist eine Tomate.

Und nun noch mal zurück zu der Frage: Wie viel Knatsch darf sein?

Soziologie-Professorin Deborah Carr von der Rutgers University in New Jersey wertete dazu die Daten von 394 Hardcore-Ehepaaren aus, die bereits 40 Jahre erfolgreich rumbekommen hatten. Und konnte eindeutig nachweisen: Dass die Frau sich Luft macht, ihren Zorn nicht hinunterschluckt, ist das A und O. Ein Paar ist nämlich umso glücklicher, je glücklicher die Frau ist. Kein Witz. *Happy wife, happy life,* wie die Amerikaner sagen. Alte glücklich, Leben tutti.

Zwei mögliche Gründe: Zufriedene Ehefrauen, weiß man, wachsen über sich selbst hinaus. Tut der Ehe gut. Zufriedene Ehemänner, weiß man, verschrumpeln im Fernsehsessel. Tut der Ehe nicht gut. Er und Sie müssen also unbedingt versuchen, SIE bei Laune zu halten. Ich denke da an den einen oder anderen Handtaschenkauf. Parallel sollten Sie sich einen Knoten ins Taschentuch machen, damit Sie nicht vergessen, IHN täglich einmal anzupfeifen, damit er nicht zu zufrieden wird. Er kann Sie aber auch daran erinnern, indem er sich selbst irgendwo einen Knoten reinmacht. Hals. Penis. Zunge. Er soll mal einen Vorschlag machen.

Zweite denkbare Erklärung, warum die Betriebstemperatur der Frau so enormen Einfluss auf die Ehezufriedenheit hat: Männer reden nicht. ›Ach was!‹, werden Sie jetzt sagen, ›tolle Erkenntnis!‹ Aber: Wo er sich nicht beklagt, musst du auch keinen emotionalen Soli-Zuschlag zahlen und auch nicht mit-betrübt sein. Während es mir selbst sehr oft passiert, dass ich meinem Mann von meinem Tag erzähle. Und wenn ich dann mit eigenen Ohren höre, wie unglaublich stressig das alles war, kann ich gar nicht anders, als mich mit mir selbst spontan solidarisch zu erklären. Frauenkummer ist ja so was von ansteckend. Man glaubt das gar nicht.

Und was ist mit dem alten Spruch: Nicht mit Knatsch ins Bett?

Psychologin Angela Hicks vom Westminster College in Utah ließ 40 Pärchen drei Wochen lang Schlafprotokoll führen. Und wies nach: Wer sich vor dem Schlafengehen ordentlich die Meinung geigt, schläft anschließend schlecht. Wer schlecht schläft, ist am nächsten Tag streitlustiger. Wer streitlustiger ist, geigt sich noch ein bisschen mehr die Meinung. Schläft noch ein bisschen schlechter. Faucht sich noch ein bisschen mehr an.

Ich kann also nur jeder Ehefrau von Herzen raten: Seien Sie großzügig! Erlauben Sie ihm, sich vor dem Schlafengehen bei Ihnen zu entschuldigen. Es ist für Ihre Ehe.

Schließen möchte ich mit einer kleinen Anekdote aus dem amerikanischen Yosemite-Nationalpark. Da stand ich mal vor einem dieser Mammutbäume, – dick wie eine Zirkusarena, hoch wie ein Dom – und sah, dass da irgendeine Feuersbrunst am Stamm herumgeleckt hatte. Alles rußgeschwärzt. Ich war erschüttert. Worauf, nach Art einer schönen alten Wolfgang-Borchert-Geschichte, der weise Parkwächter kam und mir erst mal das Leben verklickerte: »Ja, wissen Sie denn nicht?«, meinte er. »Die brauchen das Feuer! Sonst wachsen sie nicht! Und pflanzen sich nicht fort.«

Und ich hab mir gedacht: Das passt doch mal gut zu Ehe und Streiten.

KLEINER TIPP

IST IHR MANN BLÖD, AUFBRAUSEND UND EKLIG BEIM STREITEN?

Bieten Sie ihm Paroli!

Psychologieprofessorin Beate Ditzen nebelte im Rahmen eines Forschungsprojekts Ehepaare mit dem Kuschelhormon Oxytocin ein und ließ sie dann aufeinander los. Auftrag: Diskutieren Sie ein Thema, bei dem Sie sich normalerweise so richtig schön in die Haare bekommen! Siehe da. Statt sich Vorwürfe zu machen, zeigten sich die Paare kooperativ und freundlich miteinander. Vergleichspaare, die nur Placebos bekommen hatten, zankten dagegen gewohnt heftig.

In den USA kann man Oxytocin bereits als Körperspray kaufen. Nennt sich *Liquid Trust* .

Flüssiges Vertrauen.

39

IN EINER GUTEN EHE IST MAN(N) EIFERSÜCHTIG

Oder: Der Super-Pimmel

Lassen Sie mich von einem wahren Megastar der Tierwelt erzählen: dem Monarchfalter! So hübsch, so filigran, so elegant, wie er ist, bekäme er sofort eine Hauptrolle in *Biene Maja – der Film*. Er wird geliebt von den Biologen dieser Welt, aber auch von Millionen romantischer Menschen, die sich sein orange-schwarzes Konterfei auf Kaffeetassen, Bettüberwürfe und Babyklamotten drucken. Einfach überirdisch. Dabei hat der Monarch zwei zutiefst menschliche Angewohnheiten. Zum einen überwintert er mit mehreren hundert Millionen sonnenhungriger Look-alikes dicht an dicht in der mexikanischen Sierra Nevada auf einer Fläche von der Größe der Insel Rügen. Das kriegen TUI-Touristen auch nicht enger hin.

Zum anderen geht er grundsätzlich erstmal davon aus, dass seine Alte ihn bescheißt. Aus diesem Grunde hat ihn eine verständnisvolle Mutter Natur mit einem Spezialpenis bewaffnet, den der Monarch, wenn er ein bisschen Geschäftssinn hätte, eigentlich zum Patent anmelden und in Taiwan in großer Stückzahl nachbauen lassen müsste. Für all die eifersüchtigen Ehemänner dieser Welt. Über sein Begattungsorgan verteilt, finden sich nämlich winzig kleine Sensörchen, die ihm beim Sex melden, ob in seiner Monarch-Schmetterlingsdame schon Sperma drin ist – und zwar nicht sein eigenes. Er kann sogar ziemlich sicher sagen, wie viel Nanomilliliter. Sein Penis funktioniert quasi wie im Auto der Ölmessstab. Diese sensationelle Entdeckung machten 2009 die amerikanischen Forscherinnen Michelle Solensky und Karen Oberhauser.

Im nächsten Schritt kann der gehörnte Falter dann seine eigene Ejakulatmenge hochfahren, um die Wahrscheinlichkeit, doch noch der Papi von ganz vielen süßen Raupenbabys zu werden, zu erhöhen. Umgedreht: Melden seine Sensoren kein Rivalen-Sperma, deponiert der Monarch gleich mal ein bisschen weniger eigenes Sperma im Reproduktionstrakt seines Weibchens. Als würde er sich sagen: *Wir wollen's ja auch nicht übertreiben!*

Nun werden Sie sich zunächst einmal fragen: Wie kommt man darauf, so was zu untersuchen? Sitzen da Forscher im weißen Kittel zusammen und sagen, ›jetzt haben wir gerade mal nix zu tun, lasst uns den Pimmel vom Monarch untersuchen!‹?

Nicht ganz. Wie gesagt: Der Monarch ist seit jeher Darling der Forscher, im amerikanischen Kongress sollte ihm sogar schon der Titel »Nationalinsekt« verliehen werden. Beim ganzen Durchs-Mikroskop-Gegucke fiel den beiden Forscherinnen dann irgendwann auf, dass der Monarchmann im Bett unterschiedlich Gas gibt. Und da wollte man natürlich wissen, warum.

Und nicht nur der Monarch, auch andere Insekten-Männer sind mit KGB-würdigen Spionage-Instrumenten ausgestattet, um ihren untreuen Gespielinnen auf die Schliche zu kommen. Grillenmänner zum Beispiel haben eine Art Powernase. Mit der können sie riechen, ob sich bereits ein Nebenbuhler an ihrer Herzdame zu schaffen gemacht hat – und nachjustieren dementsprechend ihre Spermamenge. Parallel zeigen sich ihre Spermien, wenn man sie sich unterm Mikroskop beguckt, besonders aufgedreht und angriffslustig. Als hätte es vorher eine Sylvester-Stallone-mäßige Kampfdurchsage an die Hoden gegeben: »Achtung! Achtung! Alarmstufe eins, Jungs! Seid ihr bereit?! Jeder Mann zählt!«

Ist doch erstaunlich: Männer – können nicht zuhören, kapieren bekanntlich nix. Aber auf den Punkt riechen wie ein Drogenspürhund, das kriegen sie hin.

Nun sind natürlich nicht alle Daten eins zu eins vom Insekt auf den Mann übertragbar. Ein handelsüblicher Mann besteht aus 100 Billionen Zellen, davon erstaunliche 86 Milliarden Hirnzellen, verbunden durch 100 000 Kilometer Nervenkabel. (Das mit den 86 Milliarden weiß man, weil Suzana Herculano-Houzel, eine brasilianische Neurowissenschaftlerin, Gehirne von Männerleichen entnommen, in Säure aufgelöst und anschließend püriert hat. So verfügten die anschließend entnommenen Proben über eine gleichmäßige Verteilung von Zellkernen, denen die Prozedur nichts hatte anhaben können, und waren damit repräsentativ für das gesamte Gehirn. Auf diese Art und Weise konnte Herculano-Houzel aus einigen wenigen Proben die Hirnzellenanzahl hochrechnen, ohne jede der 86 Milliarden einzeln zählen zu müssen.)

Dagegen sind Monarch und Grille vergleichsweise schludrig zusammengeleimte Kerbtiere, die anstelle eines komplizierten Gehirns ein simples, sogenanntes Strickleiternervensystem besitzen mit gerademal einer halben bis einer Million Nervenzellen.

Um herauszufinden, wie zum Beispiel männliche Fruchtfliegen weibliche Gerüche verarbeiten, entwickelten Forscher des Max-Planck-Instituts für chemische Ökologie in Jena vor einiger

Zeit eine Art Windkanal für Insekten, bestehend aus Glasröhren, Luftströmungsregulatoren, Duftdusche und Videokamera. Es zeigte sich: Männchen reagierten auf den Geruch unbegatteter Weibchen, indem sie der Geruchsquelle entgegenflogen und sich dabei sogar gegen – aus Sicht einer Fliege – orkanartige Böen stemmten. Was im Umkehrschluss bedeutet, dass Fliegenweibchen, wie andere Insektenfrauen auch, Männer relativ easy über Duft ködern und gegebenenfalls zu wahnwitzigen Handlungen verleiten können. Verantwortlich sind sogenannte Projektionsneurone im männlichen Dufthirn. Tests mit sechs besonders sexy und sechs besonders unsexy Gerüchen ergaben, dass ähnlich wie bei Mäusen und Menschen sexy und unsexy Gerüche jeweils in einer ganz bestimmten Hirnregion für kleine Nerven-Explosionen sorgten. Den Jenaern Forschern zufolge beweist das, dass das Strickleiternervensystem der Insekten der Reaktion des Säugetierhirns auf Geruch mehr als angenommen ähnelt.

Ein Grund mehr, der Forscher ermutigt, Bezüge herzustellen zwischen dem Paarungsverhalten von Monarch- und Grillenmännchen einerseits und menschlich-männlichem Begattungsverhalten andererseits.

Aber was sind nun die Eckdaten männlicher Eifersucht?

- *Der amerikanische Psychotherapeut John Anderson geht davon aus, dass Eifersucht das Ergebnis perzeptueller, kognitiver, affektiver und intentioneller Funktionen ist. Man könnte auch sagen: Mann unruhig, wenn Frau weg.*
- *Sexforscher Todd Shackelford sagt sinngemäß, dass Eifersucht ein evolutionärer Anpassungstrick der männlichen Psyche ist, um sich gegen andere Männer zu rüsten, so wie der Fisch Flossen bekam, um schwimmen zu können, oder der Keiler seine Hauer, um klarzumachen: Ich Chef. Studien ergaben, dass Männer, die ihr Weibchen*

nach dem letzten Sex für eine Weile nicht sehen, dieses beim Wiedersehen als attraktiver einstufen (als Männer, die nicht getrennt wurden) und darüber den besonders heftigen Wunsch verspüren, mit dieser unglaublich gutaussehenden Frau zu schlafen. Unterbewusst liegt dem eine Funkwarnung der Sex-Leitzentrale im Hirn zugrunde, dass aufgrund fehlender Kontrolle Fremdsperma durch den Reproduktionstrakt des Weibchens vagabundieren könnte, wissenschaftlicher Fachausdruck Sperm Competition. In der Realität sieht das dann so aus: Der Blutdruck wird in Alarmbereitschaft versetzt, Bizeps und Penis nehmen Haltung an. Gleichzeitig unterstellt die Psyche des Mannes der Frau auch ein enormes Interesse daran, jetzt und sofort mit ihm zu schlafen.

Dazu passt gut, dass laut Studie des amerikanischen Biopsychologen Gordon Gallup an College-Studenten etwa die Hälfte aller Männer schon mal das Gefühl hatte, von der Partnerin betrogen worden zu sein. Gefragt nach dem Grund für dieses Gefühl, sagten die Männer, dass ihre Partnerin versucht habe, ihnen auszuweichen. Und dass sie keine Lust an Sex bekundet hätte. Körperliches Ausweichen benannten sie zweimal häufiger, Sex-Unlust sogar dreimal häufiger als Fremdgeh-Indiz, als Frauen das tun würden.

Ob ein eifersüchtiger Mann schmusig wird, anfängt zu grummeln oder komplett ausrastet, hängt von bislang nicht ganz geklärten Faktoren ab. Ein wichtiger Punkt unter vielen ist: Kontrollverlust. (Wobei Männer an sich mit Kontrollverlust ganz gut klarkommen, wie sich sehr schön daran zeigt, wie sie durch den Haushalt irren auf der Suche nach Klopapier, Bettwäsche und ihrem Nachwuchs, mit dem sie Zähne putzen sollen.)

Ein weiterer wichtiger Eifersuchtsfaktor ist: der siebte Sinn.

Klinische Studien belegen: Ein Vater, der das Gefühl hat, dass das Baby von ihm ist, braucht keinen Gentest, da er mit 98-prozentiger Wahrscheinlichkeit kein Kuckuckskind hat. Ein Mann, der seine Vaterschaft infrage stellt (aus realen oder eingebildeten Gründen), ist tatsächlich in 30 Prozent der Fälle betrogen worden. Nun fragt man sich: Wie kann's angehen? Woher weiß der Mann das? Und hier kommen wir wieder auf die Insekten zurück. Wunderrezeptor in der Nase à la Grille? Sensibler Penis nach Strickart des Monarchs? (Was uns Frauen natürlich veranlassen würde, mit dem Ding in Zukunft viel vorsichtiger umzugehen.)

- *Also: Ein Wunderpenis kann wohl ausgeschlossen werden, dafür ist Männersperma Hightech. Die ersten Portionen sind Spermien-Shuttles, wobei wohl einige Spermien sogar nach Art der Raptosauren im Rudel nach dem Ei jagen, um ihre Erfolgsaussichten zu erhöhen, deuten neuste Studien an. Dagegen haben die letzten Spermatropfen die Aufgabe, tabula rasa zu machen und einen spermientötenden Teppich auszurollen. Das ist nicht nur für die Eifersuchtsforschung, sondern auch für die Reproduktionsmedizin von Bedeutung, da unfruchtbare Männer manchmal eine auf den Kopf gestellte Prostata haben, die innerhalb von Millisekunden irrtümlich erst das Tabula-Rasa-Sperma auf den Weg schickt und dann das mit den Raptosauren drin, so dass sich das Sperma unterm Strich selbst killt.*

- *Was die Nase eines Mannes angeht, so hat die tatsächlich ungeahnte Trüffelschweinqualitäten. Mann konnte zwar bislang nicht nachweisen, dass sie Seitensprünge riechen kann, aber Männer wittern, ob ihr Weibchen fruchtbar ist, und legen sich dann besonders ins Zeug. Die amerikanische Anthropologin Christine Drea weist in diesem Zusammenhang auf eine wenig beachtete Nebenwirkung der Anti-*

babypille hin: Da Frau hormonell in eine Art Scheinschwangerschaft versetzt wird, verändert sich ihre Geruchs-Visitenkarte von »Huhu, sieh mal, was ich für tolle Gene habe, lern mich kennen!« zu einer kryptischen Botschaft, der die Männernase nichts sexuell Interessantes entnehmen kann, weswegen ihr Besitzer uninteressiert weiterzieht. Umgedreht, das ergab eine Studie der Uni Liverpool, steht eine Frau, die die Pille nimmt, auf einen anderen Typus Mann. Wo sie normalerweise einen mit abweichendem, exotischem Genpool bevorzugt, was im Sinne gesunder Babys von Vorteil ist, sucht sie sich jetzt eher einen genetisch ähnlichen.

Sind das jetzt alle unterschwellig mitwirkenden Organe beim Thema spontane Eifersucht: Penis und Nase?

Nein, denn jetzt kommt unser Hirn ins Spiel. Und mit ihm die Spiegelneurone! Sie glauben gar nicht, was das für Prachtneurone sind! Sozusagen die Chanel-Edition unter den Nervenzellen. Erstmals wurden sie an Affen in Parma nachgewiesen: Affe greift nach Rosine, kaut, köstlich. Abzulesen daran, dass eine kleine Messsonde, die in seinem Hirn steckt, ein wildes Begeisterungs-Krickelkrackel auf dem angeschlossenen Monitor macht. Und jetzt kommt's: Forscher greift nach Rosine, kaut, köstlich. Und wieder wildes Begeisterungs-Krickelkrackel auf dem Affenmonitor. Dabei hatte der Affe gar nicht selbst gegessen, sondern nur dem Forscher zugeschaut. Guten Tag, liebe Spiegelneurone. Sie machen, dass wir fühlen können, was der andere fühlt. Sie machen, dass wir bei Lassie weinen; die Augen zusammenkneifen, wenn in »Der Marathon Mann« Dustin Hoffmann mit der Sonde auf der unbetäubten Zahnpulpa herumgekratzt bekommt; und der Tuba-Spieler in seine Tuba sabbert, wenn vor seinen Augen jemand in eine saure Zitrone beißt.

Christian Keysers beschreibt in seinem Buch: *Unser empathisches Gehirn* folgende Szene: Ein Pärchen sitzt kichernd an der Hotelbar und bricht dann Richtung Fahrstuhl auf. – Was denken Sie? Sie denken, dass Sie wissen, was gleich oben passieren wird. Dabei sind rein theoretisch die Möglichkeiten natürlich schier unbegrenzt: Backgammon spielen, Zehennägel schneiden, Outfit für den nächsten Tag rauslegen, in der Bibel lesen. Aber Sie werden sagen: »Das ist doch nicht kompliziert! Die haben Sex. Muss man doch nur eins und eins zusammenzählen.«

Doch würde man Ihnen stattdessen einen Würfel unter die Nase halten und bitten: »Sagen Sie doch mal voraus, welche Zahl gleich gewürfelt wird!«, würden Sie sagen: »Das geht nicht, das kann ich nicht, woher soll ich das wissen?« Dabei sind die Würfel-Optionen im Vergleich zu den unendlichen Hotelzimmer-Optionen total überschaubar, nämlich: 1, 2, 3, 4, 5 und 6.

Das eine erscheint kinderleicht, das andere superschwer.

Tatsächlich ist das Pärchen an der Hotelbar die viel kompliziertere Rechenaufgabe: Unsere Spiegelneurone addieren mal eben nach Art eines Hochleistungscomputers ›Luxzahl Beleuchtung‹, ›Neigungswinkel sein Oberkörper‹, ›Neigungswinkel ihr Kopf‹, ›Anstellwinkel Beine‹, ›Blickachse‹, ›Blickvektor‹, ›High-Heels-Höhe‹, ›Dekolleté-Tiefe‹, ›Prozentzahl Getränk‹ zu einer Art sexuellen Wettervorhersage.

Wenn Spiegelneurone machen, dass wir uns intuitiv ohne spürbare Anstrengung in das Gehirn anderer Menschen einloggen können und dass auch das Gegenüber nach Art von »Teamviewer« einen Blick auf meinen inneren Bildschirm werfen kann, und wir dann überrascht ausrufen: »Sag mal, wie kommst du darauf? Kannst du Gedanken lesen?«, dann ist die nächste logische Frage: Melden die Spiegelneurone auch Fremdgehen?

Was passiert, wenn die Spiegelneurone keinen Plan haben, beschreibt Christian Keysers am Beispiel eines autistischen Physikstudenten.

Dem hochintelligenten jungen Mann wurde eine Keksschachtel gezeigt, verbunden mit der Frage: »Was ist da wohl darin?«

Seine Antwort: »Kekse.«

Dann zog man die Schachtel auf, um ihm zu zeigen: Leider doch keine Kekse drin, nur Buntstifte.

Seine Reaktion: »Ah.«

Als Nächstes betrat eine Assistentin den Raum, und der autistische Student wurde gefragt: »Was wird die Assistentin wohl denken, was in der Keksschachtel ist?«

Antwort des autistischen Studenten: »Buntstifte.«

TAUSCHE BRAUTKLEID GEGEN PISTOLE

40

BRINGT'S MEIN KERL NOCH?

Oder: Schwackeliste für den Mann

In einer englischen Zeitschrift las ich neulich, was den perfekten Gentleman ausmacht. Ich möchte Ihnen das mal kurz zusammenfassen:

- *Kann ein Rührei und ein Lagerfeuer machen.*
- *Gibt, wenn er irgendwo zu Besuch ist, dem Hauspersonal Trinkgeld.*
- *Trägt die Koffer nach oben.*
- *Föhnt sich niemals die Haare und hat auch niemals einen Pony.*
- *Singt laut und kräftig in der Kirche.*
- *Stoppt den Mafiafilm, um dir liebevoll zu erklären, wer jetzt gerade den Donny umgebracht hat und warum.*
- *Kann sich selbst eine Fliege binden sowie ...*
- *BHs mit einer Hand aufmachen (was logisch ist, denn mit der anderen bindet er ja gerade die Fliege).*
- *Hat einen enormen ... nun ... egal ...*
- *Und vor allen Dingen:*
- *Schaltet die Heizung nicht wieder aus, wenn du sie gerade eingeschaltet hast, weil er sie ausgeschaltet hat, nachdem du ... und so weiter.*

Das Problem solcher Listen ist natürlich, dass du sofort anfängst zu vergleichen. Ich will es so sagen: Mein Mann hat andere Qualitäten. Mir fallen die bestimmt auch gleich wieder ein. Überhaupt, finde ich, kann man das mit diesem ganzen Gentleman-Gedöns auch zu hoch hängen. Das ist, als ob du über die Bundesliga diskutierst, und dein Kerl spielt beim ZFC Misselwitz auf dem vorletzten Tabellenplatz. Die kluge Ehefrau muss nicht kochen und nicht backen, Hauptsache, sie kann kleine Brötchen, sag ich immer.

Sehr oft denke ich ja: Madonna, Queen Elizabeth und ich, wir sind seelenverwandt. Die eine hat einen Typen, der achtet, ich würde schwören, null darauf, ob die Kinder abends Zähne putzen. Die andere hat so einen Möckel am Start, der auch nicht einsehen will, dass er nicht der Chef im Ring ist. Kommt mir alles TOTAL bekannt vor.

Manchmal, ich gebe das sehr gern zu, hat man dann ja doch große Lust, den ganzen Kerl fortzuschmeißen und sich bei Amazon einen neuen zu bestellen. Gleichzeitig möchte man natürlich auch nichts überstürzen. Deswegen – wäre es nicht toll, es gäbe so eine Art Schwackeliste – wie für Gebrauchtwagen üblich – auch für den Mann? Einfach mal seinen Restwert bestimmen? Da würden natürlich so Sachen einfließen wie: *Wie viele Jahre hat er schon runter? In welchem Zustand befindet sich sein Chassis. Hat er Liebhaberwert? Wie fährt er sich?* Und ganz wichtig, jede Frau weiß, was ich meine: *Hat er Auspuffprobleme?*

Und tatsächlich! So etwas gibt es. Nennt sich CSI, *couple satisfaction Index*, und ist eine Art wissenschaftlicher Mit-dem-Ehemann-Zufriedenheits-Indikator. Der Test besteht aus Fragen, die funktionieren, selbst wenn du Chinesin bist. Das ist insofern relevant, weil eine chinesische Ehefrau zum Beispiel noch nicht mal zulassen würde, dass ihr Mann sie vor aller Augen küsst. Würde man also eine solche Frau fragen: *Wie oft gibt Ihnen Ihr Mann einen sexy Klaps auf den Popo?*, da käme man nicht wirklich weiter.

Und los geht's! Stift raus!:

Bewerten Sie jetzt jede der folgenden Fragen wie in der Schule mit 1 bis 6.

1 hieße: SEHR GUT, 6 VERGISS ES

20 Fragen ergeben maximal 120 Punkte.

Zählen Sie am Schluss alle Punkte zusammen.

1. Nie oder immer?

- *Hast du Spaß mit ihm?*
- *Magst du, wenn er da ist?*
- *Wie oft bist du mit deinem Mann derselben Meinung?*
- *Hast du das Gefühl, du kannst ihm alles sagen?*
- *Wie oft denkst du, dass die Dinge zwischen ihm und dir rundlaufen?*
- *Wie oft denkst du: Besser, ich wäre diese Beziehung nie eingegangen?*
- *Wenn du noch mal neu starten könntest, würdest du ihn noch mal heiraten?*
- *Fragst du dich manchmal, ob da draußen noch jemand anderes für dich ist?*

2. Wahr oder unwahr?

- *Ich habe eine warme und angenehme Beziehung.*
- *Ich fühle eine enge Verbundenheit zwischen uns.*
- *Unsere Beziehung ist stark.*
- *Unsere Beziehung macht mich glücklich.*
- *Ich fühle mich mit ihm in einem Team.*
- *Ich kann mir nicht vorstellen, unsere Beziehung zu beenden.*
- *Ich habe unsere Beziehung erst kürzlich in Frage gestellt.*

3. Super oder mies?

- *Wie glücklich schätzt du deine Beziehung ein?*
- *Wie gut ist deine Beziehung im Vergleich zu anderen?*
- *Wie viel gibt dir deine Beziehung zurück?*
- *Wie sehr deckt dein Mann deine Bedürfnisse ab?*
- *Inwieweit deckt sich deine Beziehung mit deinen ursprünglichen Vorstellungen?*

40 Punkte und weniger?

Wunderbar! Sie befinden sich in einer total glücklichen Beziehung. Kann natürlich sein, dass es Ihnen entgangen ist. Wie sagte einst Albert Schweitzer?: »Viele Menschen wissen, dass sie unglücklich sind. Aber noch mehr Menschen wissen nicht, dass sie glücklich sind.«

41 bis 80 Punkte?

Gratulation! Dein Partner ist tadellose 1B-Ware. Er hat zwar Probleme. Aber wenigstens die richtigen.

Ab 81 Punkte

Nun. Von Arnold Retzer, einem berühmten Psychotherapeuten, stammt folgende Parabel (ich hoffe, ich bekomme sie richtig zusammen): *Ein Jäger sieht im Wald lauter Bäume mit Zielscheiben, mitten im Schwarzen steckt überall ein Pfeil. ›Gütiger Gott‹, denkt er sich, ›was für ein Meisterschütze!‹. Schließlich begegnet er dem Schützen und verlangt zu wissen, wie dieser in der Lage ist, so gut zu treffen. »Ganz einfach!«, erklärt der Schütze. »Erst schieße ich den Pfeil ab, dann male ich die Zielscheibe drum rum.«* Ist dein Mann nicht da, wo du ihn haben willst, kannst du immer noch die Koordinaten ändern. Manchmal ist die Kunst eben, nicht das zu bekommen, was man will, sondern zu wollen, was man bekommt.

EHE =
INSTITUTION
ZUR LÄHMUNG DES
GESCHLECHTSTRIEBS
GOTTFRIED BENN

FRAUEN
GOLD
©BULO

41

FRÜHER WAR ALLES BESSER – SELBST DIE ZUKUNFT

ODER: UNSERE ELTERN HABEN NOCH GEKÄMPFT UM IHRE EHEN!

Im Wirtschaftswundermuseum – einem virtuellen Museum, das seine Besucher nur im Internet willkommen heißt – gibt es ein Ehefrauen-Stärkungsmittel zu bestaunen, das in den Fünfzigerjahren in Deutschland sehr populär war: FRAUENGOLD.

Unter der Überschrift *Sind Sie die ideale Frau?* lockte folgendes Etikett:

> *Packen Sie rechtzeitig alle Aufgaben an, welche Ehe, Beruf, Hausarbeit und Geselligkeit an Sie stellen? Haben Sie den inneren Schwung, um Frohsinn und Lebensfreude auszustrahlen? Oder machen Sie IHM etwa das Leben schwer? Liebe Freundin, verzagen Sie nicht, wenn Sie oft körperlich bedingten Stimmungen unterworfen sind, die Ihre Tatkraft lähmen, oder wenn Sie sich bedrückt oder gereizt fühlen. Wählen Sie Frauengold zu Ihrem treuen Begleiter! Es beflügelt Ihren Unternehmungsgeist und schenkt Ihnen jene ausgeglichene Heiterkeit, die von innen heraus verschönt, eine Welle von Sympathie und Wärme auf Ihre Umgebung ausstrahlt und Ihnen Bewunderung einträgt.*

Ach ja, die Fünfzigerjahre! Sind die nicht niedlich? Praktisch denken, Särge schenken! Wobei ich natürlich nicht verheimlichen möchte: Auch mir fehlt's oft an Ausstrahlung und beschwingtem Frohsinn! Insbesondere beim Aufräumen.

Und innere Schönheit? Da bin ich auch ziemlich nachlässig. Wobei: Welches Organ ist eigentlich gemeint? Die Eierstöcke? Na klar, so muss es sein! Ich bin ja eine Frau.

Und ob ich manchmal gereizt bin? Nun. Dann und wann ein kleiner Zehn-Liter-Kanister Frauengold mit Strohhalm drin zur Stabilisierung meines inneren Gleichgewichts wäre sicherlich nicht schlecht. Kleines Beispiel gefällig?

Ich zu Kolja: »Mensch KOLJA!! DU spielst mit deiner kleinen Schwester? Ich FASS es nicht!! Wie großartig ist das denn?«

Mein Zehnjähriger kniet engagiert auf dem Fußboden. Zwischen sich und Lilly eine herzallerliebste Playmobil-Landschaft aus Ruderboot, Palme, Schatztruhe. Normalerweise zanken die zwei Racker wie die Besenbinder.

»Ihr spielt Schatzinsel?«

Links hält Kolja einen Playmobil-Piraten in der Hand, rechts eine Prinzessin. Kolja nickt.

»DAS gibt eine Belohnung! Mama ist ganz stolz auf dich!«

Mein Sohn zuckt bescheiden die Schultern, als wolle er sagen: *Ach lass mal gut sein Mama, keine Ursache!*

»Ja, ja«, gluckst Lilly aufgeregt dazwischen, die Wangen gerötet, »das ist wirklich toll, Mama! Und dann ficken die immer!«

Neulich sprach ich mit meinem 55-jährigen Bekannten. Der sagte gleich: »Ach, ja klar! *Frauengold*! Hat meine Mutter immer getrunken!« Dann fragte ich testweise noch meine Schwiegermutter. Auch die so: »Aber ja! Na klar! FRAUENGOLD!«

In einer doppelt blinden Blindstudie fragte ich daraufhin noch meinen Schwiegervater: »Männergold?«

Der antwortete aber nur: »Häh?« Das sagt ihm also nichts.

Somit kann als bewiesen gelten. Frauengold gab's wirklich, im Gegensatz zu Männergold, und ganz Deutschland hat's getrunken. Was soll einem das sagen? UND: Warum wusste ich bislang nichts davon?

Ups, so steht´s bei Wikipedia:

> **Frauengold** (später auch **Frauengold-N**) war ein vorgebliches Stärkungsmittel, das ab 1953 rezeptfrei in Drogerien, Apotheken und Reformhäusern angeboten wurde. Es handelte sich um ein Herz-Kreislauf-Tonikum, für das gezielt mit seiner beruhigenden und stimmungshebenden Wirkung geworben wurde. Hauptwirkstoff mit mindestens 16,5 Volumenprozent ist Alkohol. Am 19. August 1981 vom Bundesgesundheitsministerium verboten, weil es Wirkstoffe enthielt, die als krebsfördernd und nierenschädigend gelten.

Tja, ähm. Was soll man dazu noch sagen?

Vielleicht, dass die Frauen von damals wirklich alles gegeben haben? Selbst ihre Nieren und die Leber, wie man jetzt sieht? Und dass man da mit Latte-macchiato-Trinken erst mal hinkommen muss? (Kleine Kritik an uns modernen Frauen, die wir unsere Ehen so schnell in den Sand setzen.)

Außerdem, lassen Sie mich mal kurz nachdenken! 16,5 Volumenprozent? Das entspricht einem flotten *Bailey's on the Rocks.* Kein Wunder, dass die Fünfzigerjahre-Mädels alle so gut drauf waren beim Käse-Igel-Basteln. Anderseits frage ich mich natürlich: Da hast du so einen Vollpfosten von Ehemann, darauf eine Flasche Frauengold – doch dann siehst du den Deppen gleich zweimal. Bringt dich das wirklich weiter? Oder willst du dann erst recht Frauengold?

Es wird natürlich viel darüber geschrieben und herausgefunden, warum die Ehen früher stabiler waren. Auch mein 55-jähriger Bekannter meinte sogleich: »Wären meine Eltern 30 Jahre später zusammengekommen, wären sie heute längst geschieden. Aber wo sollte meine Mutter denn hin mit den sechs Kindern! Es gab doch keine Alternative!«

Und hier möchte ich ansetzen!

Genau, es stimmt nicht! Früher war nicht alles besser. Bestenfalls war früher alles anders. Aber um heute das, was schlecht läuft, besser zu machen, lohnt vielleicht der Vergleich mit dem, was früher gut war. Sie wissen, was ich meine? Gehen wir konform?

Auch heute für immer verheiratet sein – so wird ein Schuh draus!

Hier drei kinderleicht zu befolgenden Tipps:

- Wie aktuelle Studien zeigen, sind Ehen heutzutage schwächer als vor einigen Jahrzehnten, aber dafür sind die guten Ehen deutlich stärker und die Partner glücklicher als in den besten Ehen früher. Also, auch wenn's kriselt! Sage dir: Tote werden nach der Schlacht gezählt! Durchhalten lohnt! Was eine Jahrhundertliebe ist, stellt sich erst am Ende der Jahrhundertliebe raus!

- Kennen Sie diese aufsehenerregende neue Studie aus Japan, nach der Kinder doppelt so intelligent und dreimal so musikalisch werden, wenn man ihnen vor dem Einschlafen aus dem Telefonbuch vorliest? Nein? Habe ich mir auch gerade ausgedacht. Aber – prüfen Sie sich mal! Gehören Sie auch zu diesen 99 Prozent Müttern, die sofort ein schlechtes Gewissen haben, wenn sie den Nachwuchs nicht optimal fördern? Doch wie steht's eigentlich mit der Förderung dessen, was diese Kinder erst hat entstehen lassen? Liebe? Partnerschaft? Gehen Sie da auch zu Entwicklungsgesprächen, um zu sehen, wie sie sich so macht? Wichtigstes Lernziel für die Zukunft: Weniger Mehrsamkeit, mehr Zweisamkeit!
- *Ja, meine Kunstfasergardinen, die bleiben jetzt hell und frisch, die vergrauen nicht mehr!* Auch dies ein Plakat aus dem Wirtschaftswundermuseum, darauf eine strahlende Hausfrau. Schrecklich glücklich und deswegen schrecklich spießig. Müsste ich heute aufschreiben, was mich glücklich macht, würde das eine lange Liste. Ist ja auch okay. Sie und ich, wir leben im dritten Jahrtausend. Und man kann bekanntlich die Uhr nicht einfach zurückdrehen.

Nein? Vielleicht ja doch. Für ein paar Minuten.

Ich nehme Sie jetzt mal an die Hand und wir lesen gemeinsam diesen Liebesbrief. Er ist nicht aus dem Wirtschaftswundermuseum. Er war vor ein paar Wochen in der FAZ abgedruckt.

Mein Geliebtestes!

Mein armer über alles geliebter Mensch ... Dass wir inzwischen ein viertes Kind haben, ich es erst acht Tage danach erfahren habe und diesen kleinen Menschen, der doch von mir stammt, nie im Leben sehen werde, kann ich einfach nicht begreifen ... Gib dem kleinen Wurm einen zarten Kuss auf sein Bäckchen von seinem unbekannten Papi ...

Geliebtes ... das ist das Entsetzliche an meiner Lage, Euch hilf- und schutzlos zurückzulassen, ohne auch nur mit einem Ratschlag helfen zu können. Ich zerbreche mir den Kopf, aber wie soll ich Dir einen vernünftigen Rat geben, wo ich doch die herrschenden Umstände gar nicht kenne. Meine einzige Zuversicht ist mein Glaube an Dich, an Deinen Mut und an Dein in der Not starkes Herz.

Mein Geliebtes ... ich kann schon kaum mehr schreiben und kann ja auch nicht alles in diesem einen Brief sagen und ich darf jetzt nicht sentimental werden. Der Gedanke, dass wir beide, die wir doch so ganz zusammengehören, uns nun nie, nie wieder auf dieser Erde sehen werden, ist für mich unfasslich. Sieben herrliche Jahre haben wir zusammengelebt. Du bist auch jetzt niemals von mir gewichen. Ich habe immer das feste Gefühl gehabt, dass Du neben mir hergehst, und mit diesem Gefühl werde ich bis zur letzten Sekunde bleiben ...

Einzigstes – Du glaubst nicht, wie schwer es mir fällt, diesen Brief und damit unser letztes Gespräch zu beenden, aber mal muss es sein. Wir werden uns über den Tod hinaus so lieb behalten, wie wir uns im Leben geliebt haben. Dieser Brief wird Dir weh tun, aber ich musste doch noch einmal alles mit Dir besprechen. Der liebe Gott beschütze Dich und unsere Kinder auf all Euren Wegen. Es umarmt Euch und liebt Euch über alles auf der Welt,

Euer Paps und Dein Heini.

Was für eine Liebe.

Doch. Wenn es vielleicht eine einzige Sache gab, die früher möglicherweise, eventuell besser war, dann, dass man sich nicht mit so viel unerträglich Unwichtigem aufgehalten hat.

Den Brief schrieb der 35-jährige Heinrich Graf von Lehndorff-Steinort am 3. September 1944, dem Vorabend seiner Hinrichtung, in seiner Todeszelle in Plötzensee.

42

FRÜH GEFREIT, NIE GEREUT?

Lesen Sie Zeitung? Dann kennen Sie das bestimmt: Die Abbildung eines Pärchens, das aussieht, als sei es zu heiß gewaschen worden. Unter der Überschrift:

Karl-August und seine Wilhelmine-Kunigunde!
100 Jahre glücklich verheiratet!

Meist ein Text mit dem Geheimnis ihres ewigen Glücks:

Keine Minute getrennt, jeden Tag zwei Kniebeugen
und am Wochenende einen Schnaps!

Und du denkst: Das mit den Kniebeugen und dem Schnaps krieg ich hin. Aber jeden Tag zusammen? Das ist hart.

Aber Spaß beiseite. Wie ist das eigentlich? Gibt es so eine Art Frühbucherrabatt bei Beziehungen? Gilt: Je eher ich heirate, desto größer meine Chance, die goldene Hochzeit zu erleben?

Nein! Sagt Professor Dr. Michael Wagner, Direktor des Forschungsinstituts für Soziologie der Universität Köln. Die Scheidungsforschung hat eindeutig ergeben: Je früher ein Paar heiratet, desto höher das Scheidungsrisiko. Mit zunehmendem Alter sinkt die Zahl der Trennungen drastisch ab, bei Männern um zwei Prozent pro Lebensjahr, bei Frauen sogar um sieben Prozent. Demnach müsste es eher heißen: Spät gefreit hat nie gereut.

Aber was ist der Grund für die schlechte Prognose jung geschlossener Ehen? Die Forschung sieht vier Ursachen:

- Zum einen ist es ein mathematisches Problem: Wer 18 ist beim Heiraten, kann seinen Partner rein rechnerisch noch nicht jahrelang kennen. Meist ist die Beziehung sogar noch taufrisch. Wer also Hals über Kopf zum Traualtar stürmt, sagt auch Ja zu Macken, Schrullen und Ticks, die er noch gar nicht kennt. Doch Vorsicht: Wer zu lange sucht, findet nicht zwingend was Besseres, was noch toller passt. Gerade Männer werden mit zunehmendem Alter schwierig in der Haltung, weil schon zu viele Expartnerinnen an ihnen rumerzogen haben.

- Das Kohle-Problem: Junge Liebe auf Bananenkisten ist meist nur in Hollywoodfilmen romantisch. In der Realität schmust es sich erheblich besser auf der Couch. Auch Urlaubsreisen, Restaurantbesuche und ein Auto streicheln die Beziehung, während chronische Geldknappheit ein Liebeskiller ist.
- Das Stirnlappen-Problem: Während Nase, Füße, Beine, Arme bei Mädchen mit etwa 15, bei einem Jungen bis spätestens 20 fertig entwickelt sind, trödelt unser Stirnlappen mächtig rum. Bei Frauen wächst er bis 25, bei Männern bis 30. Im Stirnlappen sitzt unser »Bauch«, unsere Intuition. Hier wird entschieden, wie wir reagieren, ob wir vernünftig sind, über die Stränge schlagen, uns zusammenreißen. Erst wenn der Stirnlappen fertig ist, sind wir gefestigte, kalkulierbare Persönlichkeiten. Möglicherweise flüstert er uns dann kluge Ehetipps zu. Zum Beispiel: 'Psst! Je älter du bist, desto geringer deine Chance, im Trennungsfall einen neuen Partner zu finden. Also reiß ich dich mal am Riemen!'
- Das Geschmacks-Problem: Wer jung ist, entwickelt sich nicht nur seelisch und emotional stark weiter, auch beruflich und geschmacklich tut sich noch einiges. Mit sehr viel Glück geht meine Entwicklung in dieselbe Richtung wie die meines Partners, mit hoher Wahrscheinlichkeit allerdings biegt der eine links ab an irgendeiner Lebenskreuzung, wo der andere geradeaus weiterfährt. Und so begegnet man ihnen immer wieder, den ungleichen »Früh-Getrauten« – sie inzwischen als etwas spießige Hausfrau mit Perlenkette und er als smarter Manager mit der Senator-Karte. Oder er hört Lohengrien, während sie zum Hot-Yoga mit Freundinnen rennt.

Was lernen wir?

- Das durchschnittliche Heiratsalter in Deutschland liegt für Frauen bei 31 Jahren, für Männer bei 34. Und sind die vor

Scheidung gefeit? Auch nicht. Deswegen: Die Risiken und Nebenwirkungen einer frühen Heirat brav und artig lesen – um dann dem Herzen zu folgen. Thomas Müller, Bayern-Nationalspieler, und seine Frau Lisa waren beide 20, als sie sich das Jawort gaben. Beide sind sich sicher: »Ja. Das hält für immer!«

- Was heißt schon »für immer«? In der deutschen Rechtsprechung ist ein »Lebenslang« auch nur 25 Jahre. Deswegen: Vergessen Sie Zeiteinheiten. Viel wichtiger ist doch das Signal. Da ist jemand, der sich schon in ganz frühen Jahren zu 100 Prozent zu mir bekennt. Der nicht castet, sondern liebt. Der nicht 100 Marmeladen probieren muss, um zu wissen: Ich bin *seine* Schwartau Extra. Das ist ein ganz schön starkes Liebes-Pattex, finden Sie nicht?
- Ausnahmen bestätigen die Regel. Gerade weil alle skeptisch gucken und unken, könnte ich mir vorstellen, werden sich Thomas und Lisa Müller bei ihren Ehekrisen besonders viel Mühe geben. Außerdem: Alle Ehefrauen, die mit einem Männermodell älteren Semesters verheiratet sind, werden mir recht geben: So eine fabrikneue Twenty-something-Erstzulassung, der man noch beibringen kann, die Klobrille runterzuklappen, hat auch was.

43

VERHEIRATETE LEBEN LÄNGER

Gestern habe ich *Gone Girl* geguckt. Das ist diese Geschichte eines Ehepaars, wo sie versucht, ihm den Mord an ihr anzuhängen. Etwas komplizierte Geschichte. Egal. Jedenfalls: Nach dem Gucken des Films ist dir klar:

Verheiratetsein ist mörderisch. Auch bei Agatha Christie bringen sich die Ehepaare ja gern gegenseitig um die Ecke. Wenn man nach offiziellen Kriminalstatistiken geht, sind zwar eher die Männer die Täter. Dafür werden Frauen härter bestraft, da ihre Morde meist nicht im Affekt passieren, sondern nach reiflicher Planung. Verstehe ich. Peter Ustinov sagte mal: »Ich glaube nicht, dass verheiratete Männer länger leben als Frauen. Es kommt ihnen nur länger vor.«

Und was sagen die Zahlen? Leben Verheiratete nun kürzer oder länger? US-Altersforscherin Ilene C. Siegler aus Syracuse untersuchte dazu die Persönlichkeits-, Lifestyle- und Beziehungsdaten von 5000 Universitätsabgängern, gesammelt über 50 Jahre. Und nun lassen Sie mal auf sich wirken, was sie herausfand! Ehestress hin oder her: Unverheiratete haben ein doppelt so hohes Sterberisiko wie Verheiratete.

Auch das verstehe ich! Männer brauchen Frauen, die mit ihnen nörgeln und unzufrieden sind. Wer außer der eigenen Ehefrau sagt schon: *Nimm ab!*? Wer je Zeuge sein durfte, wenn Männer Hosen kaufen gehen, weiß: Niemals ist der Bauch zu dick, immer nur die Hose Mist. Erste Regel. Zweite Regel: Männer sind niemals übergewichtig, im Verkäuferinnen-Sprech heißt das *stattlich*. Dritte Regel: Wenn gar nichts mehr geht, werden einfach mal die Ponähte ausgelassen. Und vierte Regel: Weil das alles so anstrengend war, braucht er anschließend einen Burger.

Nun scheint das alles sehr plausibel: Ehepaare werden älter, weil sich die Frau vors Dosenravioli wirft, Broccoli kocht und mit ihm und sich selbst Gassi geht, sodass sich Sauerstoff in die Lunge verirren kann. Aber dennoch: Leider ist das nicht der Grund. In Sieglers Altersstudie gab es nämlich Ehepaare, die sich gesund ernährten und sportorientiert waren, aber auch solche mit Hang zu Pommes und Süßkram, die lieber fernguckten, als sich zu bewegen. Und selbst die lebten länger als Unverheiratete. Was ist also der wahre Grund?

Forscher machten sich auf die Suche nach dem geheimisvollen Zauberstoff, der Ehepaare frisch und knackig hält. Denn das ist ja auch immer ein Geschäftsmodell: Hundert Gramm davon morgens übers Müsli, und du kannst noch in 50 Jahren an deinem Mann rumerziehen. Verlockend. Mir wäre das auf jeden Fall einen Extra-Euro wert. (Wobei man die Reihenfolge der Einnahme klarkriegen müsste: Erst das Fläschchen Actimel für die Darmbakterien, oben drauf der Detox-Gurken-Ingwer-Radikalfänger-Smoothie mit Diestel-Öl-Spritzer gegen Zellfraß, anschließend das Lactose-Fructose-Gluten-freie-Soja-Müsli für gegen alles – und dann auf Klo, weil einem das Würgen kommt.)

Und was fanden die Forscher?! Sie isolierten einen Stoff namens »Glück«.

Tatsächlich beweisen Studien, dass Ehepaare nicht nur gesünder sind, sondern auch glücklicher und zufriedener. Dass dieses Glück und diese Zufriedenheit ihre Ehen haltbarer macht. Und dass dies alles Männern prompt zu einem sieben Jahre längeren Leben verhilft. Das durchschnittliche Haltbarkeitsdatum von Ehefrauen verschiebt sich immerhin um zwei Jahre nach hinten.

Die Wissenschaft spricht bei Männern sogar von einem dramatischen *widowhood effect*, Witwer-Syndrom. Stirbt die Frau, erhöht sich die Wahrscheinlichkeit, dass auch er innerhalb der nächsten zwölf Monate seine Koffer packt und zum lieben Gott reist, um 30 bis 100 Prozent. (Für Frauen scheint Ähnliches zu gelten, ist aber bislang noch nicht so gut erforscht.)

44

VORSICHT FALTEN!

ODER: ER GEHT, WEIL ER EINE JÜNGERE HAT

Wissen Sie, als Frau kann man sich ja ganz entspannt zurücklehnen. Du alterst nämlich nicht. Du wirst gealtert. Sehr energiesparend.

Schon mit Mitte zwanzig beginnt deine Haut, ihre Memoiren zu schreiben, ohne dass ihr zwei darüber ein einziges Mal gesprochen hättet. Die Kosmetikindustrie nennt das Falten. Überbringer der Kunde: Die Douglas-Verkäuferin. Die tut dir eine Augencremeprobe in die Tüte, dabei bist du noch mit deinen Pickeln beschäftigt. Auch deine Post kriegt unaufgefordert Alterserscheinungen. Früher im Briefkasten: Viel Büttenzeugs, also Vermählungsanzeigen, Taufeinladungen, Grußkarten mit Fotos frisch geschlüpfter Babys. Was finde ich heute, im – geschätzten – August meines Lebens? Vermehrt: Infoschreiben der Rentenkasse, Einladungen zum Fünfzigsten. Und Weihnachtspostkarten, wo das liebe Kleine von einst nun Bart trägt. Meist umringt von weiteren Ex-Babys, die sämtlich bei den Dallas Mawericks spielen könnten – so was von unkontrolliert ins Kraut geschossen! Selbst mein Zahnarzt spielt das Spiel mit: Früher hieß es: »Lassen Sie uns doch mal ein Bleeching machen, Frau Kessler!« Heute: »Na, was machen die Zahnhälse?« Ein Elend ist das.

Aber besonders unüberhörbar klopfen meine Siebenundvierzig an, wenn ich mit meinen Freundinnen lästere. Früher ging das nämlich so: »Psst! Stell dir mal vor, wer mit wem zusammen ist?!« Heute: »Psst! Rate mal, wer sich gerade getrennt hat?« Oder gern auch: »Weißt du, wer gerade verlassen worden ist?«

Erschütternd. Dann fasse ich mir immer sofort an die Kehle. Nicht, was Sie denken. Ich taste meine Halslymphknoten auf Schwellungen ab, ob mich vielleicht auch schon der Scheidungserreger erwischt hat. Diese Trennungen erscheinen mir wie ein Virus.

Wie las ich kürzlich? Eines der fünfzehn beliebtesten Jugendwörter für ältere Frauchen wie mich? Gammelfleisch. Lese ich dann noch fünf Minuten Gala oder Bunte, darf ich anschließend tatsächlich drei neue Falten in meinem Gesicht begrüßen: Gefühlt auf jeder dritten Seite ein welkes Perlhuhn, das vom Gatten gegen die knusprige Babysitterin getauscht wurde. Wie soll da meine Stirn glatt bleiben? Da kann ich doch als Frau nur sorgenvoll-runzelnd in die Zukunft gucken.

Okay. Butter bei die Fische. Wie groß ist das Risiko, dass mein Mann – simsalabim! – ein junges Bunny aus dem Hut zieht und sich dann gemeinsam mit ihm wegzaubert? Hier der Faktencheck:

1. Von 185 000 Scheidungsanträgen im Jahr 2010 wurden 56 Prozent von der Frau eingereicht, nur 36 Prozent vom Mann. Der Rest? Gemeinschaftsarbeit. Statistisch betrachtet werden Ehemänner also deutlich häufiger verlassen, als dass sie selber die Biege machen.
2. Im Rahmen einer Umfrage des Bundesinstituts für Familienforschung wurden 5000 zufällig ausgewählte Personen gebeten, folgenden Satz zu vervollständigen: »Eine Partnerschaft funktioniert gut, wenn man ...«?

82 Prozent antworteten:	»... sich liebt!«
75 Prozent:	»... dem anderen Freiräume lässt.«
53 Prozent:	»... eine erfüllte Sexualität hat.«
40 Prozent:	»... gemeinsame Kinder hat.«
23 Prozent:	»... genug Geld hat.«
6 Prozent:	»... im Zweifelsfall den Kerl entscheiden lässt, wo's langgeht.«
0 Prozent antwortete:	»... wenn die Frau total faltenfrei ist!«
Ebenso fehlte die Antwort:	»... wenn das Alter der Frau mit der Zimmertemperatur korreliert!«

Kurzum: Sein Gehen damit zu erklären, dass die Andere weniger Falten hat, gleicht dem Versuch, die Schwimmkünste von Franzi van Almsick an ihren lockigen Haaren festzumachen.

Studien belegen: Männer brechen erst dann aus ihrer Ehe aus, wenn sie sexuell unterversorgt sind und eine neue Frau in den Startlöchern steht, die diese Versorgungslücke schließt. So genommen ist die Geliebte, ob glatt oder angerunzelt, nicht Ursache der Trennung, sondern ihr Symptom. Man könnte auch sagen: Sie ist das Raucherbein, nicht die Zigarette.

3. Der US-Psychologe Jan Sinnott von der Towson State Universität in Baltimore sagt: »Jüngere Männer sind fasziniert vom Selbstvertrauen und der Ausstrahlung reifer Frauen.« Derartige Beziehungskonstellationen – sie Gebrauchtwagen, er Erstzulassung – zeigen sich harmonischer und dauerhafter, als es das Vorurteil zunächst erwarten ließe. Schon jetzt ist in jeder fünften Ehe sie älter als er. Wenn wir also immer als Erstes denken, die Faszination der Anderen ist ihre Faltenlosigkeit, ist es vielleicht in erster Linie Knitter in unserem eigenen Kopf.
4. Psychotherapeut Wolfgang Krüger sagt: Vor die Entscheidung gestellt, er oder ich, entscheiden sich 55 Prozent aller Frauen für ihren Liebhaber, der meist deutlich attraktiver und oft auch jünger ist als der eigene Mann. Umgedreht: Männer, vor die Frage gestellt, sie oder ich, entscheiden sich nur in zehn Prozent der Fälle für die Neue. Belegt eine andere Studie. Dass also immer die Frau bangt, wann sie ausgetauscht wird, ist, als würde das Krokodil zittern, wann das Gnu kommt. Gleichberechtigung!

Okay, wie rühre ich mir jetzt aus all diesen Infos eine Ehefrau-Antifaltencreme?

1. Sag dir: Dass er dich verlässt, weil er eine Jüngere hat, passiert tatsächlich. Aber nicht so oft, wie frau glaubt. Fall von fokussierter Wahrnehmung. Kennt man doch von früher: Überall fröhlich knutschende Paare, nur dich will keiner außer der verpickelten Brillenschlange aus der 8c. Stimmt ja so auch

nicht. Immerhin bist du jetzt mit diesem tollen Typen verheiratet. Das ist doch ein echter Radikalfänger-Gedanke, oder?

2. Booste dein Selbstbewusstsein mit folgender Statistik: Ab neun Jahren Altersunterschied ist das Trennungsrisiko etwa doppelt so hoch. Dein Hase hätte also nicht lang Freude an seinem neuen Bunny.
3. Optimismus ist der beste Straffer! Wisse: Bei Trennung gibt's nicht nur die Abwärtsspirale. Gerade frisch eingetroffen auf dem Markt der Lebenskatastrophen: Die Aufwärts-Spirale. Soziologie-Professor Michael Wagner sagt nämlich: Je höher die Scheidungsraten in Deutschland, desto mehr Frisch-Singles, die frei herumlaufen. Desto höher die Chance, eine attraktive Alternative zum jetzigen Partner zu finden. Also: Er weg? Bedeutet: Du wärst frei für George Clooney, der sicherlich sehr demnächst von Amal aussortiert wird, weil er ihr zu alt ist.
4. Und auch diese Tatsache müsste Ihnen Glow ins Gesicht zaubern. Und ins Herz: Männer sind zwar Männer – aber dennoch nicht die Gefühls-Erstklässler, für die sie immer gehalten werden. Eine frische britische Studie erklärt jetzt, warum die Herren der Schöpfung viel seltener die Scheidung einreichen: Nicht Phlegma. Nicht Duldungsstarre. Nicht die bange Frage: Schmiert die Neue mir auch Schnittchen? Oder die Sorge: Wie teuer kommt mich die Scheidung? Ausschlaggebendes Kriterium: Wie ist das, wenn ich meine Kinder nicht mehr küssen kann? Die Lebenswirklichkeit ist nämlich: Ein Mann, der seine Frau verlässt, verlässt auch seine Kinder, die in neun von zehn Fällen bei Mama bleiben. Am Ende ist es die Liebe, die den Mann hält. Wenn auch in Gießkannenform. Oder, um es mit den Worten meines Mannes zu sagen, der nicht gerade anfällig ist für philosophische Betrachtungen im Hier und Jetzt: »Katja? All diese geschiedenen Väter, die bis aufs Blut um ihre Kinder kämpfen, statt sich zu sagen: ›Herrlich, jetzt

bin ich frei!‹ Weißt du was? Jetzt erst verstehe ich das.« Da hatte er das erste Mal sein neugeborenes Mädchen auf der Brust.

Und für den Fall, dass der Kerl wirklich von Bord geht?

Dann, bitte!, versprechen Sie mir: Quälen Sie sich nicht in Endlosschleife mit dem Warum herum! Man möchte zwar sagen können: *Er ist weg, weil (die andere jünger/dünner/blonder/witziger/williger ist)*, das entspricht unserem *Kausalitätenwunsch*, wie die Wissenschaft es nennt. Man ist dann Robert Koch, der beim Blick durchs Mikroskop erfolgreich den fiesen Tuberkelerreger identifiziert hat. Aber wissen Sie, am Ende ist es vielleicht gar keine Wissenschaft. Am Ende ist es möglicherweise sogar ganz simpel: Er hat sich verliebt. Einfach so. Ohne irgendwelche Regeln.

Und bis es so weit ist? Trinken sie erstmal viele Hektoliter Tee und entspannen. Es gilt der weise Satz von Mark Twain: »In meinem Leben habe ich unvorstellbar viele Katastrophen erlitten. Die meisten davon sind nie eingetreten.«

45

ICH DACHTE, MEINE EHE SEI GUT, BIS MEINE FRAU MIR SAGTE, WIE SIE SICH FÜHLT

Oder: Jetzt reicht's!

Im Sommer des Jahres 1993 griff Lorena Bobbitt, eine 23-jährige Kosmetikerin, zum Küchenmesser, mit dem sie sonst die Petersilie hackte, und schnippelte ihrem schlafenden Ehemann John Wayne den Dödel ab. Den warf sie auf einen Seven-Eleven-Parkplatz, wo er gefunden und dem Mann wieder angenäht werden konnte. Bei ihrer Verhaftung gab sie zu Protokoll: »Mein Mann kommt immer zum Orgasmus und wartet nicht auf mich!« Sie landete in der Psychiatrie, fand aber in den nächsten zwei Jahren noch 36 Nachahmungstäterinnen. Ihr Ehemann avancierte zu einer Art Männerheld: Sein Gesicht schmückte fortan Talkshows, T-Shirts und Bierdosenkühler. Dass seine Frau sich schlecht behandelt gefühlt hatte von ihm, davon hatte er nichts mitbekommen.

Der Psychoanalytiker Wolfgang Schmidbauer sagt: »Der Mann denkt, die Ehe funktioniert, wenn die Kinder gewaschen sind, Essen auf dem Tisch steht und manchmal noch Sex stattfindet. Die Frau hingegen ist ganz unzufrieden, sie sagt, so können wir nicht leben, wir unternehmen nichts gemeinsam, wir reden nicht miteinander.«

Aber warum ist das so?

Warum können wir nicht reden?

Warum kriegen Männer nichts mit?

Nun ist verzögerte Wahrnehmung keine Domäne von Männern. Es gibt ja auch Frauen wie die schusselige Isabelle Dinoire, deren Geschichte ich hier ganz kurz erzählen möchte. Damit keiner sagen kann, dass ich immer nur auf den Männern herumhacke. Dinoire wachte eines Morgens auf und versuchte, sich eine Zigarette in den Mund zu stecken: Huch! Dachte sie sich. *Die hält ja gar nicht! Was hab ich da nicht mitgekriegt?* Mit dezentem Kopfschmerz schleppte sie sich vor den Badezimmerspiegel – und sah sich mit der spannenden Frage konfrontiert: Wo sind eigentlich meine Lippen? Meine Nase? Das Kinn? Die hatte ihr Labrador, wie sich herausstellte, des Nachts weggeknabbert. Dinoire wurde die erste Gesichtstransplantierte der Welt. Zugegeben: Ein paar Schlaftabletten sollen bei dem Unglück im Spiel gewesen sein.

Aber zurück zum Thema:

Wie kann ich mich besser verständlich machen? Wie leichter durchdringen zu meinem Partner?

Ich frage das auch im eigenen Interesse, denn Kommunikation läuft bei mir zu Hause seit 15 Jahren nach folgendem Muster:

Ich sage: »Du, wir müssen noch Weihnachtskarten schreiben/

den Keller aufräumen/Omi anrufen!« Damit meine ich (und das überrascht meinen Schatzi immer wieder aufs Neue): ›Du, WIR müssen noch Weihnachtskarten schreiben/den Keller aufräumen/Omi anrufen!‹«

Wenn er nämlich sagt: »Du, wir dürfen die Knoblauchsoße nicht vergessen/müssen mal die Glühbirne im Flur austauschen!«, dann (das habe ich mühsam lernen müssen) meint er: 'DU musst auf jeden Fall Knoblauchsoße kaufen und schön, wenn DU auch an die Glühbirne denkst, die ist nämlich schon seit zwei Wochen kaputt!«

Ich sage mal: Sein WIR ist ein *Delegier*-Wir und stammt aus dem Sprachbaukasten: *Der kleine Manager – Teil I.* Mein WIR ist ein kuscheliges Team-Wir. Und das Schlimme? Das Delegier-Wir funktioniert hervorragend: Ich schraube in unserer Bude alle Birnen. Aber Schatzi räumt natürlich niemals den Keller auf.

Man kann das jetzt natürlich noch weiterspinnen.

Ich beginne zum Beispiel total gern Konfliktgespräche mit: »Du, wir haben ein Problem!« Und wissen Sie, was mein Verdacht ist? Mein Schatzi versteht in dem Satz nicht nur nicht das Wort »wir«. Er versteht auch das Wort »Problem« nicht.

Ich habe mal gelesen, dass die Voyager-Raumsonden mit Kupferschallplatte ins Weltall geschickt wurden, darauf Grußbotschaften in 55 Sprachen, (weil man ja nicht weiß, auf was für Aliens sie so alles stoßen werden und wie sprachaffin die sind). So sagt zum Beispiel eine Stimme auf Amoy, einem ostchinesischem Dialekt: »Freunde des Weltraums, wie geht es euch? Habt ihr schon gegessen? Besucht uns doch mal, wenn ihr Zeit habt!« Außerdem gibt's für den geneigten Außerirdischen Louis Armstrong und melanesische Panflötenmusik. Womit wir wieder bei den Männern wären. Vielleicht brauchen wir Frauen ja auch eine Kupferschallplatte mit einer Auswahl an Dauer-Grußbotschaften? Zum Beispiel: »Du süß, aber Happi-Happi selber kaufen!« Dazu Frank Sinatras *I did it my way*?

Okay.

Darüber hinaus hier nun ein paar konkrete Vorschläge, wie sich die verbale und non-verbale Kommunikation innerhalb einer Beziehung mit ganz einfachen Mitteln pimpen lässt:

- Zum Beispiel ist spannend, was Doktor James Roney von der Uni Chicago in einer Studie 2002 über die Interaktion von Mann und Frau herausgefunden hat. Sobald sich ein männlicher Student in einer flirtartigen Situation mit einer Frau wiederfand (also sie ihn anlächelte, ihm zuzwinkerte), stieg der Testosterongehalt seines Speichels um sagenhafte 30 Prozent. Gleichzeitig legte er ganz »unmännliche« Verhaltensweisen an den Tag. Also: Er hörte total aufmerksam zu, interessierte sich für sein Gegenüber, kriegte die Zähne auseinander, sprach schnell und stellte Fragen.

  Erstaunlich. FLIRT ist also der Joystick für den Mann, sein Steuerknüppel, mit dem wir Frauen ihn geschickt durch den Alltag manövrieren können.

  Hier Kommunikations-Tipp Nr. 1 (auch für altgediente Ehefrauen): Blinzeln und Brüste raus.

- Wissenschaftler vergleichen Sprechen mit Tanzen: Einer gibt das Thema vor, der andere klinkt sich ein, so schwingt man hin und her. Die einen können das weltmeisterlich, andere trampeln sich hoffnungslos auf die Füße. Und immer spiegeln wir in unserer Wortwahl unbewusst unser Gegenüber und unser Gegenüber spiegelt uns. Die Wissenschaft nennt diese Nachahmung *Mimikry*. Mimikry machen wir auch bei Mimik und Gesten; sogar unsere Nerven funken ähnlich. Schon zwei Tage alte Neugeborene synchronisieren ihre Bewegungen mit Mamas Sprachmustern. Wie irritierend es ist, wenn Mimikry fehlt, zeigt sich, wenn man ein Interview mit

Stevie Wonder und Grand-Prix-Kandidatin Corinna May anschaut, beide seit Babytagen blind: Sie lächeln zu spät oder gar nicht oder zu viel, weil die optische Rückkoppelung fehlt.

Psychologieprofessorin Molly Ireland und ihr Kollege James Pennebaker von der Uni Austin nennen das Kommunikations-Mimikry von Menschen LSM, *language style matching,* Sprachstil-Übereinstimmung. Und wer mal drauf achtet, wird erschrocken feststellen: LSM ist wirklich überall. Selbst meine beiden kleinen Jungs können LSM. Erst stehen sie vor mir und säuseln: »Mama, wir haben dich lieb!«, und ich antworte: »Ich euch auch!«, und eine Minute später sagt der Zehnjährige zum Zwölfjährigen: »Du Arsch!« Und der entgegnet: »Selber Pimmel!«

Kommunikations-Tipp Nr. 2: *Wie man in den Wald hineinruft, so schallt es heraus.* Leg DU euren Paar-Sound fest. Hege ihn. Man erntet die Sprache, die man säht. Wer lobt, hört Lob, wer nörgelt, wird selber bekrittelt.

Wir Frauen kommunizieren im Allgemeinen mit der Absicht, im Kopf unseres Gegenübers ein positives Bild zu produzieren. Wir sind da geschickter, aber auch ehrgeiziger als unsere Männer. Wir frisieren, kämmen, föhnen und ondulieren unsere Worte und Aussagen – und wechseln darüber die Sprachebenen wie ein Jet seine Reiseflughöhe. Mal sind wir Busenfreundin und dann wieder Dr. Schlau. Die Wissenschaft hat auch dafür einen Fachbegriff: CAT, *communication accomodation theory* oder Sprach-Anpassungs-Modus. CAT hat den Vorteil, dass sich andere mit uns wohlfühlen. Und den Nachteil, dass wir uns oft nicht mit uns selbst wohlfühlen. Weil wir uns eben anpassen und verbiegen.

Also, Kommunikations-Tipp Nr. 3: Finde in deiner Beziehung zu einer Wohlfühl-Sprache. Frag dich zuerst: Was will ICH sagen? Und nicht: Was will MEIN PARTNER hören?

Die Hirnwissenschaftlerin Sarah Brown-Schmidt von der Uni Rochester und ihr Kollege Michael Tanenhaus haben herausgefunden: Blickkontakt beschleunigt Kommunikation. (Schade, dass die Studie schon durch ist, hätte nämlich noch ein tolles Versuchskaninchen zur Hand: meinen Schatzi. Wenn wir sprechen, macht er sehr gern nebenbei die Post auf oder guckt fern. Ist doch lustig: Sonst geht immer nur eine Sache zur Zeit, und plötzlich Multitasking.)

Brown-Schmidts zentrale Erkenntnis: Sprache erreicht uns nicht nur übers Ohr, Sprache erreicht uns auch über die Augen. So beweisen Studien: Zuhörer verstehen ein Referat besser, wenn sie Blickkontakt mit dem Referierenden haben.

Hier Kommunikations-Tipp Nr. 4: Übe mit ihm, dass er dich ansieht, wenn ihr sprecht.

Jede Beziehung verfügt über eine Art *Gebärden-Intranet*. Sprich: non-verbale Datenübertragung via Körperhaltung, Körperspannung, Kopfneigung, die dem Gegenüber Aufschluss darüber gibt, was so der Stand der Dinge ist. Männer ziehen daraus elementarste Informationen wie: *Ist meine Alte stinkig? Kann ich jetzt noch mal zum Sport gehen, ohne dass sie ausflippt?* Die Wissenschaft spricht von einer *koordinativen Struktur.*

Dazu Kommunikations-Tipp Nr. 5: Rede mit Händen und Füßen, unterfüttere alles, was du sagst, mit Gesten, das vermeidet im Männerhirn Fehl-Verlinkungen. Also, sag ihm: »WIR schreiben jetzt Weihnachtskarten!«, dabei tippst du mit deinem Zeigefinger zuerst auf seine Brust, dann auf deine. Schon weiß er: *Ah, Team-Wir!*

Wenn wir unseren Partner wirklich mögen, entwickeln wir mit ihm eine Art Geheimdialekt, in der es nur so wimmelt von Egal-Worten wie »das«, »ein«, »ist«, »etwas« – jedes für sich betrachtet harmlos, aber beim Auftreten im Rudel ein klares Anzeichen für starke Verbundenheit. Fazit: günstige Beziehungsprognose.

Herausgefunden hat das Sprachforscher Pennebaker, indem er Paar-Talk aufzeichnete und durch eine Art Kommunikations-Häckselmaschine schob: das Computer-Wortzählprogramm LIWC.

Hier also Wie-rede-ich-mit-meinem-Mann?-Tipp Nr. 6: Entwickle einen Sprachcode! Viele Männer reagieren zum Beispiel sehr positiv auf den Einsatz von Chef-Sprech. Also statt: *Oh, wie schön, viele leckere Soßen*! Sagst du: *Soßenmäßig sind wir gut aufgestellt! Benchmark erreicht! Danke, Schatz!*

Und dann gibt's natürlich noch die schönste Sprache der Welt, die von Feuerland bis Nordnorwegen alle sprechen: Sex. Nichts macht glücklicher als er, haben Forscher vom Dartmouth College in New Hampshire und Andrew Oswald von der Universität Warwick herausgefunden, indem sie die Daten von 16 000 Amerikanern auswerteten. Sex lässt sich sogar in geldwerten Vorteil umrechnen. Ein Paar, das keinen Sex hat, muss pro Jahr theoretisch 40 000 Euro mehr verdienen, um genauso glücklich zu sein wie ein Paar, das wenigstens einmal alle dreißig Tage miteinander schläft.

Und damit der siebte und letzte So-rede-ich-mit-meinem-Kerl-Tipp: Einfach mal miteinander ins Bett gehen. Das synchronisiert enorm.

Also, zusammenfassend lässt sich sagen: Mit Männern kommunizieren ist eine Kunst wie Nägel-Maniküren oder Fische-Entgräten. Man braucht Geschicklichkeit, eine gewisse Routine sowie Liebe fürs Detail. Und es geht immer wieder von vorn los.

Und ja, die Kommunikation verschlechtert sich im Laufe einer Ehe. Es ist wie beim Radiohören. Am Anfang ist der Sender sauber drin, der Empfang klar. Aber dann, mit der Zeit, macht der Kerl so komische Störgeräusche und du musst halt wieder ein bisschen am Knöpfchen drehen.

Doch die gute Nachricht zum Schluss: Frau braucht keine Sprachwissenschaftlerin zu sein, um erfolgreich verheiratet zu sein. Das Blöde an Männern ist nämlich ihr Gutes. Sie wollen keine komplizierte Kommunikation. Das ist der Erfolg von Sex-Hotlines, da arbeiten bekanntlich ja auch keine Germanistinnen.

PS: Auch Napoleon ist übrigens sein Ding los (da sind sich alle Wissenschaftler einig: ein minikleines). Dreitausend Dollar soll der amerikanische Urologe John Lattimer 1977 dafür bezahlt haben, um es sodann 30 Jahre lang in einer Schachtel unter seinem Bett aufzubewahren.

Ob man Zwiegespräche führte?

46

TAUSCHE PISTOLE GEGEN BRAUTKLEID

ODER: HEUTZUTAGE WIRD ZU SCHNELL AUSEINANDERGERANNT

Was haben ein Rauhaardackel und eine Ehe gemeinsam? Ihre Lebenserwartung. Ein Dackel wird etwa 14 Jahre alt. So lange braucht auch eine durchschnittliche deutsche Ehe, um den Löffel abzugeben.

Sitzen Sie gut? Hier mal ein paar Statistiken zum Gruseln:

- Etwa 180 000 Paare landen jährlich beim Scheidungsanwalt. Das entspricht der Anzahl von Bandscheibenvorfällen in Deutschland.
- Von 1950 bis 2011 wurden 8,64 Millionen Ehen zu Grabe getragen. Würden sich all diese Männer und Frauen an die Hand fassen, wäre das eine Schlange bis Auckland.
- Von 180 000 Paaren, die Ja sagen, beantragen 50 noch im selben Jahr die Scheidung.
- 35 Prozent aller Ehen, die heute geschlossen werden, geht in den nächsten 25 Jahren in die Brüche.
- Während in diesem Moment 1100 Paare im Standesamt stehen und Ja sagen, reichen zur gleichen Zeit 466 Paare die Scheidung ein.

Nun sind Zahlen wie Schwangerenbäuche, der eine findet sie zu groß, der andere zu klein. Aber ganz objektiv: Scheidung ist nichts, was man mal erlebt haben muss wie Fisch-Pediküre oder eine Fahrt mit der Geisterbahn. Meine Freundin, zwei Jahre Ehe, zwei Jahre Trennungsstress, erzählt über den knapp halbstündigen Termin vor der Scheidungsrichterin als den grässlichsten ihres Lebens. Die Beamtin habe das Hämmerchen niedersausen lassen und verkündet: »Hiermit erkläre ich Ihre Ehe für geschieden!« Dann habe die Dame ihr mitgebrachtes Pausenbrot ausgewickelt, den Beteiligten zugenickt und »Mahlzeit!« gewünscht.

Es gibt viele wissenschaftliche Theorien darüber, warum zwei Menschen sich scheiden lassen. Ich habe weder ein eigenes Labor noch ein eigenes Meinungsforschungsinstitut, trotzdem meine ich den Grund isoliert zu haben: Menschen lassen sich scheiden, weil sie geheiratet haben.

Wem das als Theorie zu kompliziert und verschroben ist, dem hilft vielleicht die flutschige Erklärung von Soziologieprof Helmut Esser von der Uni Mannheim: *»Scheidung ist das aggregierte Ergebnis des Handelns beider Partner, wobei Anreize und Opportunitäten im Rahmen zweckrationaler Überlegungen sowie Loyalitäten, Werte und symbolische Sinnwelten im Rahmen von Konzepten des normativ beziehungsweise kulturell gesteuerten Handelns wirksam werden.«*

Gut. Wäre das also auch geklärt.

Ich hasse Scheidungen. Wie eine Seuche rafft es die Paare in meinem Umfeld hinweg. Mir tun die Beteiligten immer unendlich leid, insbesondere die Kinder, die da unschuldig in ein riesiges Schlamassel hineingeraten. Ich versuche mir auch vorzustellen, wie es ist, alle Fotos von mir und Schatzi mit der Schere in zwei Teile zu schneiden, ohne ihm dabei den Kopf zu amputieren. Gelingt mir nicht. Nase oder Ohr, irgendwas ist immer ab. Kürzlich bekam ich eine seltsam verschwurbelte E-Mail von einem befreundeten Ehepaar, in der stand, dass der traditionelle Osterbrunch dieses Jahr leider ausfallen muss. Nach Jahren großen Glücks, die schöner nicht hätten sein können, habe man sich nun entschlossen, neue, ebenfalls wunderschöne, in diesem Falle allerdings getrennte Wege zu gehen. Man würde sich aber – nicht zuletzt wegen des gemeinsamen Hunds, der Trauerbirke vor der Tür und der Sonne am Himmel – in allertiefster Freundschaft verbunden bleiben. Und ich dachte beim Lesen: Wann schreibt endlich mal einer, *›hier kracht's gerade wie beim Ausbruch des Mount St. Helen‹*?

Okay.

Ich fasse mal kurz zusammen: Kruppstahl-Ehen, wie unsere Großeltern sie gelebt haben, sind irgendwie ausgestorben. Damit teilt diese Ehegattung das bedauerliche Schicksal von Weihnachtsinsel-Zwergfledermaus, kalifornischem Grizzly und bengalischem Java-Nashorn. Es findet derzeit eine Art Ehe-Evolution statt. Evolution ist, warum wir zum Frisör gehen, nicht zur Fellpflege. Sich Dita von Teese zwei Nippelquasten klebt, nicht zwölf. Warum die Rüden vom FC Bayern auf die Rüden von Borussia Dortmund treffen können, ohne dass sich darüber alle minutenlang aufgeregt am Schwanz schnüffeln. Warum wir unsere Babys nicht ablecken, sondern in Baby-Badeeimer stecken und in Maxi-Cosis stopfen, statt sie in den Nacken zu beißen. Zivilisationstechnisch betrachtet ist Evolution bislang eine prima Sache gewesen.

Wenn du in einer Ehe steckst, die dich nicht glücklich macht, ist der nächste konsequente Schritt die Trennung. Schon klar, du weißt ja schließlich: *Du lebst nur einmal. Selbst ist die Frau. Jede ist ihres Glückes Schmied.* Und so weiter. Was man halt so liest, wenn man in der Disko auf dem Klo sitzt und die vollgekritzelten Wände studiert oder zu Weihnachten einen Abreißkalender mit ganz viel Konfuzius bekommt.

Aber ist das eigentlich alles so? David Eagleman schreibt in seinem Buch *Inkognito* über Entscheidungsprozesse: »Über die meisten unserer Handlungen, Gedanken und Empfindungen haben wir keine Kontrolle. Unser Bewusstsein, das ›Ich‹, das den Motor anwirft, wenn wir morgens aufwachen, macht nur den kleinsten Teil dessen aus, was in unserem Hirn abläuft.«

Gibt es wirklich so viele falsche Beziehungen. Oder gibt es einfach nur so viele falsche Erwartungen? Und weil meine Erwartungen falsch sind, filtere ich möglicherweise meine Eindrücke falsch? Stimmt meine Porengröße im Hirn? Brüh ich mir Tee mit dem Nudelsieb auf? Vielleicht muss ich anders sehen lernen?

PS: Und eine schöne Nachricht zum Schluss! Seit geraumer Zeit stagnieren die hohen Scheidungszahlen. Mit »nur« 170 000 liegen sie sogar fünf Prozent unter Vorjahr. Soziologieprofessor Hans Bertram, Leiter der Berliner Humboldt-Uni, weiß auch warum: »Es heiraten weniger Menschen, deswegen gibt es auch weniger Ehen, die geschieden werden könnten.«

Und hier der Dioptrien-Check für Ihre Beziehung:

1. Benutzen Sie folgende altmodische Redewendung: »Ich liebe meinen Mann so, wie er ist!«? Wie schön! Aber ist es auch wirklich so? Oder ist da eher der Gedanke: *Koch, was du willst. Hauptsache Steak?* Schlummert da nicht doch die Erwartung, dass er mit Baby im Buggy den New-York-Marathon läuft? Und seinem Chef endlich mal klarmacht, was für eine Granate er ist?

   ☐ ja ☐ nein ☐ weiß nicht

2. Haben Sie manchmal das Gefühl, dass Sie viel zufriedener und glücklicher sein müssten? Und werden sie darüber ganz unzufrieden und unglücklich?

   ☐ ja ☐ nein ☐ weiß nicht

3. Was können Sie mit folgenden Gedanken anfangen?
   Früher malte Renoir zwei Menschen auf einer Picknickdecke, und man wusste: Liebe. Heute springen Brautpaare aus Flugzeugen, Hubschraubern und Heißluftballons, um zu bekunden: Das hier ist für die Ewigkeit. Oscar Wilde sagt: »Ich habe einen ganz einfachen Geschmack. Ich bin immer mit dem Besten zufrieden.« Alle sind heutzutage auf der Jagd nach dem Power-Gefühl. Sie nennen es ›wahre Liebe‹. Aber meinen eine Steckdose, aus der sie Energie ziehen können. Wahre Liebe soll so stark sein, dass sie für Frust im Job entschädigt, die Cellulite wegstrafft und Maulwürfe aus dem Garten vertreibt.

   ☐ nix ☐ spricht mir aus dem Herzen

4. Welche Aussage beschreibt Ihres Erachtens das Wort Emanzipation am besten?

- ☐ Wie schön, dass mein Mann bügelt.
- ☐ Ich muss mich anpflaumen lassen, weil ich den Sky-Decoder nicht richtig bedienen kann. Aber wenn ich ihm sage: »Die abgepumpte Milch ist im Gefrierfach, Schatz! Musst du nur auftauen! Tschüss!«, ist er völlig überfordert.

5. Wenn im *Tatort* die Frau des Mordopfers schluchzt: »Aber er war doch so ein guter Ehemann!«, was meint sie wohl?

a) Ging einkaufen; verstand, wenn man ihm sagte: »Du, das verletzt mich jetzt«; saugte sich beim Sex nie wie ein Scheibenputzerfisch an empfindlichen Körperteilen fest?

Oder meint die Frau:

b) Wenn er besoffen nach Hause kam und wie ein Elch ins Klo strullerte, versuchte er dabei wenigstens einigermaßen leise zu sein. Und wenn er mich betrogen hat, dann immer so, dass ich es nicht mitbekommen habe?

- ☐ Ich glaube, sie meint a.
- ☐ Ich glaube, sie meint b.
- ☐ Ich finde beide Aussagen eine totale Unverschämtheit.

6. Laut Allensbach-Umfrage *Wie zufrieden sind Sie mit Ihrem Partner?*, fragt sich jeder Vierte, ob er nicht noch was Besseres findet. Was hätten Sie geantwortet, wären Sie auf der Straße angesprochen worden?

- ☐ Das ist mir zu intim.

7. Laut statistischem Bundesamt leben 15,9 Millionen Menschen in Deutschland allein – oft unfreiwillig. Damit ist jeder fünfte Bürger ein Single.

- [ ] Das finde ich bedrückend und soll mir nicht passieren.
- [ ] Kann ich verstehen. Ich habe manchmal auch ganz schön Frust und finde viele Dinge des alltäglichen Zusammenlebens mit meinem Mann echt mühsam. Aber ich sage mir: So ein Kerl ist ein Rohstoff, kein Fertigprodukt. Ich muss Geduld haben.
- [ ] Ich weiß: Nur weil unsere Großeltern bis an ihr Lebensende verheiratet waren, heißt das nicht, dass sie auch bis an ihr Lebensende glücklich miteinander waren. Ich denke, erfolgreich verheiratet zu sein ist die Balance zwischen schlucken und sich wehren.
- [ ] Alle vier Aussagen treffen ein bisschen zu.

8. Sie sind morgen zu einer Hochzeit eingeladen und wollen der Braut, von der sie wissen, dass sie recht blauäugig an die Sache rangeht, einen klugen, warmen Rat geben. Was schreiben Sie in die Karte?

- [ ] Süße! Ehe ist eine GmbH, in der sich jeder um den Geschäftsführerposten bemüht. Halt die Ohren steif! PS: Manchmal reicht es, zweiter Sieger zu sein.
- [ ] Es ist noch kein Ehemeister vom Himmel gefallen. Bastian Schweinsteiger liegt auch nicht auf der Couch und lässt Jogi Löw das Toreschießen üben. Jeder muss an sich arbeiten.
- [ ] Liebe und Alltag haben manchmal so viel Ähnlichkeit miteinander wie Cat Woman mit einem VW-Käfer.

Verlieben ist nicht schwer, verliebt bleiben dagegen sehr. Genieße, was kommt. Und wenn's so weit ist: Ich kenn einen guten Scheidungsanwalt.

☐ Ich finde Kartenschreiben spießig. Ich schenke Geld.

9. Eine großartige Berliner Paartherapeutin schlägt vor, dass alle Ehen nach 20 Jahren vollautomatisch geschieden werden. So können Mann und Frau in Frieden und Harmomie ihre Kinder großziehen und anschließend ohne Gesichtsverlust auseinandergehen. Wer länger verheiratet bleiben möchte, kann dies tun, muss aber ausdrücklich begründen, wieso eigentlich. So werden Paare stimuliert, beizeiten Gas zu geben und nicht zu sagen *›ach, läuft schon alles!‹*. Finden Sie das nicht auch einen faszinierenden Gedanken?

☐ Ja

☐ Ja

10. Wenn man bei *Amazon*-Bücher die Stichworte »Trennung« und »Scheidung« eingibt, vermeldet das System unglaubliche 873 Treffer. Das Thema brennt also unter den Nägeln. Dennoch: Glauben Sie, nach diesem Test je wieder einen Eheratgeber zu brauchen?

☐ Nein, auf keinen Fall, ich sehe jetzt klar.

Test-Auflösung:

Wenige Kreuzchen = nicht so gut
Viele Kreuzchen = gut
Kreuzchen bei 8.) = Glückwunsch!

47

BEI TRENNUNG IST DIE FRAU DIE GELACKMEIERTE

Oder: Bereinigtes Netto-Einkommen minus hälftigem Kindergeld

Die Trennung von einem Mann ist ein enormer Einschnitt im Leben einer jeden Frau. Insbesondere, wenn sie länger als zwei Tage mit ihm zusammengelebt hat. Die Frau muss dann nämlich erst wieder mühsam lernen, dass sie selbst auch Probleme hat.

Ich möchte jetzt mal aus dem Nähkästchen plaudern, wie das mit der Problem-Hierarchie bei uns zu Hause ist, auch wenn mein Mann und ich nicht vorhaben, uns scheiden zu lassen. Wobei meine Bekannte ja immer sagt: »Die männliche Psyche unterscheidet strikt zwischen Familienleben und Privatleben!« Sie muss es wissen. Sie war zwei Jahre die Geliebte eines in Scheidung lebenden Mannes, der sich ein Kind mit ihr wünschte und schon Hausumbaupläne hatte. Die Geschichte bekam einen unerwarteten Twist, als sie herausfand, dass er sie die ganze Zeit mit seiner eigenen Frau betrog.

Aber zurück zum Thema intereheliche Problem-Gewichtung. Ist ein Problem im Besitz meines Mannes, ist es vollautomatisch ein *Premium*-Problem.

Premiumprobleme sind, um ein paar Beispiele zu nennen:

- Anfang vom Tatort verpasst.
- Tank leer, dabei war ER nicht der Letzte, der das Auto gefahren hat.
- DVDs durcheinander.
- Frau hat Handyaufladekabel geklaut.
- Mountainbike wurde an die andere Garagenwand gelehnt.

Probleme, die sich in meinem Besitz befinden, sind: *Frauen*probleme.

Kleine Kostprobe auch hier:

- Au-pair säuft jede Woche heimlich Kiste Bier. Prost.
- Omi ruckelt unten an Kommodenschublade. Von oben fällt ihr die Zehn-Kilo-Jesus-Skulptur ihres Schwiegersohns auf die Fönfrisur. Aua.
- Marder beißt Schmusekaninchen Köpfe ab, verteilt den Rest im Garten. Übel.

Zu sehen, wie liebevoll mein Mann seine Premiumprobleme krault, betutttelt und beschmust, mein lieber Scholli, da kann man schon eifersüchtig werden. Oder wie heißt dieses Gefühl, wenn man seinem Mann eins mit der Bratpfanne geben möchte?

Dann frage ich mich: Was wäre eigentlich, wenn er morgen für 48 Monate auf eine Bohrinsel müsste? Oder schlimmer noch: Nur für 36? Würde mein Leben zusammenbrechen? Wäre ich die Gelackmeierte, wenn er mich für eine Geliebte, für eine Bohrinsel oder für immer verließe?

Ja.

Hier die ganzen Horrorfakten. Anschließend ist *Nightmare on Elmstreet* nur noch ein Entspannungsfilm:

- Männer müssen Unterhalt zahlen? Nö. Seit 2008 gilt: Jeder ist seines Glückes Schmied. Ausnahmen: Du hast nur ein Bein (§ 1572), bist 80 (§1571) oder machst gerade den Lkw-Führerschein Klasse 3 (§1575).
- Es wird sich schon was finden, was du arbeiten kannst? Sicher. Laut *Statista*-Portal bist du zum Zeitpunkt deiner Scheidung etwa 41,4 Jahre alt. Hast du seinerzeit für ihn dein vielversprechendes Kernphysikstudium an den Nagel gehängt, um da zu sein, wenn er müde von seiner Karriere nach Hause kommt? Pech. Zurück auf Los!
- Das Jagdschloss, der Learjet und die Kamelherde, die er mit in die Ehe gebracht hat, gehören dir anschließend zur Hälfte? Nein. Bleibt alles seins. Nach § 1378 hast du nur Anspruch auf den *Zugewinn*, also das, was ihr *gemeinschaftlich* erwirtschaftet habt. Wer *Peter Zwegat* guckt, weiß: Das sind auch gern mal Schulden.
- Er ist nach der Trennung mit seiner Neuen nach Fidschi abgedampft und hat darüber euer Gemeinschaftskonto mit 10 000 in die Miesen geritten? Blöd. Dafür haftest du jetzt auch noch mit.

  Bist du Mutter?

  Dann erst recht: Mein herzliches Beileid.

- 90 Prozent aller Alleinerziehenden sind weiblich. 40 Prozent von ihnen leben von Hartz IV. Zum Vergleich: In Familien, wo Vater *und* Mutter verantwortlich sind, sind es lediglich 8 Prozent.
- 50 Prozent aller Väter zahlen für ihr Kind *nicht* in voller Höhe Unterhalt. Dieser berechnet sich nach der sogenannten *Düsseldorfer Tabelle* und wird von Experten seit Langem als Schneckenpups kritisiert, da er nichts mit der Realität zu tun hat und für zwei Jeans, einmal Riesenrad fahren und eine halbe Currywurst reicht.
- Solange euer Kind unter drei ist, hast du zusätzlich Anspruch auf Betreungsunterhalt. Aber nur, wenn unter Einbeziehung von *bereinigtem Nettoeinkommen, hälftigem Kindergeld, Selbstbehalt* und Überhang bei Papi noch 4,22 Euro zu holen sind.
- Kinder Alleinerziehender sind nicht nur häufiger von Armut betroffen, ihre Mütter arbeiten auch häufiger Vollzeit. Das heißt: Reduzierter Zugang zu Bildungs-, Kultur- und Freizeitangeboten. Nicht die halbe Currywurst ist das Problem. Problem sind die halben Zukunfts-Chancen.
- Zahlt dein Ex nicht, kannst du beim Sozialamt Unterhaltvorschuss beantragen. Das Amt springt aber nur für maximal sechs Jahre ein. Und auch nur, bis dein Kind zwölf ist.

Klingt alles furchtbar, ich weiß.

Sie sind noch nicht verheiratet? Dann wäre mein Vorschlag: Ihre erste Ehe lassen Sie einfach mal aus! Da macht man nämlich noch all diese Fehler. (Zum Beispiel, zu denken, dass man keine Fehler macht.) Auch die Scheidung, sagt die Statistik, ist da ätzend und macht viel Kummer. Und dann einfach mit Ehe und Scheidung Nummer zwei weitermachen. Besprechen Sie das doch mal mit Ihrem Freund oder Verlobten.

Und an alle Ehefrauen, die schon mittendrin stecken im ersten Umlauf, folgende Frage: Sie schnallen sich doch an im Auto, oder? Tun Sie das, weil Sie denken, Sie fahren gleich gegen den Baum? Sicher nicht. Trotzdem wollen Sie sich schützen vor einem Fall, von dem wir alle annehmen, dass er nicht eintritt.

Korrekt?

Die Wahrscheinlichkeit, beim Autounfall zu sterben, ist 1:15 800.

Die Wahrscheinlichkeit, mit dem Mann seiner Träume auf der Nase zu landen? 1:3.

Deswegen, bitte: Schnallen Sie sich erst recht in Ihrer Ehe an! Also: Seien Sie glücklich mit ihm. UND behalten Sie Ihren Job. UND bekommen Sie Babys! Selbst wenn das oft echt taff ist und eine Zerreißprobe und Sie gefühlt nur in Ameisenschritten vorwärtskommen. Wie gesagt, Ihr Mantra muss sein: *Das ist der Flaschenhals meines Lebens! Da will ich durch!*

Die weise Sheryl Sandbook sagt über uns Ehefrauen und Mütter: »*There is no work/life balance. Work is life and life is work.*« Ohne Not das eigene Leben an den Nagel zu hängen, ist wie als nikotinfreier Mensch mit Rauchen anzufangen, um endlich mal abhängig zu sein. Nein. Diese Ansage sollte aus der Kabinendecke Ihres Lebens plätschern:

In the unlikely event of a loss in Ehe pressure, ein Rettungsanker will automatically drop from the ceiling above you!

Aufmunternde Worte fand neulich mein zehnjähriger Sohn Kolja, als ich verzweifelt, abgenervt, mächtig Stresspickel, inmitten von Kindergeheule am Schreibtisch saß: »Mama, und was ist, wenn du vielleicht einfach mal ein *richtiges Buch* schreibst? So was wie Harry Potter?!«

8 UNGLAUBLICH GUTE GRÜNDE, WARUM MAN EIGENTLICH ZWEIMAL HEIRATEN MÜSSTE

1. Sie suchen nicht mehr nach jemandem, der Sie vervollständigt. Sie haben kapiert, Sie sind schon komplett.
2. Sie wissen, Sie können Ihren Mann nicht ändern.
3. Sie haben begriffen, dass Ehe kein Stillleben ist, sondern eine Entscheidung, die jeden Tag neu gefällt werden muss.
4. Sie sind nicht mehr die Knete, die sich in jede Form pressen lässt.
5. Wenn es darum geht, zu beantworten, wer verantwortlich ist, drehen sie sich nicht um, um zu gucken, ob da noch jemand hinter Ihnen steht.
6. Kostbar wie die Blaue Mauritius: Sie wissen, was Sie wollen.
7. Sie warten nicht darauf, dass Ehe Sie zum besseren Menschen macht.
8. An Ihrem Kühlschrank hängt ein Zettel, auf dem steht: Mit dem Alter und über die Scheidung kam die Weisheit.

48

EINE EHE IST EINE AKTIE – SIE STEIGT IM WERT

ODER: EHESPEZIFISCHES KAPITAL

Es gibt Tageszeiten, da habe ich meinen Mann noch mal lieber als sonst. Zum Beispiel morgens nach dem Duschen. Er ist nämlich chronischer Zweiter mit dem Privileg, anschließend unsere gemeinsamen Duschkabinenscheiben mit dem Wischer abzuziehen. Das spart mir die entscheidenden 30 Sekunden, die ich brauche, um anschließend nur zehn Minuten zu spät zu sein. Nicht zehndreißig.

Die Kunst des glücklich verheirat Seins ist, deinen Mann da anzuzapfen, wo er seine Stärken hat. Ich muss sogar sagen:

Wenn ich im Kopf alle unsere morgendlichen Duschszenen zu einer einzigen langen Schnulze zusammenschneide, kann *Lovestory* einpacken. Dann weiß ich: Ja, wir sind für die Ewigkeit gemacht. Mindestens. Das ist eine enorm hilfreiche Gedankenstütze, wenn ich ihn nur fünf Minuten später mal wieder am liebsten zum Mond schießen möchte. Denn sind die Kids erfolgreich in ihre Umlaufbahn geschossen – Schule, Kindergarten und so weiter – sitzen wir prompt zu dritt am Frühstückstisch: Ich, er und sein Handy. Manchmal frage ich mich ja: Würde ich mich scheiden lassen, von wem eigentlich? Von meinem Mann? Oder von D2?

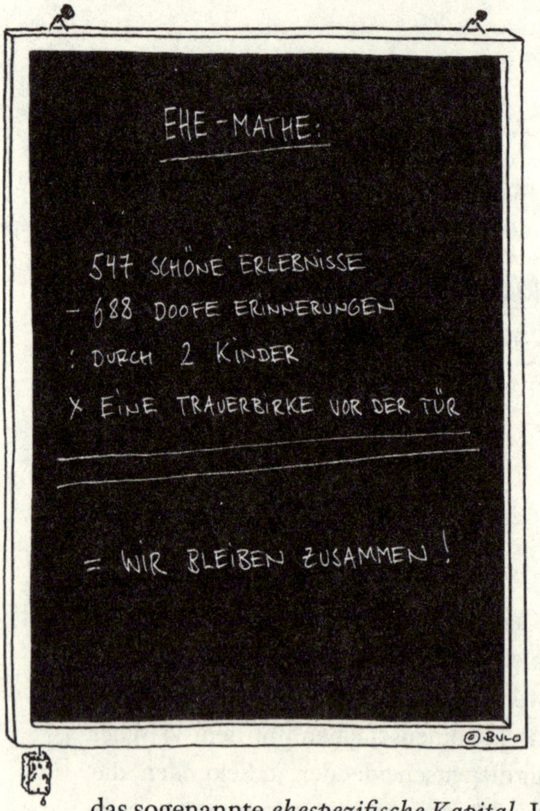

Und wissen Sie was? Die Beziehungsforschung gibt mir total recht. Ich sammle, um es in Fachsprache zu sagen, emotional aufgeladene Momente als Guthaben für Zeiten der Gefühlsdürre. Alle Glücksmomente mit dem Partner zahlen nämlich auf eine Art Beziehungs-Girokonto ein. Hier lagert das sogenannte *ehespezifische Kapital*. Je länger ich mit meinem Partner zusammen bin, desto mehr schwillt dieses Depot an. Die beglückende Geburt eines Kindes, ein erfolgreich durchgezogener Eigenheimbau, gemeinsame Reisen, besinnliche Weihnachtsfeste – all das erwirtschaftet ein Beziehungs-Plus. Sozusagen: mein Speck gegen Krisen.

Alles prima, würde man denken. Doch ehespezifisches Kapital hat auch seine Tücken. Es wächst langsam wie ein Bonsai. Und ist eine Währung, mit der ich nur innerhalb meiner eigenen Ehe bezahlen kann. Jeder nächste Partner findet es nur bedingt beglückend und spannend zu hören, wie schön das letzte Ostern mit dem Ex war.

Wenn ich es allerdings schaffe, mit meinem Partner zusammenzubleiben, dann winkt Dividende: Ich kann in gemeinsamen Erinnerungen schwelgen. In diesem Falle wirft das ehespezifische Kapital sozusagen Zinsen ab.

Und eine weitere gute Nachricht: Ehespezifisches Kapital schützt sich selbst. Ein bisschen wie der Marienkäfer, der komisches gelbliches Zeugs absondert, wenn er denkt, es geht ihm an den Kragen. Je länger eine Ehe dauert, desto effektiver. Komisches gelbliches Sabbelzeugs ist zum Beispiel: »Weißt du noch, wie die Gerda das erste Mal ins Töpfchen gemacht hat?« Oder, auch sehr beliebt: »Als ich den Fred kennenlernte, habe ich ihm erstmal einen vernünftigen Haarschnitt verpasst.« Dann weiß jeder, der daneben sitzt: *Achtung! Wagenburg! Angriffe von außen zwecklos.*

Und wenn das alles nix nützt?

Auch da hilft die Beziehungsökonomie. Nüchtern betrachtet ist eine Scheidung nämlich nichts anderes als der Offenbarungseid einer Ehe, die sich emotional als unrentabel erwiesen hat. Oder wie es nach Manfred Esser, Beziehungsökonomie-Guru an der Uni Mannheim und Begründer der Ehespezifischen-Kapital-Theorie formuliert werden kann: Wie bei jeder Pleite winkt bei einer Scheidung die Möglichkeit, mit neuem Kapitalgeber, sprich, neuem Ehepartner, frisch durchzustarten. Mit der Chance, unterm Strich – nach Abzug der Insolvenzkosten – glücklicher zu werden.

49

WER ALT IST, LÄSST SICH NICHT MEHR SCHEIDEN

ODER: TROUBLE-FLATRATE

Wissen Sie, ich bin jetzt Ü40, die nächste deutsche Sonnenfinsternis am 3. September 2081 wird bereits ohne mich stattfinden. Mit etwas Glück und drei Kniebeugen am Tag schaffe ich vielleicht noch 35 Jahre. Ich bin 15 Jahre verheiratet. Das letzte

Großevent vor meinem Tod wird wahrscheinlich meine Goldene sein. Ich bin mir sicher, es wird sich anfühlen, wie erfolgreich den Ärmelkanal durchschwommen zu haben. Erschöpft, unterkühlt und sauglücklich werde ich das andere Ufer erklimmen.

Ein Mann ist bekanntlich ein Rohstoff, kein Fertigprodukt. Nur dass ich an meinem Rohstoff knete und knete. Und? Tut sich was? Nein, tut sich nix. 14 der 15 Jahre, die wir zusammen sind, sind wir Eltern. Seitdem führen wir folgenden Dialog.

Schatzi (guckt auf sein Handy): »Du musst sagen, wenn ich dir helfen kann …«

Ich (am Rödeln): »Ja, wäre toll, wenn du gucken könntest, dass die Kinder ihre Schuhe anziehen. Wir wollen gleich los.«

Schatzi (sieht immer noch aufs Handy): »Mache ich gerne. Welche Schuhe?«

Ich: »Na, welche, mit denen sie laufen können.«

Schatzi: »Sei doch nicht immer gleich so angezickt.« Pause. »Nun sag gerade: Wo find ich die Schuhe?«

Ich: »Im Kühlschrank? Und jetzt kommt bestimmt noch: *›Wo finde ich die Füße?‹*«

Schatzi (legt angepisst seinen Telefonknochen weg): »Du musst echt mal an deinen Launen arbeiten.«

Wie jede Ehefrau der Welt denke ich in solchem Moment: *Schluss, aus, es reicht! Ab mit dem Typen in die Gelbe Tonne!* Aber dann erinnere ich mich daran, dass ich ihn ja doch irgendwie lieb habe und wir in absehbarer Zukunft auf der Terrasse der Seniorenresidenz *Zur untergehenden Sonne* mit unseren Schnabeltassen auf unsere gelungene Ehe anstoßen wollen. Das wird mein Payback sein: Dass Schatzi am Ende unserer Ehe über all die Vorzüge verfügen wird, derentwegen ich ihn vor 50 Jahren geheiratet habe. Und bis dahin übe ich mich im Vierer-Workout der modernen Ehefrau und Mutter: Bauch, Beine, Po, Arschbacken zusammenkneifen.

So weit die Theorie.

Kürzlich las ich in der Zeitung über Ursula Späth, die vergangenen März nach 51 Ehejahren ihren Lothar verließ. Der CDU-Mann wird zitiert mit den Worten: »Mein Verhältnis zur englischen Sprache gleicht dem, das ich zu meiner Frau habe – ich liebe sie, aber ich habe sie bislang nicht im Griff.«

Das hat mich nachdenklich gemacht. Und aus Rom kommt diese Geschichte von dem 99-jährigen pensionierten Polizisten, der in der Schublade alte Liebesbriefe seiner 96-jährigen Frau fand, die dokumentierten, dass sie ihn 50 Jahre zuvor betrogen hatte. Scheidung nach 77 Ehejahren und fünf Kindern.

Von wegen: Wer alt ist, lässt sich nicht mehr scheiden.

Ich wollte es genau wissen und habe festgestellt: So still und starr, wie immer behauptet, ruht der See nämlich gar nicht! Fakt ist:

- Das Risiko, seine Ehe in den Sand zu setzen, ist nach 25 Jahren deutlich höher als nach fünf.
- Ehen, die nach der Silberhochzeit zerbrechen, machen 20 Prozent aller Scheidungen aus!
- Zwischen 1982 und 2011 hat sich die Zahl der Paare in Deutschland, die erst nach der Silberhochzeit auseinandergehen, vervierfacht – von 6417 auf 24 745.

Und nu?

Soll mir das als Frau jetzt Angst machen oder Mut? Angst, weil sich im Herbst meines Lebens nicht nur meine Zähne vom Acker machen könnten? Nix Payback. Mut, weil ich sehe: Wenn's sein muss, ist man nie zu alt für was Neues?

Die Schweizer Entwicklungspsychologin Pasqualina Perrig-Chiello hat in einer Langzeitstudie tausend Spätgeschiedene und tausend langjährig Verheiratete untersucht. Ihre Erkenntnis:

- Eine neue Liebe/Affäre ist nur die Nummer drei unter den Scheidungsgründen.
- An zweiter Stelle der Scheidungsgründe: *Nase voll, Flasche leer*. Wenigstens ein Partner ist emotional erschöpft, kann den anderen nicht länger ertragen. Keine Lust mehr auf Rücksicht und ungelebtes Leben, keine Lust mehr auf Langeweile.
- Hauptgrund: Man hat sich irgendwie auseinandergelebt. Der Nachwuchs ist flügge, das Haus abbezahlt, der Hund tot. Es ist nicht so, dass es einen konkreten Grund gibt, sich zu trennen, es ist bloß so, dass plausible Argumente fehlen, zusammenzubleiben.

Also – wenn Sie meine unmaßgebliche Meinung zu alledem wissen wollen, wovon ich jetzt mal ausgehe:

- Ich persönlich fand ja schon immer, dass wir Frauen uns viel zu viele Gedanken machen über die jüngere Konkurrentin mit dickeren Brüsten, die irgendwann in Zukunft unsere Ehe bedrohen könnte. Wen du als Langzeitrisiko für deine Beziehung wirklich ernst nehmen solltest, ist die Frau, mit der dein Mann verheiratet ist.
- Quäl dich, quäl ihn. Schweigen ist Silber, Reden ist Gold in einer erfolgreichen Beziehung.
- Untersuchungen zeigen auch: Ab der silbernen Hochzeit sind Humor und Toleranz extrem wichtig. Gefolgt von Teamgeist und Loyalität. An dritter Stelle: körperliche Fitness. Wer als Vollblut in die Ehe startet und dann zum Flusspferd wird, muss sich nicht wundern.
- Zwischen dem 5. und 25. Ehejahr gibt's eine Art Trouble-Flatrate. Die Scheidungsraten sind jetzt niedrig.

Du kannst also viel streiten, und es kostet nicht gleich eine Trennung. Nutz das!

- Wie lautet der berühmte Satz? *Lieber genießen und bereuen, als bereuen, dass man nie genossen hat.* Es ist nie zu spät, das eigene Leben in die Hand zu nehmen. Auch wenn das bedeutet, nach langer Ehe eigene Wege zu gehen. Wird schon keiner komisch gucken. Und selbst wenn? Auch egal. Bei den Dating-Portalen boomt die Rubrik Ü60.

Übrigens: Vor ein paar Wochen saß ich mit meinem sehr guten Bekannten beim Abendessen. Der erzählte mir von seinem Papi, Jahrgang '47, der nach 43 Ehejahren im Alter von 68 eine neue große Liebe gefunden hat, mit der er unendlich glücklich ist.

Timo, 28.

50

SCHEIDUNG TO GO

ODER: DIE SPINNEN, DIE RÖMER!

Das Tolle an uns Europäern ist: Wir können lang. Wir haben die längste Schrägseilbahn der Welt (2,4 Kilometer; Viadukt de Millau) und die längste Kinderzunge (77 Millimeter; Annika aus Tangstedt). Wir sind am längsten wach (elf Tage; Tony aus England) und haben auch die längste Sahnetorte (1220 Meter; Schweiz). Deswegen können wir neidlos akzeptieren, dass der längste Penis der Welt in den USA lebt (34 Zentimeter; Jonah aus New York).

Nur was die Länge unserer Ehen angeht, da losen wir Europäer ab. In den letzten 25 Jahren haben sich unsere Scheidungszahlen verdoppelt. In Portugal stiegen sie um satte 89 Prozent, in Spanien um 59 Prozent, in Italien um 62 Prozent.

Früher hatte Europa das Problem der Butterberge und Milchseen, heute sind ganze Landstriche voll mit Scheidungswilligen. Was macht man mit denen? Verklappen?

Mit der Nachfrage steigt das Angebot. Prinzip moderner Marktwirtschaft. Wo viele Ehen geschieden werden müssen, wächst die Zahl derer, die bereitwillig helfen, darüber arm zu werden. Scheidungsanwälte zum Beispiel. In Deutschland herrscht Anwaltszwang, selbst wenn sich beide Partner in allen Punkten einig sind. Im Internet gibt es sogenannte Scheidungskostenrechner, die einen schon mal auf das zu erwartende Grauen einstimmen. Die Berechnungen sind hochkompliziert, am besten man hat ein Hochschulstudium in Mathematik. Pi mal Daumen lässt sich sagen: Es wird ein *Streitwert* festgelegt, in den Papis Auto und Mamas Juwelensammlung, das gemeinsame Häuschen, Gehälter, Renten, Lebensversicherungen und so weiter einfließen. Von diesem Streitwert bekommen Gerichte und Anwälte bei einer deutschen Durchschnittsscheidung, ebenfalls Pi mal Daumen mal Kirchturm, etwa zehn Prozent.

In Italien ist es besonders kompliziert und teuer, sich scheiden zu lassen. Erst muss du einen Anwalt anheuern, der muss offiziell die *Separazione* beantragen, die Trennung. Anschließend gilt es, eine gesetzlich vorgeschriebene Trennungszeit von drei Jahren durchzuhalten Dann erst beginnt die eigentliche Scheidung, *Divorzio*, auch wieder Job der Anwälte. Eine Divorzio dauert mindestens zwei Jahre, wenn die Partner sich einig sind , sonst gern auch fünf bis sieben.

Mittlerweile gibt es clevere serviceorientierte italienische Anwälte, die neben dem eigenen sogar das Portemonnaie ihrer Klienten im Auge haben. Sie offerieren Scheidungen to go in Spanien, Großbritannien oder auch Rumänien. Dort, in Rumänien, gibt's ja bekanntlich schon Beauty-OPs zu Dumpingpreisen. So dass man seine Scheidung theoretisch auch gleich mit einem Satz neuer Brüste kombinieren könnte.

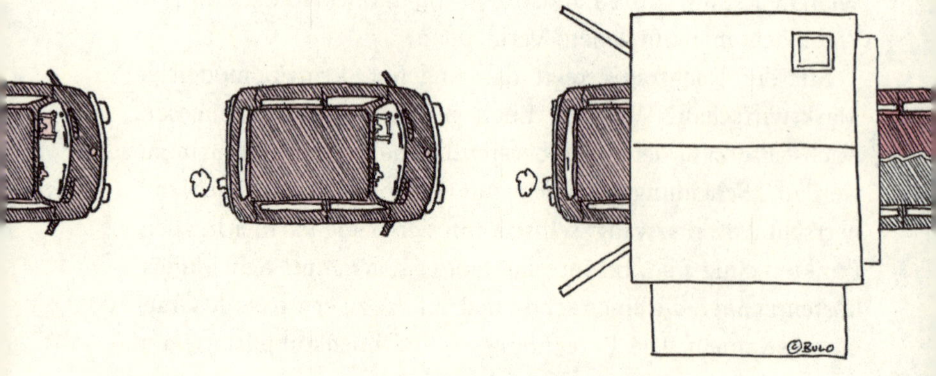

Möglich gemacht hat den neuen Scheidungstourismus ein geändertes EU-Gesetz. Seit 2003 muss ein EU-Land die Scheidung in einem anderen EU-Land anerkennen, so man dort einen Wohnsitz hat. Dazu reicht es, dass zum Beispiel ein Rumäne erklärt, dass man bei ihm wohnt. In England flogen unlängst 180 italienische Scheidungstouristen auf, die allesamt in derselben kleinen Butze in der High Street im winzigen Maidenhead in der Grafschaft Berkshire gemeldet waren.

Bist du Promi, ist das Geschiedenwerden natürlich einen Ticken einfacher.

Nehmen wir Caroline von Monaco. Die heiratete 1978 im kleinen familiären Kreis – nur Ava Gardner, Gary Grant, Frank Sinatra – den französischen Tunichtgut Philippe Junot. Der brüstete sich stolz wie ein Gockel, die schöne Prinzessin »geknackt« zu haben. Zweieinhalb Jahre später das Aus. Der Papst höchstselbst annulierte die Ehe. Was die Katholiken in aller Welt etwas verblüffte. Denn dies hieß im Umkehrschluss: Irgendwer musste a) deppert gewesen sein bei der Hochzeit. b) Nicht persönlich zugegen. Oder c) Philipp Junot, entgegen anders lautenden Gerüchten, immer noch Jungfrau.

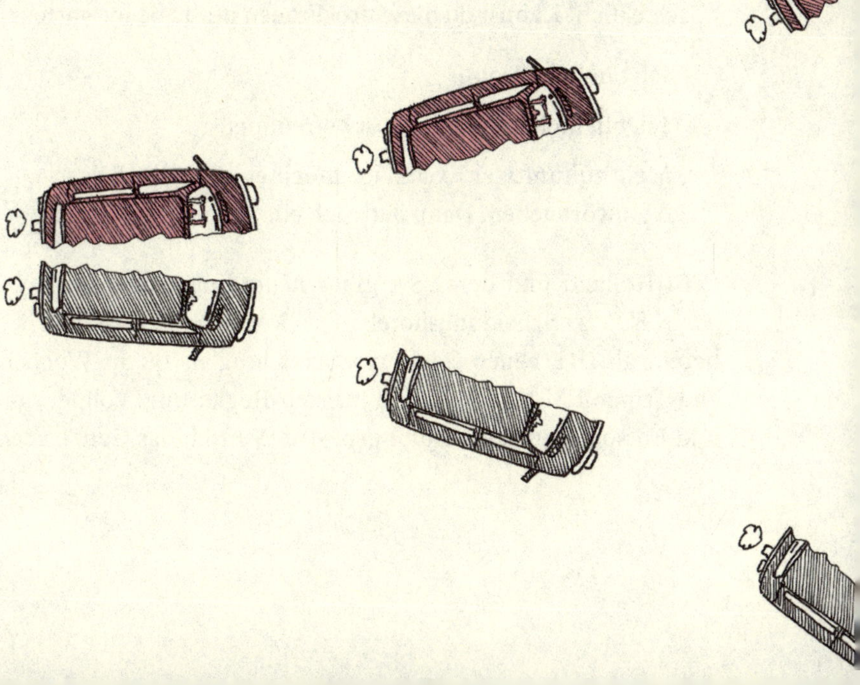

Oder nehmen wir den italienischem Starregisseur Carlo Ponti. Der lernte 1956 auf einem Schönheitswettbewerb die 16-jährige Sophia Loren kennen, die er zügig vom Markt wegheiratete. Zuvor hatte er sich dafür in Mexiko extra von seiner italienischen Langzeit-Ehefrau Giuliana scheiden lassen. Das wurde aber leider alles daheim nicht anerkannt: In Italien waren Scheidungen noch nicht erfunden, das kam erst 13 Jahre später. Die Boulevardpresse stürzte sich auf Ponti, schimpfte ihn einen Bigamisten. Darauf ging auch Ponti zum Papst, der dessen Ehe bereitwillig annullierte. Anschließend, um Ruhe zu haben, wurden Sophia, Ponti, Giuliana alle noch schnell Franzosen. Die sind ja bekanntlich lockerer drauf.

2004 gab US-Superstar Britney Spears irgendeinem obskuren Freund aus Jugendtagen in einem Hochzeits-Drive-in das Jawort, nachdem sie sich mit ihm vorher durch die Bars von Las Vegas gesoffen hatte. Ein paar findige Anwälte, ein dickes Schweigegeld und 55 Stunden später – und auch diese Ehe war annuliert. Irgendwie muss man Britney Spears hoch anrechnen, dass sie das ohne Papst hingekriegt hat.

Was lernen wir?

Teste dich! Kannst du diese drei Fragen mit Ja beantworten?

a) Ich bin kein Promi.

b) Ich bin nicht mit dem Papst befreundet.

c) Mein zukünftiger Ex und ich möchten uns stilvoll das Neinwort geben. Dann hätte ich ein Schmankerl für Sie!

In Holland und den USA gibt's neuerdings sogenannte *Divorce Hotels,* Scheidungshotels. Die *New York Times* lobt sie bereits als DIE neuen Getaways. Scheidung als Luxus-Wochenend-Trip mit Mediatoren- und Juristen-Begleitung, Vollpension und Entspannungsbehandlungen. Auf Wunsch das Ganze auch im Doppelzimmer. Nur bei 2 Prozent aller Gäste soll's nicht klappen.

Jetzt kommt natürlich die Frage nach dem Frühbucherrabatt:

In Schottland bieten Spezialisten Scheidungsyoga an. Prinzip leuchtet ein. Einfach ihn oder sie wegturnen.

51

ZUKUNFT STATT RESTLAUFZEIT!

ODER: LIEBER GLÜCKLICH GESCHIEDEN ALS SCHLECHT VERHEIRATET?

Einer repräsentativen Studie der Bochumer Ruhr-Uni zufolge halten sieben von zehn Menschen beim Küssen ihre Nase rechts.

Da Wissenschaftler Männer zu den Menschen rechnen, ist diese Studie bahnbrechend. Sie bringt nämlich Licht in das Dunkel der Frage: Ist mein Kerl normal?

Im Jahr 2014 beantworteten laut statistischem Bundesamt 166 200 Ehefrauen in Deutschland diese Frage für sich abschließend mit: NEIN. Und ließen sich scheiden. Da es dafür immer zwei braucht, waren demnach ebenso viele Ehemänner der Ansicht: *Meine Partnerin tickt nicht richtig.* Oder um es mit Woody Allen zu sagen: »Das einzige Mal, dass ich und meine Frau gleichzeitig einen Orgasmus hatten, war, als wir die Scheidungspapiere unterschrieben."

Tatsächlich sehen 51 Prozent aller Männer *schlechten Sex* als finalen Scheidungsauslöser. Getoppt nur von *Geldsorgen* mit 53 Prozent. Bei uns Frauen verhält es sich so: *Er liebt mich nicht mehr* (61 Prozent). *Er hat einen Igel in der Tasche* (42 Prozent). *Er ist fremdgegangen* (37 Prozent).

Jedes Jahr also erwirtschaftet die Bundesrepublik Deutschland in etwa so viele frisch Geschiedene wie Bielefeld Einwohner hat, nämlich um die 330 000. Anders als Waschmaschinen und Haare schneiden schaffen die es allerdings nicht ins Bruttoinlandsprodukt. (Wenn Sie Sigmar Gabriel treffen, fragen Sie mal, warum.)

Sich scheiden lassen ist eine ziemlich üble Sache, wo ziemlich traurige Menschen ziemlich fiese Dinge miteinander veranstalten. Kleine Auswahl:

Er sägt die Absätze ihrer High-Heels ab.

Sie sperrt ihn in der Sauna ein.

Er pinkelt auf ihr Gästebuffet.

Sie hängt am Kronleuchter.

Willkommen im Filmklassiker: *Der Rosenkrieg.*

So weit die Eckdaten. Aber gibt's das eigentlich auch: *Happy* Scheidungen?

Was sagen die Zahlen? Vor allem: Was sagt Hollywoodstar

Gwyneth Paltrow? Die behauptet ja, ihre Scheidung sei so was von harmonisch und beglückend gewesen, dass man jetzt Sorge haben muss, beim nächsten Mal heiratet sie, um sich scheiden lassen.

Hallo?! Geht's noch?

Hier nur die wahre Wahrheit, Sie müssen jetzt ganz tapfer sein:

- Einhellige Psychologenmeinung ist nämlich: Glücklich scheiden geht nicht. Trennung in Harmonie ist wie: ›*Wasch mich, aber mach mich nicht nass.*‹ Oder wie es Franz Josef Strauß, die alte Streitaxt, mal sagte: »Selbst dann, wenn man sich eine rosarote Brille aufsetzt, werden Eisbären nicht zu Himbeeren.«
- Mit dem anderen in den Ring gehen heißt: Federn lassen. Vorher hat man sich geliebt, jetzt haut man sich auf die Nase. Du musst kein Psychologe sein, um zu wissen: Aua. Doch erst Schmerz, Zorn, Wut, Enttäuschung, Empörung, Angst machen, dass wir uns durchringen und zu einem Ergebnis kommen. Fragen Sie mal Aron Ralston. Der hatte 2003 einen recht blöden Konflikt mit einem 400-Kilo-Felsbrocken, der ihm beim Bergsteigen den Arm eingeklemmt hatte. Nach 127 Stunden, vier Liter Wasser trinken, zwei Broten und einem Schokoriegel entschied Aron: *Mein Arm und ich, wir lassen uns scheiden*. Sodann griff er zum Leatherman-Messer.
- Scheidung kann dennoch happy machen. *Anschließend. Und Frauen auch mehr als Männer.* Ups. Ergab eine knackfrische Studie der Londoner Kingston Business School über 20 Jahre mit 10 000 Befragten: Bis zu fünf Jahre nach Beziehungsende sind geschiedene Frauen demnach zufriedener als sonst. Sie sind sogar besser drauf als jemals zuvor in ihrem Leben. Meist genannter Grund: sich *befreit* fühlen. Außerdem ergab die Studie: Die menschliche Psyche regeneriert erstaunlich schnell nach Verlust eines Partners oder Körperteils. Wir »adaptieren«, gewöhnen uns, wie es im Wissenschafts-Sprech heißt.

Das war in grauer Vorzeit wichtig für unser Überleben. Der einzige Verlust, den wir kaum verschmerzen können: Wenn wir durch irgendeine Schicksalsfügung unseren Job verlieren. Das macht tiefste Narben auf der Seele. Forscher sprechen von *scarring effects*. Insbesondere Männer, die gewohnt sind, die Brötchen für ihre Familie zu verdienen, haben anschließend, vorsichtig formuliert, einen an der Waffel. Das ändert sich auch nicht, wenn sie schon lange einen neuen Job gefunden haben.

- Wie ein Embryo so machen auch Trennungen verschiedene Entwicklungsstufen durch, bis sie handfeste, moppelige, pumperl gesunde Scheidungen sind, mit denen man vorne duzi-duzi macht und hinten was bei rumkommt. Paartherapeuten sprechen von vier Phasen:

  - Nicht-wahrhaben-wollen-Phase. Gedankenkennzeichen: *Und wenn wir uns ein bisschen mehr angestrengt hätten?*
  - Phase der aufbrechenden Gefühle. Gedankenkennzeichen: *Wie hab ich das bloß fünfzig Jahre aushalten können?*
  - Phase der Neuorientierung: *Wann hab ich noch gleich das letzte Mal mit ihm gesprochen?*
  - Phase des neuen Lebenskonzepts: *Wär doch schön, wenn er zu meiner Hochzeit käme.*

- Dass das Springen mit lattenartigen Teilen an den Füßen zu Burn-out führen kann, weiß man seit Sven Hannawald. Dass das Vorwärtskommen mit Vollpfosten am Hals ebenfalls zu chronischer Erschöpfung führen kann, ist hingegen weniger bekannt. Leben mit einem Partner, mit dem es immer nur Stress gibt, macht krank. Kalifornische Forscher wiesen nach: Insbesondere Frauen leiden unter unglücklichen Beziehungen. Im Vergleich zu Frauen aus glücklichen Beziehungen sinkt ihr Cortisol-Level gegen Abend hin nicht ab. Cortisol ist unser Stresshormon. Es wird mitverantwortlich gemacht für eine ganze Reihe von fiesen chronischen Erkrankungen, von denen Depressionen noch die charmanteste Option sind. Und selbst wenn's nicht krank macht – gaga reicht ja auch schon: Unter Cortisol-Einfluss wird man hektisch, unruhig, körperlich und emotional hyperempfindlich.

Etwa 150 000 Kinder müssen jedes Jahr die Scheidung von Mama und Papa verkraften. Tragisch. Doch auch hier gilt: Lieber gut getrennt als schlecht verheiratet. Mavis Hetherington, Pionierin der Scheidungspsychologie, hat über 30 Jahre lang 1400 Scheidungsfamilien unter die Lupe genommen. Ergebnis: Kinder verkraften Scheidungen langfristig besser als bislang angenommen. Anders als Windpocken hinterlassen Trennungen keine bleibenden Schäden – so man ein paar Spielregeln beachtet. Korrekt ist: In den ersten beiden Jahren stehen Scheidungskinder unter schwerem emotionalen Druck, zeigen die klassischen Verhaltensauffälligkeiten: Aggression, Pampigkeit, Jähzorn. Doch bereits nach sechs Jahren sind 80 Prozent »clean«, zeigen also keine Macken mehr. (Zum Vergleich: Bei Gleichaltrigen aus Nicht-Scheidungs-Familys sind es 90 Prozent.) Insbesondere diejenigen Kinder, die zuvor eins zu eins involviert waren in das ganze Gezanke und Gemeinheiten-Ausgetausche ihrer Eltern, blühten nach der Trennung auf. Dabei war unerheblich, ob sie jetzt in der Obhut von Mama oder von Papa waren.

Nicht wenige Kinder sind sogar regelrechte Scheidungsgewinner: Sie zeigen im Vergleich zu Altersgenossen ohne Trennungs-Bio eine erhöhte Reife, Zielstrebigkeit und Belastungsfähigkeit. *Resilienz* nennt die Wissenschaft dieses Phänomen. Seelische Unkaputtbarkeit. Die Natur hat sie als Ritterrüstung den kleinen Menschen mitgegeben, damit der Quatsch der großen Menschen sie nicht beschädigt.

Was lernen wir?

Ich fasse mal kurz zusammen: Der Trend geht zu »*sustainable divorces*« – nachhaltigen Scheidungen. Ähnlich nachhaltigem Fischfang, wo man schon lange nach Methoden sucht, den Fisch zu essen, ohne ihn vorher abmurksen zu müssen, wünschen sich die allermeisten eine friedliche Trennung im Einklang mit der Natur. Und wenn sie nicht gestorben sind, suchen sie noch immer nach dem Kreis mit den Ecken. Wie sagte die wahrhaft weise Dita von Teese einst: »Marilyn Manson und ich befinden uns gerade im Scheidungsprozess – aber wir sind keine Freunde!"

Eine Trennung ist vor allem eins: nervig! Doch tatsächlich kann als medizinisch bewiesen gelten: Besser ein Ende mit Schrecken als ein Schrecken ohne Ende. Dauerkonflikte zermürben nur und machen krank. Manchmal kann allerdings der Eindruck entstehen, dass das Ende mit Schrecken fast annähernd so lange dauert wie der Schrecken ohne Ende. Eine Erfahrung, die auch Brigitte Bardot vor 50 Jahren machen musste. Von ihr ist der schöne Satz überliefert: »Eine Heirat geht ja furchtbar schnell. Aber eine Scheidung ist immer so zeitraubend!«

Mein Papa wurde nach 20 Jahren Ehe und vier Kindern von der ersten und bis dato einzigen Frau seines Lebens geschieden. Strenger Katholik halt. Zu uns Kindern aus zweiter Ehe pflegte er immer stolz zu sagen: »Sonst hätte ich euch nicht!« Und im stillen Kämmerlein hat er dann geweint. Um die Kinder, die er verloren und die Sünde, die er auf sich geladen hatte. Und noch mal 20 Jahre später? Machten alle miteinander Kreuzfahrt: Er, meine Mutter, seine Ex und deren neues Glück.

Und zu guter Letzt: Wissen Sie, was schwarzer Humor ist? Wenn Minus und Minus und Minus Plus ergibt. Irgendwie ja auch lustig: Da bekomme ich in jeder Zeitschrift Tipps für mein Hochzeits-Outfits. Aber wo sind die Styling-Tipps für meine Scheidung? Schwarz? Erinnert so an Beerdigung. Kurz? Man will ja nicht den Richter aufreißen. Lang? Nein, ist ja kein Fest.

Ich habe mal recherchiert. Hier die Empfehlung einer Freundin, die mit dem ganzen Kram schon durch ist: »Mädels! Am besten, ihr nehmt was mit ganz langen Ärmeln. Damit ihr euch die Tränen abwischen und die Nase putzen könnt!«

52

BEIM NÄCHSTEN KERL WIRD ALLES BESSER

Oder: Mann bleibt Mann

Wussten Sie eigentlich, dass schon acht Wochen nach der Befruchtung die winzig kleinen Hoden eines männlichen Embryos so viel Testosteron produzieren, dass dies Einfluss nimmt auf seine Gehirnentwicklung? Und wenn Sie jetzt noch bedenken, dass ein acht Wochen alter Embryo Heftzweckengröße hat, dann wissen Sie, wie wirklich lütt die Klöten da noch sind.

Jetzt wird mir einiges klar. Mein armer Ehemann! Geht das überhaupt ohne Coolpack auf dem Kopf? Was muss das für ein Dauerbeschuss sein! Tut der weh?

Und meine zwei Söhne? Gott! Da hegte ich ja bislang die Hoffnung, dass sich mit anthroposophischem Holzspielzeug was rausreißen lässt. Jetzt ist klar: Die beiden waren schon auf der schiefen Bahn, da wusste ich noch nicht mal, dass sie unterwegs sind. Und zu denken, da drückt dir die Hebamme im Kreißsaal einen süßen, kleinen, frisch geschlüpften Pimmelträger in den Arm und du kannst anfangen, aus ihm einen guten Menschen zu machen, ist quasi der naive Versuch, einen 80-jährigen Langzeitknacki ins Resozialisierungsprogramm einzuschleusen. Du kommst viel zu spät.

Was für ein Elend.

Geschlechterstudien der renommierten Psychologin Eleanor Maccoby belegen: Schon kleine Jungen verbringen 65 Prozent ihrer freien Zeit mit Hauen, Kämpfen und der Frage: Wer ist der Stärkere? Kleine Mädchen nur 35 Prozent. Mädchen, die spielen, wechseln sich auch 20-mal so häufig ab wie Jungen. In einer irischen Kindertagesstätte beobachtete Maccoby, wie Jungen sich Spielzeugpistolen bauten, indem sie Mädchen ihre Kochlöffel wegnahmen oder Wasserhähne abschraubten.

Hab ich's da nicht toll getroffen mit meinem Caspi? Als er fünf war, fummelte er sich die Giraffe aus der Arche Noah, Vorderläufe ins linke Patschefäustchen, Hinterläufe ins rechte Patschefäustchen, richtete den langen Hals auf Kolja, der gerade auf dem Töpfchen saß, und dann: »Ratta-tata-ta!« Machte einen auf Maschinengewehr.

Jede dritte Ehe landet heutzutage im Schredder. Ohne ein einziges Detail zu kennen, weiß man: Bestimmt nicht, weil Mann und Frau sich so prima verstanden haben. Ein kluger Mann sagte mal: »Heiraten, um glücklich zu werden, ist der sicherste Weg, geschieden zu werden.« Wie viel Zufriedenheit ist trotzdem drin? Die Hoffnung stirbt ja bekanntlich zum Schluss.

Ich möchte einen Vorstoß wagen. Vielleicht brauche ich ja gar nicht mal den total richtigen Mann? Vielleicht brauche ich einfach nur nicht die total falsche Erwartung? So ein Gedankengang nennt sich *Short-Cut* und kennt man von IKEA, wenn's von den Sofas direkt zu den Kerzen geht. Leben ist ein Fliegenklebeband, an dem ganz viel Illusion hängen bleibt. Ist mal jetzt von keinem klugen Mann, ist von mir. Deswegen, lesen Sie einfach drüber hinweg.

Und wenn Sie glauben, Sie sind nicht so der Erwartungstyp, will ich Ihnen von einem Spiel erzählen, das in Amerika mal eine Frau mit mir spielte. Wir erwarten nämlich immer irgendwas. Das Spiel hieß *true, true, lie*. Welche dieser drei Aussagen ist unzutreffend? *Na, denn man tau*!, dachte ich nach Holsteiner Art. Man testet ja gern seine Allgemeinbildung.

»Ich hatte Brustkrebs. Ich hatte Eierstockkrebs. Ich hatte Gebärmutterhalskrebs.« Listete die Frau fröhlich auf.

Also, mal angenommen, Sie haben gerade eine Ehe oder Beziehung in den Sand gesetzt. Was müssen Sie in ihrem eigenen Hirn klarkriegen, bevor Sie sich mit seinem beschäftigen? Welchem Erwartungs-Virus müssen wir Frauen den Kampf ansagen?

1. Erwarte nicht, dass du irgendeinen Mann mit der Zeit besser kennenlernst. Hast du ihn verstanden, ist er längst ein anderer!

   Hirnforscherin Louann Brizendine, deren riesengroßer Fan ich bin, sagt: Männerköpfe sind Einmachgläser, je nach Lebensalter mit neuer Füllung. Hier eine kleine Probierauswahl:

- Wenn-ich-mich-nicht-bewege-sterbe-ich-Hirn (kleiner Junge)
- Scheiße-alles-langweilig-hier!-Hirn (Teenager)
- Ficki-Ficki-Hirn (Twenty-Something)
- Wer-mein-Junges-anfasst-stirbt-Hirn (frischgeborener Papi)
- Ich-Ich-&-Ich-Hirn (glücklicher Ehemann)

(Jetzt mal sehr auf den Knochen gekocht und auch nicht in astreinem Wissenschafts-Chinesisch ausgedrückt.)

Maßgeblich verantwortlich für diese geistigen Morphs ist neben Testosteron, dem Zampano-Hormon, AMH, *Anti-Müller-Hormon*. Columbia-Professor Jeff Wang konnte nachweisen: Züchtet man Mäuse-Jungen ohne AMH, entwickeln sie keinen typisch männlichen Forscherdrang. Sie verhalten sich eher wie die Mäusemädchen und spielen auch so. Daneben gibt es eine ganze Latte weiterer hormoneller Anstifter. Zum Beispiel *Prolactin*, das hingezaubert bekommt, dass selbst der dickfelligste, schnarchende Karpatenbär sein neugeborenes Baby durch zehn Meter dicke Wände weinen hört. Oder *Oxytocin*, das Treumacher-Hormon. Der eigentliche Ring am Finger eines Mannes.

Doch! Die männliche Birne, das muss der weibliche Neid ihm lassen, ist ein unglaubliches Meisterstück. Mit einer fantastischen Vielzahl an Schaltkreis-Optionen nach Art des Londoner U-Bahn-Netzes. Abhängig von der hormonellen Travelcard, die er sich gerade gezogen hat, ist so ein Mann in ganz vielen Zonen unterwegs. Dagegen fahren wir Frauen nur Bus. Und auch nur drei Stationen.

2. Erwarte nicht, dass dich irgendein Mann von irgendeinem Mann heilt!

   Ich fasse mal in meine Worte, was Paartherapeut Dietmar Stiemerling dazu sagt: Erschreckend viele Frauen schleppen

Exmann-Sondermüll mit sich herum. Etwa 30 Prozent legen bei der Partnersuche regelrechte Macken an den Tag: Sie wollen keinen neuen Partner, der zu ihnen passt, sondern einen, mit dem sie ihre alte Beziehung aufarbeiten können. Das gleicht dem Versuch, einer Pilzvergiftung beizukommen, indem man Essigreiniger schluckt. So ist auch der neue Mann gleich wieder für die Tonne. Deswegen! Starten Sie clean ins nächste Männer-Desaster. Hören Sie mal eine Woche lang Panflötenmusik! Machen Sie Hirn-Detox! Führen Sie geistig ab! Meinetwegen auch Ehecoaching bei Heidi Klum. Die hat ja schon sehr erfolgreich ein paar Beziehungen in den Sand gesetzt.

3. Erwarte nicht, dass dein Mann dich glücklich macht!
Denn wissen Sie, was eine Milz ist? Das ist ein gut durchblutetes Ding von der Form und Größe eines dicken Schnitzels, das sich in unserem Brustkorb ein schattiges zentrales Plätzchen unterhalb des Zwerchfells gesucht hat. Wie ein Goldgräber siebt es hier senile rote Blutkörperchen aus dem Blut. Für die Milz sind das wahre Nuggets. Außerdem ist sie Kreisssaal und Kaserne unserer Blutpolizei. Man möchte also meinen: Furchtbar wichtig, diese Milz. Und dann kommt der Chirurg und macht schnippschnapp. Und? Wir vermissen unsere Milz gar nicht. Auch wenn wir sie freiwillig niemals hergegeben hätten.

4. Über diesen kleinen Bio-Schlenker zurück zu uns Frauen. Sind Männer vielleicht unsere Milz? 60 Prozent aller Frauen fühlen sich nach einer Scheidung gelassener. 72 Prozent empfinden die nächste Beziehung als stabiler. Wer sich bewusst fürs Singlesein entscheidet, gilt sogar als psychisch stabil. Sehr im Gegensatz zu zwangsamputierten Ehemännern. Hier sagt die Statistik: Männer brauchen nach einer Scheidung länger, um aus ihrem emotionalen Loch herauszukrabbeln – wenn die

Frau die Scheidung eingereicht hat. Sie haben anschließend ein größeres Gesundheitsrisiko – sollten sie keine neue finden.

Deswegen, hier mein Appell: Bevor Sie sich den nächsten Mann transplantieren, machen Sie geistige und emotionale Inventur. Was brauchen Sie. Und vor allem: Was brauchen Sie *nicht?*

Ich fasse das jetzt noch mal im Turbotempo zusammen:

Ja, Wissenschaft neigt dazu, zehn männliche Mäuse zu nehmen und anschließend zu behaupten, sie wisse, wie Männer funktionieren. Aber tatsächlich kann als gesichert gelten: Männer haben zwei Hauptauffälligkeiten. Erstens sind sie keine Frauen. Und dann sind sie zu allem Überfluss auch noch Männer. Da kommt schon mal gleich ganz schön viel zusammen. Männer sind auch insofern anders, als sie gar nicht mitkriegen, dass sie anders sind. Und, habe ich vorhin unterschlagen: Schon im Kindergarten zeichnen sie zehnmal so häufig Flugzeugabstürze und Autounfälle, wie wir Mädchen, die wir 15-mal so oft Blumen, Häuser, Menschen malen.

Was lernen?

- Machen Sie ist es wie meine Freundin Ulli. Die ist jetzt über 50. Die hat das Thema *Erwartung* durch. Die sagt zu ihrem Freund Jacob: »Du, ich hab Mittwoch Geburtstag, ich hätte gern einen großen Strauß Rosen.«
- Machen Sie es wie ich. Ich hatte nämlich kürzlich auch Geburtstag. Von meinem Mann bin ich es ja schon gewohnt, dass er mir nach 15 Jahren Ehe nur noch Gutscheine bastelt. Diesmal allerdings gab's auch schon von meinem kleinen süßen Kolja einen Gutschein, dabei sind wir erst zehn Jahre ein Liebespaar. Es war ein Gutschein für einen Gutschein. Darauf stand: Mein Gutschein kommt noch.« Da habe ich ihn erst mal ganz doll geknuddelt. Ich finde, er macht das alles ganz, ganz prima.

53

PAARTHERAPIE BRINGT EH NIX!

Oder: Die Geschichte von Frau Unzufrieden und Herrn Ohneproblem

Ich fände es ja eine hübsche Idee, wenn Hollywoodstar Gwyneth Paltrow zur Abwechslung Interviews ohne Ton geben würde. Dann kann man ihr wunderschönes Gesicht studieren. Und wie sie sich diesen tollen Seitenscheitel macht, wo immer die Ohren rausgucken. Und ist nicht abgelenkt durch das, was sie denkt. Im Falle von Gwyneth' Verstand habe ich nämlich das Gefühl, dass ein paar Mutter-Teresa-Chromosomen mit sehr viel Tofu gekreuzt wurden. Letztens erklärte sie: »Wasser hat Gefühle!« Was natürlich eine gewisse Neugierde in mir weckt: Fragt sie das Wasser, wie es ihm geht, bevor sie es trinkt?

Wie ich darauf komme?

Gwyneth hat sich gerade wahnsinnig glücklich scheiden lassen. Vorher war sie wahnsinnig glücklich verheiratet. Die Scheidung ist ihr nicht einfach nur passiert, im Gegensatz zu anderen gescheiterten Paaren hat sie sich natürlich was dabei gedacht. Sie nennt ihre Scheidung nicht Scheidung. Sie nennt sie »*Conscious uncoupling*«, bewusste Entpaarung. Und völlig klar: Sie liebt ihren Mann noch immer und ist ihm jetzt näher als je zuvor.

Ich glaube, ich muss sofort zur Paartherapie.

Mein Mann und ich streiten uns immer wie die Besenbinder. Ich möchte am liebsten mit Vasen werfen. Und gelegentlich würde ich ihn auch gern zum Mond schießen. One-Way-Ticket. Das alles unterscheidet mich sehr von Gwyneth Paltrow, auch wenn wir sonst, rein äußerlich, als Zwillingschwestern durchgehen.

Ich finde Zanken in einer Beziehung ja wichtig. Bloß keine Harmonie-Soße. Man sagt mir auch nach, dass ich ein Händchen dafür habe (also fürs Zanken, nicht für die Harmonie). Und ich weiß echt nicht, ob ich mir das alles durch eine Ehetherapie kaputt machen lassen möchte. Unsere klare Rollenverteilung empfinde ich als gemütlich, und sie gibt mir Halt: Ich bin *Frau Unzufrieden* und mein Mann ist *Herr Ohneproblem*. So müssen wir uns nicht auf das unsichere Terrain der Spekulation wagen, wenn wir dem anderen erklären, warum er doof ist.

Also, was bringt Paartherapie?

Ein paar Zahlen:

- Von zehn Paaren mit Problemen gehen maximal zwei zur Paartherapie.
- In 57 Prozent der Fälle ist die Frau die treibende Kraft, die sagt: »Wir brauchen professionelle Hilfe.« Männer empfinden Eheberatung oft als Niederlage. Motto: *Wenn's jemand Drittes braucht, um zu zweit zu reden, ist's eh zu spät.*
- Sieben von zehn Paaren, die Paartherapie machen, sind durch die Geburt eines Babys ins Schlingern geraten.
- 66 Prozent erleben durch die Therapie irgendeine Besserung.
- 15 von 100 trennen sich trotzdem.

Beim Wort »Eheberatung« habe ich natürlich wie die meisten von Ihnen gleich einen Film im Kopf: Ich sehe mich beim Töpfern einer Männerfigur, deren Popo ich rot bepinsele. Wie bei einem Pavian. (Wer wie ich *Psychologie Heute* liest, weiß: Das

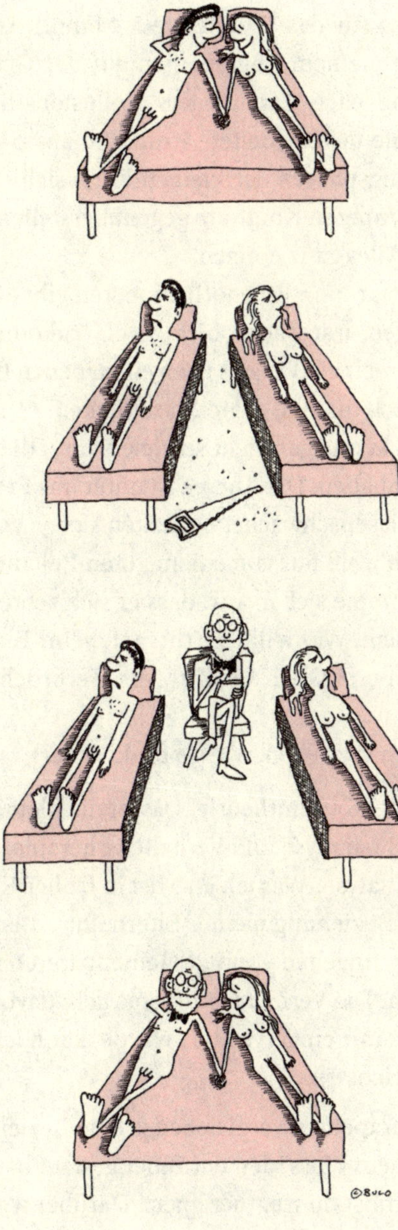
©BULO

ist ganz wichtig, um schlechte Energien auszuchanneln und sich als Frau zu öffnen für das Wunderwerk Mann.) Anschließend erarbeite ich mit meinem Therapeuten auf der Grundlage der Gesprächsführung nach Carl Rogers Kollusions-Modelle, bei denen wir zentrale unverarbeitete Konflikte aus früheren seelischen Entwicklungsphasen der kleinen Katja sich ergänzenden Lösungen dieser inneren Konflikte gegenüberstellen.

Sag ich doch. Alles ganz einfach.

Etwa 24 000 Paar- und Psychotherapeuten gibt es in Deutschland, die dir helfen, mit Eheproblemen klarzukommen. Leider hat kein einziger meines Wissens nach einen neuen Ehemann im Regal. Das halte ich für eine echte Marktlücke.

Ich persönlich kenne gar nicht so viele Paare, die schon Paartherapie gemacht haben. Das Thema ist unter uns Frauen wie ein Gespräch über Blasenschwäche. Da halten sich ja auch alle eher etwas zurück. Ich weiß nur von einem guten Bekannten, dass er am Ende der Therapie sicher war, dass er sich schon viel früher hätte trennen sollen. Was will Paartherapie sein? Eine Lupe, die Probleme vergrößert? Oder der Kitt, der Zerbrochenes zusammenfügt?

Dazu muss man verstehen, wie sie funktioniert:

- Meist nach der Systemtheorie. Das ist die kleine Schwester von Psychoanalyse und Verhaltenstherapie. Kernidee der Psychoanalyse: Was ich an Mist in früher Kindheit erlebe – die Beziehung meiner Eltern, ihr Zank, wie sie miteinander umgehen –, prägt meine späteren Liebesbeziehungen. Die Verhaltenstherapie geht davon aus: Quatsch, der mir eingetrichtert wurde, kann ich auch wieder austrichtern.

- Manche Therapeuten vergleichen ja eine Beziehungskrise mit einem Fluss, den der Biber gestaut hat. Den Biber bekommst du wegtherapiert. Darüber wird die

Schlei aber nicht zur Donau. Hattest du vorher eine magere Beziehung ohne Flow, bleibt sie auch weiterhin eine magere Beziehung ohne Flow.

- Therapie kann helfen, alte Schmerzen aufzuribbeln wie einen Pulli und die Wolle zu nutzen für schönen neuen Schmerz. Klingt verrückt, klappt aber hervorragend. Mal angenommen, du bist eifersüchtig und magst nicht, dass dein Partner Dinge ohne dich unternimmt. Nun kannst du ihn an die Kette legen, und er bleibt gefrustet zu Hause. Dieser Dauerkonflikt bereitet Schmerzen. Oder: Du lässt ihn gehen und lernst damit umzugehen, dass er (auch mal) nicht da ist. Der bessere Schmerz, weil Hilfe zur Selbsthilfe.
- Die meisten Menschen sind *Tuer,* nicht *Warter*, können besser aktiv als passiv. Von diesem Widerspruch profitierten Diätprodukte à la *Du darfst*. Idee: Essen, um abzunehmen. Die Therapie lehrt mich, stillzuhalten, meinen Partner zu ertragen, statt ihn reparieren zu wollen. Die Basis einer stabilen Beziehung ist: das Nichtstun. Das muss man erst mal aktiv verarbeiten.

BIN ICH AUCH EIN BISSCHEN PAARTHERAPIE?

Um das herauszufinden, habe ich Ihnen eine kleine Checkliste zusammengebastelt.

Bitte bedenken Sie: Natürlich ist *immer* Ihr Mann schuld!

Sollten Sie am Ende mehr als 50 Prozent Ja-Häkchen haben, rate ich, bei *Google* nach einem feschen Therapeuten Ausschau zu halten.

Wenn schon Probleme, dann sollen sie wenigstens Spaß bringen:

	JA	NEIN

KOMMUNIKATIONS-CHECK

		JA	NEIN
1.	Ich habe das Gefühl, dass wir häufiger streiten, als lieb miteinander zu sein.	☐	☐
2.	Wenn wir reden, dann über belanglosen Kram oder immer dasselbe oder aneinander vorbei. Ich muss alles dreimal sagen, als ob er schwerhörig ist.	☐	☐
3.	Probleme erkennt mein Mann nur, wenn ich sie mit rotweißem Flatterband markiere. Wie den Leichenfundort im *Tatort*.	☐	☐
4.	Ständig haben wir irgendwelche Problem-Themen am Wickel. Nie ist es einfach nur easy.	☐	☐
5.	Mit meiner Freundin quatsche ich mehr und unbeschwerter als mit meinem Mann.	☐	☐
6.	Ich habe nicht das Gefühl, dass er mir zuhört. Ich ihm übrigens auch nicht.	☐	☐
7.	Ich muss im Kopf vorsortieren, was ich ihm erzähle, sonst wird's nur wieder kompliziert.	☐	☐
8.	Manchmal denke ich, ich kriege keine Luft mehr, weil in unseren Gesprächen kein Platz ist für mich und was in mir vorgeht.	☐	☐

	JA	NEIN
SEX-CHECK		
9. Irgendwie macht's nicht mehr klick, wenn ich ihn nackt sehe.	☐	☐
10. Sex ist für mich wie Bügeln und Schulbrote schmieren: Muss erledigt werden.	☐	☐
11. Ich hätte gern viel mehr Sex.	☐	☐
12. Ich schlafe unregelmäßig und selten mit meinem Mann – dafür ist es regelmäßig kompliziert und unbefriedigend.	☐	☐
13. Wir streiten uns nicht über Sex, der stattfindet, sondern über den, der nicht mehr stattfindet.	☐	☐
ZÄRTLICHKEITS-CHECK		
14. Er weiß bis heute nicht, dass ich nicht in die Brustwarzen gebissen werden möchte.	☐	☐
15. Wenn er mich in den Arm nimmt, ist es, als umarme er seine Mutter.	☐	☐
16. Wenn wir auf der Couch sitzen, streichelt er mich nicht mehr. Wir schmusen auch kaum noch miteinander. Ich muss ihn immer fragen: »Kannst du mir mal die Füße kraulen?« Das nächste Mal drücke ich ihm fünf Euro in die Hand.	☐	☐
17. Uns ist der Genuss abhandengekommen. Fast ist es ein bisschen so, als gingen wir uns gegenseitig aus dem Weg.	☐	☐

	JA	NEIN

VERTRAUEN

18. Mir fehlt die Kraft, etwas zu ändern. Mein Mann ist gefühlt ein dicker Tanker. Wenn ich heute das Ruder rumreiße, bewegt er sich schon morgen einen Millimeter nach rechts. ☐ ☐
19. Du weißt genau, was du gern ändern möchtest. Er braucht noch Zeit und sagt, er kann sich erst öffnen, wenn er Vertrauen in die veränderte Situation gefunden hat. Also in 50 Jahren. ☐ ☐
20. Ich glaube nicht, dass wir mit der Zeit glücklicher werden. ☐ ☐
21. Ich fühle mich zweisam einsam. Manchmal denke ich, ohne meinen Partner wäre ich wenigstens ehrlich allein. ☐ ☐
22. Ich bin oft deprimiert. ☐ ☐
23. Ich habe Zweifel, ob da noch genügend Liebe, Vertrauen und Kohlensäure in unserer Beziehung ist. ☐ ☐
24. Wenn wir zusammen sind, dann mehr aus Gewohnheit. Da ist kein Freuen mehr auf den anderen. ☐ ☐

	JA	NEIN
GEMEINSAMKEITEN		
25. Irgendwie haben wir gar nichts gemein. Weder Hobbys noch die Überzeugung, was wir blöd finden.	☐	☐
26. Wir haben gar keine gemeinsamen Ziele. Der eine will Kinder, der andere einen Hund.	☐	☐
GRENZEN-CHECK		
27. Er rückt immer viel zu dicht. Wenn ich mich irgendwohin zurückziehe und die Tür schließe, kommt er hinterhergelatscht.	☐	☐
28. Es verletzt mich, dass er Dinge, die ich ihm anvertraue, gegen mich benutzt.	☐	☐
29. Er achtet nicht auf sich. Er achtet nicht darauf, die Klotür zuzumachen, obwohl er weiß, dass es mir wichtig ist.	☐	☐
SICHERHEITS-CHECK		
30. Er ist immer irgendwo, aber nie da, wenn ich ihn brauche.	☐	☐
31. Früher hat er schon mal von unterwegs angerufen. Das tut er jetzt nicht mehr.	☐	☐
32. Er hat ein Problem damit, wenn ich ein Problem habe.	☐	☐

	JA	NEIN
33. Er verteidigt mich nicht vor meiner Schwiegermutter.	☐	☐
34. Ich buttere mehr als er in diese Beziehung. Ich will jetzt mal, dass was zurückkommt.	☐	☐
35. Ich habe das Gefühl, er nutzt mich für seine Interessen aus.	☐	☐

GLEICHBERECHTIGUNGS-CHECK

	JA	NEIN
36. Er fühlt sich wie der Bestimmer. Wichtige Entscheidungen, die eigentlich uns beide betreffen (Geld, Urlaub, Einladungen), fällt er allein. Das bekümmert mich.	☐	☐
37. Ich muss alle wichtigen Entscheidungen allein treffen. Regelmäßig frage ich mich: Wo ist eigentlich mein Mann?	☐	☐
38. Oft denke ich, er ist dagegen, bevor er überhaupt weiß, was ich von ihm will.	☐	☐
39. Er kann nicht loben. Aber er kann wunderbar kritisieren. Ich würde ihm gern manchmal gegens Schienbein treten.	☐	☐

VERDRUSS-CHECK

	JA	NEIN
40. Das Fass läuft bald über. Ich will seine Macken nicht länger aussitzen.	☐	☐

	JA	NEIN
41. Ich gebe mir große Mühe, nicht zu vergessen, wie er mich behandelt hat.	☐	☐
42. Mir ist der Optimismus abhandengekommen, dass er sich noch mal ändern wird.	☐	☐
43. Oft denke ich, meine Kopfschmerzen und meine Hammerzehe habe ich nur ihm zu verdanken.	☐	☐

VERZEIH-CHECK

	JA	NEIN
44. Seine Sex-Altlasten und Bussi-Bekanntschaften holen mich immer wieder ein. Ich zweifele, ob er sich wirklich geändert hat.	☐	☐
45. Er kann es einfach nicht lassen, auf meinen Freundinnen rumzuhacken und sie schlechtzumachen.	☐	☐

54

ICH-DU-WIR-EHEN

ODER: WARUM EIN EHEMANN DAS GRÖẞTE GLÜCK IST

Ganz ehrlich? Ich glaube, mein Mann hätte mich am liebsten als Ticker-Meldung. Für seinen Geschmack könnte ich ruhig ein bisschen zackiger reden und zügiger zum Punkt kommen. Nicht böse gemeint. Er möchte einfach mehr Zeit haben: Um mich zu umarmen und mir jeden Wunsch von den Augen abzulesen. Oder sagen wir mal: Jeden zwei... ähm ...undzwanzigsten.

Überhaupt finde ich: Mein Mann ist total klug – in allem, was nicht ihn selbst betrifft. Er kapiert sofort, was andere Frauen brauchen: ein bisschen Zuhören, ein bisschen Kopfnicken, ein bisschen Bestürzung. Aber wenn ich mit ihm spreche? Das ist für ihn Elbisch. Dann weiß er gar nicht, was er antworten soll. Ich sag Ihnen das jetzt mal mit der Erfahrung einer 47-jährigen Ehefrau: DJs, Ehemänner und Elektriker brauchen eine führende Hand, jemanden, der ihnen sagt, was von ihnen erwartet wird, sonst wird das nix.

Das ultimative Eherezept ist ja, habe ich herausgefunden: Sie müssen gar nicht ihrem Mann verzeihen, dass er nur ein Mann ist! Sie müssen sich selbst die Hand zur Versöhnung reichen. Denn wahrscheinlich sind Sie wie jede typische, verliebte Frau der Überzeugung gewesen, die Allereinzigste zu sein, die einen Prinzen abbekommen hat. Und haben jetzt festgestellt: Es ist doch nur ein Frosch. Wenn auch ein supernetter. Das entspannt. Im nächsten Schritt heißt es dann, sich dem Gedanken anzunähern: *Ups, ich selbst bin ja auch gar keine Märchenprinzessin!* Erwachsenwerden ist manchmal wie eine Geburt: schmerzvoll. Und auch ein bisschen Trauerarbeit: Weil man muss ja von Illusionen Abschied nehmen.

Ein Denkmodell in der Paarpsychologie ist, dass es drei Sorten von Ehen gibt. Oder um es mit der Leberwurst zu sagen: Grobe, feine und solche mit Stücken. Das zu begreifen, ist der erste wichtige Schritt in Richtung goldene Hochzeit:

- die Ich-Ehe
- die Du-Ehe
- die Wir-Ehe

Fangen wir ganz unorthodox in der Mitte an:

Die Du-Ehe:

Sie ist die Feine. Die Zärtliche. Die Wolke-Sieben-Ehe. Darauf ausgerichtet, es dem »Du«, also dem anderen, schön und kuschelig zu machen. Zentrale Fragen: *Wann hole ich seine Hemden aus der Reinigung? Was mag er gern essen?* Glück ist, wenn die Augen des anderen leuchten. Jung-Ehefrauen sind gern Du-Ehefrauen, geben von allem alles: Herz, Zeit, Energie. Um dann nach einer Weile festzustellen: So ein Ehemann ist ein Eimer mit Löchern. Dennoch: Gerade erfolgreiche Langzeit-Ehefrauen sind oft Du-Ehefrauen. Das Payback, die Symbiose, fühlt sich höher an als der zu zahlende Preis: irgendwann nicht mehr recht wissen, wer man selber ist. Meine Mutter, 33 Jahre Ehe, dann Witwe, wollte von mir wissen: »Katja, ich hätt' gern ein Hobby, was kann ich denn mal machen?«

Kurz: Für die Du-Ehefrau ist ein Mann ein Schatz, den es zu heben gilt. Das Alleinsein mit sich selbst ist eher reizlos. Eine Du-Ehefrau braucht ein belastbares Herz.

Die Ich-Ehe:

Die grobe Leberwurst unter den Ehen. Vordergründig. Denn die zentrale Frage ist hier: *Was brauche ICH, um glücklich zu sein?* Getreu dem Prinzip:. *Geht's mir gut, geht's dem anderen auch gut – oder irgendwas in der Richtung.* Ein Eldorado für Egomanen demnach. Anderseits: Auch die reifere – klassischerweise oft Zweitehe. Denn wie singt Herbert Grönemeyer? »Gib mir mein Herz zurück!?« Wer schon mal schmerzvollen Beziehungsschiffbruch erlitten hat, weiß: Wertvoll ist, was man selbst hat und sich nicht beim anderen leihen muss: Selbstbewusstsein, Lebensglück, Ziele. Ich-Ehefrauen sind bei sich. Und besetzen den Mann als Sahnehäubchen, nicht als Messias. Fragen Sie mal Iris Berben. Nur dass die nie verheiratet war.

Ich-Ehen haben oft den besseren Sex! Er muss nicht Sherlock Holmes spielen, um herauszufinden, was sie will. Sie muss nicht hoffen, dass auch der blinde Hahn mal das Korn findet. Hinzu kommt: Ich-Ehen als Folge von gescheiterten Du-Ehen mit Kindern sind oft sehr freie Beziehungen. Die Frau ist nicht das beschriebene Mutterblatt, kann ihre Sexualität wieder leben.

Kurz: Ich-Ehen sind super. Aber nichts für ganz junge Ehefrauen, weil sie auch etwas Nüchternes haben.

Die Wir-Ehe:

Die Leberwurst mit Stücken. Ganz romantisch zu zweit ins Restaurant? Vielleicht am Anfang ganz nett. Aber dann gern im großen Tross mit Freunden und immer hoch die Tassen. Wir-Eheler sind diese Menschen, bei denen man das Gefühl hat, dass sie ihren Verein geheiratet haben. Salopp formuliert. Die brauchen Familie, Firma, viele Leute um sich, um eine glückliche Beziehung führen zu können. Die besondere Qualität der Partnerschaft besteht nicht darin, einen Partner zu haben, sondern ein Projekt.

Was lernen wir?

- Sie werden feststellen: Unter Garantie fahren Sie und ich eine Ehe mit Hybridantrieb. Mal schiebt das »Ich«. Dann puscht das »Du«. Und was das »Wir« mit vielen Leuten angeht – da sag ich immer: Wer seinen Mann liebt, der verdünnt ihn sich.
- Ja, es ist tatsächlich so: Männer können ihrem Kumpel der schlauste, klügste, geduldigste Zuhörer und Beziehungsratgeber sein – und trotzdem nicht verstehen, was die eigene Frau immer zu quaken hat. Zwei Gründe: Der Freund spricht kein komisches Elbisch. Zweitens: Der *Spiegel-Moment*. Vom amerikanischen Psychologen James Mark Baldwin erstmals an Krabbelkindern beschrieben. Das innere ICH jubeliert, wenn es sich erstmals nicht zerstückelt und nur aus der »Leib«-Perspektive sieht, sondern als Ganzes im Spiegel. Der Mann vor einem Mann, der Stress hat mit seinem Frauchen zu Hause, ist ein freudig erregter Mann vor seinem eineiigen Zwilling.
- Die größte Langzeitstudie – über 75 Jahre – zum Thema Glück, durchgeführt von der Harvard-University, ergab: Liebe ist alles, was zählt. 100 oberflächliche Beziehungen zählen nicht so viel wie eine gute. Glück korreliert nicht mit der Anzahl von Häusern, Erfolgen, Weltreisen. Glück

korreliert ausschließlich mit Zahl und Qualität der tiefen Vertrauensbeziehungen, die du in deinem Leben hattest.

Neben den klassischen Papa-Mama-Kind-Beziehungen und Lebensfreundschaften wären das in erster Linie verlässliche Mann-Frau-Kisten im Sinne von Partnerschaft und Ehe.

Der absolute Glückstrick ist also: Du heiratest einen Mann, weil du ihn von Herzen liebst. Und dann sieh zu, dass er dir nicht abhandenkommt. Oder wie Harvard-Guru George Vaillant sagt: *One key to happiness and fullfilling life is love. The other is finding a way of coping with life that does not push love away. Happiness is only the cart, love ist the horse.*

Glück ist nur der Bollerwagen, in dem du sitzt. Gezogen wird er von der Liebe.

54 1/2

Und hier der finale, halbste Ehe-Pflege-Tipp. Geht schnell, geht überall, geht immer.

No New Years Day to celebrate
No chocolate covered candy hearts to give away
No fist of spring
No song to sing
In fact here's just another ordinary day
…
I just called to say I love you
I just called how much I care
I just called to say I love you
And I mean it from the bottom of my heart

Erkannt?

Lionel Ritchie.

Einer der großen Weisen unserer Zeit.

Bevor wir uns also daranmachen, in Zukunft alles noch viel, viel besser zu machen in unserer Beziehung, hier eine kleine Partnerübung für jetzt und sofort: Zum Telefon greifen, seine/ihre Nummer wählen und sagen: »Nur so, bevor's untergeht im Alltagsmist: Ich liebe dich.«

MEINE WICHTIGSTEN QUELLEN ...

... aus denen ich Zahlen, Fakten, Statistiken, Anekdoten generiert habe. Aufgelistet sind in erster Linie Studien, Werke, Arbeiten, die einen nicht sofort oben bei Google anspringen oder vorne in der Buchhandlung liegen. Ich habe mit größter Sorgfalt recherchiert. Nicht ausgeschlossen ist dennoch, dass sich irgendwo ein Fehlerteufelchen eingeschlichen hat. Ich bitte dies im Vorfeld zu entschuldigen.

IM RAUSCH DER GEFÜHLE

Gestatten: Typischer Ehemann
Der subjektive Sinn der Ehe und die Entscheidung zur Heirat; Schneider, N.F., Rüger, H.; Zeitschrift für Soziologie, Heft 2, S. 131 (2007)
Sexual desires in couples; Klusmann, D., Berner, W.; The Oxford handbook of sexual conflicts in Humans; ISBN-10: 0195396707 (2012)
Human fine body hair enhances ectoparasite detection; Dean I, Siva-Jothy MT; Royal Society Biology Letters (2012)
The influence of footwear on the prevalence of flat foot; Rao UB, Joseph B (1992)
Semen an Antidepressant? Think again; McGreal SA; Psychologytoday.com (2012)

Wird heutzutage zu schnell geheiratet?
Leben in Deutschland – heute und vor 60 Jahren; Egeler, R., Statistisches Jahrbuch (2011)
Beziehungserfahrungen und Partnerschaftsverläufe vor der Heirat; Schneider, N.F., Rüger, H.; Bundesinstitut für Bevölkerungsforschung (2007)
Welche Ehe hält wie lange? Frank Gerbert in Focus.de (2003)

Mit Ring bin ich sicher!
Marital Satisfaction and psychological well-being in clinical and non-clinical samples; Perrin J.; Iowa State University (2008); p. 42
Relations between Spouses' Depressive Symptoms and Marital Conflict; Du Rocher Schudlich, T.D., Papp, L.M., Cummings, E.M.; US National Library of Medicine (2011)

Reexamining the case for marriage; Musick, K., Bumpass, L.; Journal of Marriage and Family (2012)

Ehe ist Sex mit Vollkasko
Anteil der nichtehelich geborenen Kinder an allen Lebendgeborenen in Deutschland von 1970 bis 2014; Statista.com (2014)

Einmal Ehe bitte!
Determinanten der Wiederheirat nach der ersten Scheidung in der Bundesrepublik Deutschland; Lankuttis, T., Blossfeld, H.P. (2002)
Wilde Ehe auf Ägyptisch; Konrad-Adenauer-Stiftung.de (2008)

Polyamorie.de
Anteil der Paare, die in wilder Ehe leben, in Deutschland von 1985 bis 2010; Statista.com

Der Director's Cut der Schöpfungsgeschichte
Tree of souls: The mythology of Judaism; Schwartz, H.; Chap. 261; Oxford University Press (2008)

Verlobung
Beziehungserfahrungen und Partnerschaftsverläufe vor der Heirat; Schneider, N.F., Rüger, H.; Bundesinstitut für Bevölkerungsforschung; S. 132ff (2007)

Sind Männer Heiratsmuffel?
Eager Men and Coutious Women: Differences in Attitudes Toward Casual Sex; Li NP, Sng, O., Jonason, P.K.; The Oxford Handbook of Sexual Conflict in Humans; , S. 51 (2012)

Tinderismus
Cupids Arrow turns digital; Reis, H., University of Rochester (2012)

Liebe auf den ersten Blick ist die tiefste!
Neuroimaging of Love: fMRI Meta-Analysis Evidence toward New Perspectives in Sexual Medicine; Ortigue, S.; The journal of Sexual Medicine (2010)

Wahre Liebe wartet
After the promise: the consequences of adolescent virginity pledges; US National Library of Medicine (2005)
Adolescent Virginity Pledges; Journal of Adolescent Health (2005)

Wer sich über eine Dating-Agentur kennenlernt, hat's nötig
Online Dating leads to higher marriage satisfaction, lower divorce rates; Cacioppo, J., Proceedings of the National Academy of Sciences (2013)
Myths and facts about online mate choice; contempory beliefs and empirical findings; Schmitz; A., Sachse-Thürer, S., Zillmann, D., Blossfeld, H.P.
Das Internet als Partnermarkt; Forschungsprojekt der Universität Bamberg (2012)

Alter Knacker, junge Biene
Marry your Like: Assortive Mating and Income Inequality: National Bureau of Economic Research (2014)
The marriage market: I dither; economist.com (2014)

Ganz der Papa!
Measuring mate preferences: A replication and extension; Whelan, C.B., University of Pittsburgh; Boxer, C.F., Noonan, M., University of Iowa; (2012)

Krieg der Spermien
Sperm competition and sexual conflict; McKibbin, W.F.; The Oxford handbook of sexual conflicts in Humans; pp. 203 – 208; ISBN-10: 0195396707 (2012)

Yin und Yang
Changing gender roles in marriage; Neumann, F.; psychologytoday.com (2013)

Die Hochzeit – der glücklichste Tag im Leben einer Frau
Diamond is forever and other fairy tales; Social Science Research Network (2014)
What makes for a stable marriage? Randalolson.com; 2014
Why spending less on your wedding could save your marriage; PBS.org; (2015)
Relationship problems over the early years of marriage; Lavner, J. A., Karney, B. R., Bradbury, T. N. Journal of Family Psychology (2014)

Für mich soll's rosa Kutschen regnen!
The divorce-proof marriage; Khazan O; theatlantic.com health archive; (2014)

Gegensätze ziehen sich an
Only the congruent survive: personality similarities in couples; Rammstedt, B., Schupp, J.; German institue für economic research; (2008)

Zuhause hat die Frau die Hosen an
The male brain; Louann Brizendine; p. 124; ISBN-10: 0307885445 (2011)

Binationale Ehen sind gefährdeter
Binationale Ehen in Deutschland; Schroedter, J.H.; Statistisches Bundesamt (2005)
Warum binationale Ehen viel häufiger zerbrechen; Peters, F., Welt.de (2015)

Muss ich ihn ernst nehmen?
Sexual conflict and the ovulatory cycle; Jones, B.C., DeBruine, L.M., Little, A.C.; The Oxford handbook of sexual conflicts in Humans; ISBN-10: 0195396707 (2012)
Estrogenic compounds reduce influenza. A virus replication in primary human nasal epithelial cells derived from female, but not male, donors; Peretz, J.,

Pekosz, A., Lane, A.P., Klein, S.L.; American Journal of Physiology (2015)
The female brain; Louann Brizendine

Ein Ehevertrag killt die Liebe
Here's a marriage contract for you and your spouse; Sribner, H.; Descret News National (2014)

AUF DER LANGSTRECKE

Ist ein Seitensprung das Ende?
Fremdgehen ist die Regel; Klaus Wilhem in Bild der Wissenschaft (2010)
Von wegen treu: So wild treiben es Schwäne; Hamburger Abendblatt (2006)

Beziehungskommunismus
What makes love last? How to build trust and avoid betrayal; John Gottman; (2013)

Die Error-Management-Theorie
Sexual Conflicts in mating Stretegies; The Oxford Handbook of Sexual Conflict in Humans, S. 49f

In langen Beziehungen schläft der Sex irgendwann ein
Effects of social support and oxytocin on psychological and physiological stress responses during marital conflict; Beate Ditzena, Guy Bodenmann, Ulrike Ehlert, Markus Heinrichs in Frontiers in Neuroendocrinology (2006)
Ein Fest für die Hormone; Ulrich Schnabel in Zeit online (2008)

Der Untenrum-Burnout
Men should stay away from childbirth; Dennis Campbell; theguardian.com (2009)
Hormonelle Wirkung von Umweltchemikalien; Bayrisches Landesamt für Umwelt (2016)

In einer typischen Ehe geht er ackern
Weichenstellungen für die Aufgabenteilung in Familie und Beruf; Allensbach Studie im Auftrag des Bundesministeriums für Familie und Gesundheit (2015)
Warum die meisten Mütter Vollzeit ablehnen; Menkens, J., Welt.de (2015)
Statistik: Frauen und Männer am Arbeitsmarkt im Jahr 2011; perspektive-wiedereinstieg.de

Kinder halten eine Ehe zusammen
Quality of Life in Europe: Facts and Views; EU-Statistikamt Eurostat (2015)
Unglaubliches Sexwissen; Stein I (2011)

Eine Geliebte ist wie Harzer Roller
Spouse poaching: Why married people are sexy targets; Debra Maleod; huffingtonpost (2015)

Unkaputtbare Liebe
Scheidungsrisiken in Deutschland aus soziologischer Sicht; Wagner, M.W. (2004)
Ehekrisen: Das (Re-)Framing der Ehe und der Anstieg der Scheidungsraten; Esser, H.; Zeitschrift für Soziologie (2002)

Das verflixte siebte Jahr
Scheidungsrisiken in Deutschland aus soziologischer Sicht; Wagner, M.W. S. 484 (2004)
Verflixt ist nicht immer das siebte Jahr; Statistisches Bundesamt Wiesbaden mit Verweis auf *Fokus* 23.7.2001

Appetit holt man sich draußen ...
The Coolidge effect, individual recognition and selection for distinctive cuticular signatures in a burying beetle; Steiger, S., Franz, R., Eggert, A.K., Müller, J.K.; The Royal Society Publishing (2008)

In Adelsehen geht's drunter und drüber
Spain's former monarch King Juan Carlos having affair with German Aristrocrat for ten years: dailymail.com (2016)

Liebesheiraten sind glücklicher als arrangierte Ehen
Arranged vs. love-based marriages in the U.S.; psychologytoday.com (Aug. 2012)
The Psychology of Marriage: Choice or Arranged? Journal of personality and social psychology, 79 (6)
The paradox of choice: Why more is less; Schwartz B. (2005)
Was ist eine Zwangsheirat? amnesty-frauen.de (2015)

Heirate und du hast ausgesorgt!
Perspektive Wiedereinstieg; Repräsentativumfrage im Auftrag des Bundesministeriums für Familie, Senioren, Frauen und Gesundheit, S. 9f (2010)
Frauen und Männer in verschiedenen Lebensphasen; Broschüre des Statistischen Bundesamts Wiesbaden; S. 48 (2010)
Frauen EU-weit häufiger als Männer von Altersarmut betroffen; destatis.de (2015)
Seniorinnen und Senioren in Deutschland; Zensus 2011; Statistische Ämter des Bundes und der Länder
Rente: Extreme Unterschiede in den Regionen; Böckler Impuls (6/ 2007)
Übersicht über den Gesamtbestand an laufenden Renten der gesetzlichen Rentenversicherung am 31. Dezember 2014; Bd. 202; S. 2

Primates of Park Avenue: A Memoir; Wednesday Martin (2015)

Je weniger Streit, desto besser die Ehe?
You can't be happier than your wife; Guven S, Senik C, Stichnoth H, Discussion Paper No. 4599 (2009)
Die große Illusion; Tagesspiegel (2008)

In einer guten Ehe
Cues to Female Infidelity; The Oxford Handbook of Sexual Conflict in Humans, p. 228
Envy and jealousy: Anderson, J. (2002)
Unser empathisches Gehirn: Warum wir verstehen, was andere fühlen; Christian Keysers; ISBN-10: 3442748577 (2014)
Neuronen und Nervenzellen; Stangl, W. Arbeitsblätter (2001)
Der gefahrvolle Trek der Monarchfalter; Geo.de 2008

TAUSCHE BRAUTKLEID GEGEN PISTOLE

Bringt's mein Kerl noch?
Cultural and Evolutionary Components of Marital Satisfaction; Journal of cross-cultural psychology, jcc.sagepub.com (2014)

Paartherapie bringt eh nix! *Den Schmerz ertragen*; Interview mit Wolfgang Schmidbauer; Spiegel.de (2012)

Jahresbericht der Ehe-, Familien- und Partnerschaftsberatungsstelle Karlsruhe; Andrea Klaas; 2005

Tausche Pistole gegen Brautkleid
Familiensoziologie: Grundlagen und theoretische Perspektiven; Hill, P.B., Kopp, J.; Studienskripten zur Soziologie (2006)

Eine Ehe ist eine Aktie – Sie steigt im Wert
Familiensoziologie: Grundlagen und theoretische Perspektiven; Paul B. Hill; Johannes Kopp; ISBN-10: 3531437348 (2004)
Die Theorie des Heiratens: Eine ökonomische Analyse von ehelicher Stabilität; Ruprecht-Karls-Universität Heidelberg

Die Ehen unserer Eltern waren glücklicher
Du hast mich heimgesucht bei Nacht: Abschiedsbriefe und Aufzeichnungen des Widerstandes 1939 bis 1945; Helmut Gollwitzer und Käthe Kuhn; ISBN-10: 3579011243 (1951)
Wirtschaftswunder-museum.de

Ich dachte, meine Ehe sei gut, bis meine Frau mir sagte, wie sie sich fühlt
A wink and a nod flood men's salvia with testosterone; Helen Pearson; International weekly journal of science (2003)

Language Style Matching in Wirting; Ireland ME, Pennebaker JW; University of Texas at Austin (2010)
Ich dachte, meine Ehe sei gut, bis meine Frau mir sagte, wie sie sich fühlt.; August Y. Napier ISBN-10: 3268000983 (1995)

Zukunft statt Restlaufzeit!
Divorce can spell big boost to women's happiness; Georgellis, Y., economcia (2013)
For better or for worse: Divorce reconsidered; E. Mavis Hetherington, ASIN: B00XV3TWWA (2003)

Bei Trennung ist die Frau die Gelackmeierte
Altersabsicherung von Frauen und Männern; Gender Datenreport; Bundesministerium für Familien, Senioren, Frauen und Jugend (200)
Wie viele Alleinerziehende beziehen Hartz IV?; Sozialhilfe24.de (2015)

Vorsicht, Falten!
Familien-Leitbilder: Vorstellungen. Meinungen, Erwartungen; Bundesinstitut für Familienforschung (2013)
Sex Roles and Aging: Theory and Research from Systems Perspective; Sinnott, J.D. in Contributions to human development, ISBN-10: 3805542070 (1986)

Wer alt ist, lässt sich nicht mehr scheiden
A theory of marriage; Becker, G.S.; Journal of political economy (1973)

Beim nächsten Kerl wird alles besser
The male brain; Louann Brizendine; ISBN-10: 0307885445 (2011)

Früh gefreit, nie gereut!?
Social demography: Forschung an der Schnittstelle von Soziologie und Demografie; Hank, K., Kreyenfeld, M.; Kölner Zeitschrift für Soziologie und Sozialpsychologie (2015)

Verheiratete leben länger
The Effect of Widowhood on Mortality by the Causes of Death of Both Spouses; Elwert, F., Christakis, N.A.; National Library of Medicine (2008)

Scheidung to go
Die Entwicklung der Familie in Europa; Institut für Familienpolitik (2006)

Ich-Du-Wir-Ehen
The secret to desire in a long-term relationship; Ester Perel; ted.com (2013)
Decoding keys to a healthy life; ; Powell, A.,; Harvard Gazette (2012)

Kästen: Ratschläge für die angehende Ehefrau
Sex Tips for Husbands & Wives from 1894; Ruth Smythers ISBN-10: 1840247029 (2008)

DANKSAGUNG

Dieses Buch ist in weiten Teilen auf der Insel Usedom entstanden. Insbesondere bei der Stadt Ahlbeck möchte ich mich bedanken für außerordentlich viel Möwengeschrei und ausgiebiges Kirchturmgeläut. Man glaubt gar nicht, wie gut das beim Denken hilft!

Ohne Kai, an dem ich seit 15 Jahren das Phänomen *Ehemann* studiere, hätte dieses Buch auch niemals entstehen können. Danke, mein Schatz, für all deine Macken!

Yella, Caspar, Kolja, Lilly? Vor euch mache ich einen Kniefall. Jeden Tag aufs Neue seid ihr meine vier großen kleinen Eselsohren, die mich daran erinnern: Alles, was zählt im Leben, ist einander liebhaben. Und freut euch! Mama ist endlich fertig mit ihrem Buch und hat jetzt wieder Zeit zu kontrollieren, ob ihr heimlich Computer spielt!

Bulo? Du bist mein Held! Tollster, tollster spinnertster, kreativster Illustrator aller Zeiten! Und weil du so ein typischer Mann bist, hat das auch super mit uns geklappt. Ein paar liebe Worte, eine kühle Dose Bier, dann ein »Hüh!« – und du bist schier über dich hinausgewachsen.

Danke dem Eichborn-Verlag, der jetzt Bastei Lübbe heißt, und Felix Rudloff. Vor vier Jahren gaben wir uns das Jawort. Jetzt halten wir unser Baby im Arm! Danke meiner Lektorin Susanne Haffner fürs Schaukeln!

Danke Verena, Havva, Bettina, Winnie, Béa, Oliver, Georg. Für die unglaublich viele Zeit, die ihr euch genommen habt, meine Texte immer und immer wieder zu lesen und mit mir die

Niederungen und Höhen der Liebe zu diskutieren. Ihr wart mein Boxenstopp. Bei euch habe ich mich mit neuen Ideen betankt.

Meine größte Bewunderung gilt Professor Peter Walschburger, Guru der Biopsychologie. Bei Himbeerkuchen und Kaffee durfte ich mit ihm über die Kollateralschäden des Verheiratetseins diskutieren. Seither weiß ich: Zanken ist Liebe. Wer nicht zankt, ist gleichgültig.

Zu guter Letzt auch ein dickes Danke an all meine vergurkten Exbeziehungen. Wärt ihr nicht gewesen, hätte ich diesen Mann nicht geheiratet und dieses Buch nicht geschrieben. Großartig, wenn man die richtigen Fehler macht.